# 写作赋能与快速变现

## 零基础自媒体写作实操指南

刘丙润◎著

化学工业出版社
·北京·

**图书在版编目(CIP)数据**

写作赋能与快速变现：零基础自媒体写作实操指南/
刘丙润著. --北京：化学工业出版社，2022.9（2023.10重印）
ISBN 978-7-122-41789-3

Ⅰ.①写…　Ⅱ.①刘…　Ⅲ.①广告文案—写作　Ⅳ.
①F713.812

中国版本图书馆CIP数据核字（2022）第112639号

责任编辑：葛亚丽　　　　装帧设计：水玉银文化
责任校对：张茜越

出版发行：化学工业出版社（北京市东城区青年湖南街13号　邮政编码100011）
印　　装：涿州市般润文化传播有限公司
710mm×1000mm　1/16　印张16$\frac{1}{4}$　字数239千字
2023年10月北京第1版第4次印刷

购书咨询：010-64518888　　售后服务：010-64518899
网　　址：http://www.cip.com.cn
凡购买本书，如有缺损质量问题，本社销售中心负责调换。

定　价：49.80元　　　　　　　　　　　版权所有　违者必究

# 序 言

## 我的写作逆袭之路

·····

2015年，我开启了属于我的自媒体写作新篇章，那一年，我刚上大一。

其实，我写作的原因也很简单：想借此赚出自己的学费。在电脑上码出来的字有人围观、有人点评，平台和甲方还直接往我的银行卡里转账，使我获得相应劳动收益，还有什么比这种事情更让人开心的吗？

刚开始写作的时候，一篇文章赚个3块钱我就开心得不得了。2015年时单价相对偏低，无论文章质量好坏，单价基本保持在每万字阅读量10元左右，这也直接限制了我每天的收益上限。以至于当时我还幻想过：如果每天写一篇1万阅读量的文章，一天下来就能赚10块钱，一个月下来就能够赚300元。

但那时的我，和很多从未接触过写作的萌新小白一样，不懂得一篇文章怎么写能够成为高爆文；也不懂得一篇文章怎样写能够获得高单价、高阅读量和高点击量；更不懂得什么是定位、IP和人设。

2018~2019年，我的写作"事业"迎来了新转机，在某些平台上一篇文章可获得300~1000元的奖励，在某些平台上图文单价达到了30~50元每万阅读量，在某些平台上通过回答别人的问题可以获得更高额的收益。在这样的激励下，我慢慢改变了写作方式，向着更高维度迈进。

这也是为什么我不止一次地说：写作，是需要利润的。对于绝大多数人而言，通过写作获得报酬，一点儿也不俗。在我上大学的最后一年，通过写文章的方式，我单日收益突破了300元。不太夸张地讲，我应该是我们班最先实现月入1万元的准毕业生。

因为高收益，所以有动力；因为有动力，所以更用心钻研；因为更用心钻研，所以收益更高。当正反馈态势成型时，我的写作之路也慢慢舒展开来，且越走越远。

大学毕业，进入职场，看着每个月三四千块钱的工资，我着实提不起兴趣。左思右想，决定离职创业，创的是自媒体的业。但没敢告诉父母，自己偷偷摸摸地做了下去，我就想看看，自己能走多远。

2019年10月份我受邀开始授课讲座，从一个普通的写作自由职业者变成了自媒体写作导师。这期间获得过多次奖项，有些奖项金额动辄5000元以上。而我的个人写作基础收益也从很早之前的月入一两千变成了月入一两万，又慢慢地变成现在的月入5万以上。而这些还不包括其他额外收益，当写作能力越来越强，所能应对的事情越来越多，除了单纯的写作培训和写作指导之外，还会有一些额外的写作商单，而这一部分收益更加可观。

不知不觉，一路走到现在。我总在想：如果2015年的时候我没有接触写作；如果2019年的时候我从事了一个不太心甘情愿但又不得不从事的岗位，可能就没有现在的成绩了吧？

在我百余次的公益分享以及数十次的写作培训过程中，我也不止一次地给学员讲：写作是普通人逆袭的、为数不多的能够拿捏到的机遇，尤其是写作创业。

当然，我并不指望着通过我的个人成功案例来告诉大家，每个人都会成功，都能通过写作赚大钱、开公司、当老板。事实上，写作也具备一定的难度，但是一旦迈过这道坎，你就会发现：写作创业相比于某些创业而言，所承担的风险更低，所需的投资更少，压力也没有大家想的那么大。

如果你也想通过写作变现、写作创业，再退一步来讲，写出来的文章有人看，还能有些收益的话，我希望你读一读本书，或许能给你的写作之路提供一些帮助。而我也会将我过去6年时间里所有的写作经验、写作方式、写作技巧毫无保留地分享给你。

本书分为上下两部，上部讲的是新手写作入门，一共有7章内容，分别是第1章，选题篇：知道自己写什么，走出变现第一步；第2章，素材篇：让文章有内容可写；第3章，标题篇：吸引阅读的最优方式；第4章，文章框架篇：让内容站起来；第5章，故事篇：读者持续阅读的源动力；第6章，文章修改篇：三改三不改的关键技巧；第7章，蹭热点篇：五蹭五不蹭，让文章彻底爆起来。下部讲的是新手写作变现实操，一共有8章内容，分别是第8章，平台篇：适合创作的8+4自媒体平台；第9章，今日头条篇：四种主流写作变现模式；第10章，百家号篇：三种主流写作变现模式；第11章，企鹅号篇：正在崛起的写作商业变现模式；第12章，五大平台篇：五大平台的剩余价值；第13章，公众号篇：写作收益天花板剖析；第14章，知乎篇：商业变现与IP打造；第15章，分发篇：让一篇文章拥有多份收益的最佳方案。

在本书临近出版之时，因平台运营规则发生变动，趣头条平台个人类型账号已停止服务和维护，并做注销账号处理。12.1节趣头条变现内容可做对照，仍具备参考价值。趣头条运营机制可对标今日头条、百家等自媒体平台运营机制，对我们了解其他平台有很大帮助。

希望通过对本书的学习，能够让写作小白快速提升写作能力，并正式开启写作变现之路。由于作者水平有限，在写作过程中，难免会有失偏颇，存在疏漏，敬请读者批评指正。

刘丙润

2022.7

# 目　录

·············· 下部 ··············
# 新手写作变现实操

上部
**新手写作入门**

第1章

# 选题篇：
# 知道自己写什么，走出变现第一步

本章作为写作基础课，可以说是整本书的重中之重，我们必须花大功夫把选题这件事掰开了、揉碎了，这关系到我们之后的文章怎样写、如何写。在我六年写作、三年教学的过程中，我太能体会到一个新手连选题都不会、都不懂所带来的迷茫和无措了。

## 1.1　我们为什么要做选题

不太夸张地讲：选题的好与坏几乎决定了自己未来一段时间能否持续走下去，也决定了自己写作能否变现，甚至关系到自己将来的IP之路。

文章选题姑且可以分为两类，一类是单篇文章的选题，最基础的要求是不能跑题；一类是未来很长一段时间的写作垂类，最基础的要求是人设要稳，内容要准。当做好这两点后，粉丝黏性也就随之而来，更有利于我们之后的写作变现。

### 1.1.1　文章立基调——单篇选题

"隔壁的王阿姨体重200斤，由于超重已经危及健康了，她决定今天下午去打麻将。"

我们先来看这句话，其内容叙述有没有问题？好像没什么问题。但内容逻辑呢？有问题，且有很大问题。按照正常的逻辑叙述：王阿姨的体重都200斤了，她这个时候需要做的是什么？是减肥，而不是打麻将。

这就属于文章的基调问题。

但遗憾的是，文章基调很少有萌新作者能意识到。一旦基调确定，我们的中心思想就确定了；中心思想确定了，风格、情感甚至方向也就都确定了。

基调确定　　　　　　中心思想确定　　　　风格、情感、方向确定

NO.1　　　　　　　　NO.2　　　　　　　　NO.3

特别是一些新手作者想的内容太多，但可写的内容极其有限，东边一锤西边一锤，总想把周边能摸到的东西都锤进去，可锤的东西太多太杂，文章基调就出问题了。而且，一旦基调出问题，远不是这一篇文章毁掉那么简单，所有文章甚至整个写作风格都会出问题。

为了帮助大家避开新手作者无法为选题立基调的尴尬现状，咱们再举个简单例子，文章的主题是"小明学习成绩差"：

> 高中一年级总共有500人，小明的学习成绩排到了498名，年级倒数第三。而小明成绩之所以这么差，是因为他上课走神、下课捣蛋、课前不认真预习、课后不仔细复习造成的。为了提高小明的成绩，父母和老师帮助小明制订了计划，并监督小明完成。等高二的时候，小明的成绩已经排到了年级前一百位。

一百来个字，内容框架叙述完整，读起来通顺流畅，这样的基调基本是合格的。

**本节作业**

把"小明成绩差"这个话题做引申，在原有基调之上，写出一篇总字数不少于600字的短文章来。（选题基调及框架可参考如下）

**开篇破题**
小明成绩及在学校的表现

**解决方案**
父母及老师制订的方案介绍

**成果展示**
小明学习成绩的变化

**类推总结**
以点见面，对问题进行总结，并推导出提升孩子成绩的可行方案

### 1.1.2 作者立人设——垂类选题

"儿子的英语老师打电话来了，月考成绩倒数第一，听到这个消息，我气得浑身发抖。"

这是一篇文章开头的第一句，请问："这句话从语法的角度出发，有没有问题？"如果我们死抠细节，某个形容词用得不太好，某个标点符号不太对，这样挑毛病大可不必。当我们把角色转变为普通读者，上面这句话是没有任何问题的，最起码能**读得懂、读得通、读得顺**。那么接下来我又写了四篇文章，这四篇文章开头分别是：

"今天陪老婆去医院，看着老婆挺起来的肚子，我是既心疼又期待。"

"老师上课的时候让学生用'一边……一边……'造句，轮到我了，我说：每晚回家我都是一边读书，一边做作业，老师夸我很勤奋。"

"当老师三年了，我还从来没见过这样天资聪颖的学生，一教就会。"

"眨眼间已经70岁了，回想过往，总有那么一丝遗憾。"

这些句子有问题吗？没有问题！如果我们把这些句子当作开头，并且把自己当作第一人称代入，写出五篇文章来，有问题吗？没有问题。但是，**你究竟是孩子的父亲，还是孩子的老师，抑或是70岁的老大爷？**

你的人物形象是极度模糊且不确定的，而这种极度模糊且不确定，很难让读者记住你，哪怕仅仅记住你的名字、你的绰号、你的笔名，都很困难。

这就是人设！而一旦人设出了问题，将会影响我们最终极的变现方式：IP变现。

在未来一段时间里我们可能赚个小钱，也就是基础流量收益，而流量收益本身又具备极不稳定性，再加上我们的人设模糊，当这些因素合并在一起的时候，就限制了我们的发展。

但是，问题远没这么简单：一旦我们做长期价值考量，就会发现，无论是把文章投稿给某些平台，还是把文章发到自己账号上，每天一个角色转换，会让读者感到头昏脑涨，同时也很难引起共鸣。

当读者不再认可你，或者你压根无法取得读者的阅读信任，那么写作的长期目标必然无法实现。而一位优秀作者，会尽可能定位出自己的角色，之前、现在乃至未来写的文章，早就做好了价值IP归类和定位，把自身角色完整呈现给读者。

这是我的某个拥有16万粉丝、发表过三千余篇文章的账号，以该条评论为例，成功地引起读者互动。

读者会记得在何时何地，这位作者曾经写过什么。这一部分读者我们称之为黏性粉丝，具体功效咱们之后会谈，它将会为我们的成功提供莫大助力。

那么，人设应该怎样立起来呢？有三种方法：

**方法一：把第一人称问题转变为第三人称问题，同时第一人称作内容叙述或者价值叙述。**

举例：我的亲戚跟我抱怨，孩子的英语成绩考了班级倒数第一。

**方法二：取消第一人称，将第三人称叙述变为文章风格，近似于故事会。**

举例：这个女人怀孕了，挺着大肚子去医院做检查，虽然很辛苦，但却露出了幸福的笑容。

再举例：70岁的老大爷回想自己的一生，虽没做过惊天动地的大事，但也算得上是问心无愧了。

**方法三：增加专业色彩，主攻答疑解惑。**

该方法有一定局限性，往往会限制自己的职业，同时限制自己的创作领域。比如，我的个人定位是医生、是教师、是情感心理学专家、是家庭主妇或者职场精英女性，我们的个人定位一旦确定，那就只能解决该类型的问题。

但优势同样显而易见，可以通过知识付费等其他高阶方式来获得写作收益，这一点之后的文章当中会详细讲。

 **本节作业**

根据树立人设的三个方法，考虑清楚自己的人设定位，确定写作风格。

（一旦定位清楚，原则上不允许出现大变动，一个清晰且能带来利他性的人设，是变现及IP打造的基础和关键。）

### 1.1.3　提高粉丝黏性

在作者立人设板块，我们就已经讲了：一旦人设确定了，粉丝的黏性就自然提升了，这就是做好选题的潜在福利。而粉丝的黏性效应，无论是写完文章给别人投稿，还是通过自有渠道发出去，都可以扩大我们的商业价值。

生活中最常见的就是某些直播带货的视频博主，刚刚推出某款宝贝，短期内就能够销售一空。而反观另一些人，即便是大牌明星，推出某些商品后，下面的评论除了调侃和吐槽，并没有几个人去购买。

为什么？粉丝黏性的足与不足是问题的关键，相对而言，作为普通图文领域创作者，提高粉丝黏性的难度更大，且更不可观，但绝不是不可能。

提高粉丝黏性难度大的主要原因有以下三点：

第一，普通作者写作，更看重个人短期利益。这点本章第2节会讲，个人短期利益在一定程度上的确会影响到作者的长期变现，但我们无法做批判，更无法去改变，因为这就是图文写作的部分局限性。

第二，明星效应非普通人所能比拟。某个明星发了篇文章，短期内就能吸引大家的关注，某些行业内的大牛发了一些与行业相关的见解，也能瞬间吸引几百、上千甚至上万的评论。

更有甚者，随便的一句话，比如：你还好吗？或者我想你了，再或者今天的天气不错……粉丝黏性达到某种极端情况时，这样随便的一句话、一个标点、一个符号都会引来粉丝在下面评论、互动、留言，这一部分效应是普通作者无法企及的。

第三，没有选题意识。我们不把自己和明星做比较，只是一个普通图文创作者的身份，有没有提升粉丝黏性的可能？有，当然有。现阶段我的粉丝数量在100万左右，等这本书出版时可能在110万甚至120万以上。

我的粉丝是一步一步积累的，既然我可以，你也可以。而很多人粉丝很少或者没有粉丝，最重要的一点就是没有选题意识。你没有给自己做好定位，不知道写什么，什么都想写，最终什么也写不成。一个恰当的选题，无论是从单篇文章还是从长远发展来看都有着极大的助力。尽管作为普通作者提高粉丝黏性难度很大，但并不是绝无可能，我们应该尽最大努力去争取。

**本节作业**

1.作为写作初学者，你是否更看重短期利益？

2.你是否具备选题意识？

3.你目前想写的选题内容是什么？为什么想写这个选题？

## 1.2 两种不同的选题模型

当我们了解了做选题的三大必要性后，就很容易陷入两难抉择中，是做短期IP选题还是长期IP选题？

先来看一下这两种不同选题方式有着怎样的优缺点，然后我会把选择权交给你们。

短期IP选题优势：

- 巧妙运用各种方式，尽可能提高文章可读性，保证写了就有人看。
- 追求文章的短期效益，不从长远角度考量，保证有人看了就有收益。
- 通过对写作速度的追求，让自己的单日更文数量呈指数提升，达到某个峰值，并以此为平衡基础，来获得足额的流量分成收益。

长期IP选题优势：

- 短期内基本没有收益，文章风格要么另辟蹊径，要么受众面窄，要么冷静期长。
- 从长远角度出发也很难有收益，除非遇到伯乐，被慧眼识英才，再或者有某些奇特机遇。
- 一旦实现盈利，既有平台扶持又有甲方推动，将会从之前的零收益直接转变为巅峰收益，收益值是短期IP选题的数倍、数十倍甚至数百倍，以个人能力养活一家公司问题不大。

当我讲到这里，绝大多数的小伙伴就都明白了：长期IP选题具有极其长远的意义，能够给自己带来足够多的收益，甚至带来的回报远超过自己现阶段的工作工资，但是很少有人选择。因为其风险是必然存在的，持续内容输出也未必能够得到收获，更重要的一点是未来的极不可控性给长期IP选题带来了更大的阻挠。

包括我在内很少有人能够有如此长远的打算，即便是我，也是在2019年才意识到长期IP选题的重要性。但是我们并不能以此来全盘推翻短期IP选题的优势，因为绝大多数创作者并不具备做长期IP选题的条件。

比如学历不佳，表达能力有问题，专业技术不对口，无显著特长。说得再通俗一点，我就是个普通人，我就想写几篇普通文章来赚普通流量，可不可以？

可以，当然可以。事实上我们也更鼓励大家做短期IP选题，但是这并不妨碍我们对长期IP选题做个初步了解，因为梦想总归是要有的，万一哪天实现了呢。

但是长期IP选题终究是受众有限，所以不在我们的主要讲解内容当中。因为长期就意味着一个人对标一家企业，个人年收入可能超越八位数甚至更多，这是绝大多数小伙伴无法企及的。

适合做长期IP选题的领域包括但不限于教育、育儿、科技、历史、文化、心理等纯知识科普类选题，以及法律、医生、财经、健康四大特殊且需资质认证的领域（上述领域也适合做短期IP选题）。与文章字数、内容、排版、配图、专业知识、个人学术成就、其他平台的粉丝总数以及行业的影响力有着密切关联，上述条件不能说缺一不可，但也相差不多。

而我们的短期IP选题则无须考虑这些，只需要保证两点：第一能持续输出，第二能持续有效输出。

接下来我们会讲优质选题以及优质选题策划等内容，而这一部分内容只针对短期IP选题来讲，长期IP选题基本是百万人中挑出一位，甚至这个比例会更低一些。

所以长期IP选题即便讲得再详细，绝大多数人也接触不到，而真正能接触到的大可不必读我写的这本书了。真的达到那种程度，完全可以自己去出书了。

**本节作业**

1.综合权衡自己各方面的条件，现阶段最适合选择哪条路？

2.未来是否有能力选择做长期IP选题这条路，如果有，你的具体计划是什么？

## 1.3　优质选题的三个底层维度

找选题并不困难，困难的是找到优质选题，理论上来说从以下三大维度中找出来的选题无论从趣味性角度讲还是从可读性角度讲，都更容易打造"叫好又叫座"的文章。

### 1.3.1　个人优势维度

明白了选题的重要性，那么接下来我们就要考量自己究竟该写什么？用最通俗的话来讲：我写什么能让自己开心、舒心还能有收益？如果写作跟生病一样令人痛苦，那大可不必。

接下来我先问大家几个问题：

"如果你是大学教师，那么你认为你应该写大学生在校园内的生活、学习状态以及求职、发展路径，还是去写肉夹馍和西北拉面呢？"

"如果你是一位在职场当中工作10年的精英，那么你认为是写职场技能、面试技巧、职场软实力合适，还是写家居装修选材合适呢？"

"如果你是一位数码爱好者，那么你认为是写数码电器类合适，还是写文化、历史、人文环境合适呢？"

上面这三个案例几乎没有给我们选择空间，肯定选择前者，对不对？

这就属于选题三个底层维度当中的第一维度，个人优势维度。

那么，有些读者会说：

我是村子里的人，在过去30年时间里，我从来没有出过这个村子，我每天的主要任务就是下地干活，每天担心的是二亩三分地的收成问题，那么我是不是就不能写作了？并不是，如果你从小到大生活在农村，完全可以写三农领域。田里什么时候浇水，什么时候施肥，没有人比你更清楚了。

还有一些人说我特别八卦，居住在小县城，眼界也比较窄，那我适合写什么领域呢？答：情感领域。兄弟姐妹，夫妻闺蜜等各种各样与情绪情感相关联的文章，我们都可以凭借着自己敏锐的嗅觉去写。

大家有没有发现，只要我们找到个人的优势维度方向，就很容易写出适合自己的文章，且在写作的过程当中不会耗费过多精力，这就是写作的魅力——让我们享受写作，乐在其中还能有一定收益。

**本节作业**

对标选题，分析你的优势领域。

### 1.3.2  可叙述维度

在刚才讲的几个案例中，拿出其中一个案例来：

我关注的是七大姑八大姨的事情，小镇里的一些八卦我门儿清，哪怕谁家里的鸡丢了、两口子吵架了我全都了解，那我可以写情感领域吗？

答案是可以，但是在此之前要考虑一下：你的知识覆盖面与可叙述内容是否有冲突？我们要明白一点，写作虽不能说极度高雅，但也绝不是低俗粗鲁。有些内容可以写，有些内容绝对不能写。

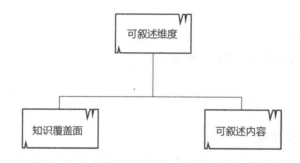

我举个简单例子，假如我是一位情感领域创作者，我很八卦，而这个时候我意外得知我的邻居劈腿了，给老公戴了20年的绿帽子，请问这种内容我可以写吗？

我把它写得非常详细，并以此为基准频繁地去写这一类与出轨相关的文章，行吗？绝对不行，这属于低俗。无论投稿给其他平台还是自己发布出去，都属于低俗。

一旦被贴上低俗标签，无论哪一个平台，都会限制流量，因为这个创作者多少有点不太正经。为了给大家避坑，我在这里讲一下不可叙述维度当中的不可叙述内容，咱们当作参考：

第一点，涉及新闻类选题。如果你是一位新闻爱好者，天天盯着各种小道消息或者大报刊看看它们发了什么新闻，然后以此来写一些文章，行吗？别的不多说，你的眼界达不到对应高度，所收集的信息又极其有限，那么写的这个信息没有问题还则罢了。如果写的是小道新闻，而且这些内容已经被盖上了谣言戳子，是子虚乌有的事情，你说得还津津有味，是要被追究责任的，包括但不限于法律责任。

第二点，暴力血腥。不仅是指人的暴力血腥，动物的也算，不单单包括拿着板砖照着别人脑袋拍一下子，还包括一些虐待动物类的以及某些品行操守极度反人类的内容均不可写。

第三点，国际关系、时政、军事。大家要注意，这一部分内容一般是由专业人士来写的，需要保证内容的严谨度。我们接触不到更高层次的信息，只是凭借和朋友同事闲聊了几句，就觉得自己什么都懂了，可以写篇文章、可以出本书了？那就坏事了。

第四点，医生、健康、财经、法律等内容。大家要注意，这四部分内容不是不允许写，是可以写，但是你必须有专业的资质认证，不同平台以及不同领域会有对应的收稿资质需求。

毕竟这四类内容专业性极强，你没有专业资质，也无法说出专业的解决方案。其中以医生领域最关键，你随便说几句，这是怎么样了，吃点什么东西就能治好。不出问题还好，出了问题就是你的责任，因为你存在内容误导嫌疑。

对标选题，分析自己的可叙述维度。

### 1.3.3　可变现维度

在我们找到个人优势后，还需要进一步评判是否可叙述，如果不可叙述，第一时间抛弃。

当上面两个维度都确定了之后，原则上来说，只要你想写的都可以去写，可以写宝宝晚上睡不着觉我该怎么办；也可以去写孩子成绩不好，父母应该怎样正确引导；更可以去写如何和公司老板、公司上下级之间处理好关系。

简而言之，但凡你想写的都可以写，前提是不考虑变现。

那你可能会一脸惊讶，不可能！我写作就是为了变现，就是为了赚收益。好的，到现在为止优质选题的三个底层维度都齐了。可变现维度是我们要讲的最后一个维度，把写作和收益紧密连接起来。

可变现维度怎样做分析呢？在这里我给大家归纳了三类情况。

第一类，纯流量类

这一类最为典型的是娱乐选题、影视选题、情感选题以及故事会选题。这类选题非常简单，其主要目标就是为了吸引读者眼球，为了让你点进去看这篇文章，以此带来流量收益。比如：

*"《武林外传》大结局懂吗？打着喜剧名头的悲剧，每个人都不圆满。"*

（影视）

"为什么一些夫妻老了后，就得分床睡？这种现象普遍吗？"（情感）

"我是二楼住户不用电梯，小区安装电梯除一楼外都需出钱，怎么办？"（故事）

这三个题目摆在这，想不想看？想看，想看就对了，这样的内容充分抓住了读者眼球。而纯流量类选题的最大优势是：新手掌握技能，上手就是老手，耗时较短，短期收益可观。

## 第二类：纯知识科普类

这一类几乎没有口水话，开篇点出我们要讲的内容是什么，中间做内容叙述，结尾做话题总结。核心主旨是提出问题，解决问题，给出解决问题的方法并做类比，然后再做总结。

纯知识科普类实操难度是最大的，但并不是最不容易变现的。这句话不矛盾，变现难度大，是因为其创作过程难度极大，稍不留意就有可能内容跑偏或出现核心知识偏差。而不是最难变现，是因为只要掌握规律和方法，很容易变现，如下面几个例子：

"长期使用电热水壶烧水，对身体会产生不好的影响吗？挑选热水壶需注意什么？"

"在野外遇到大型犬追你时，怎样做才能避免让狗咬？需要掌握方法。"

"为什么有的公司名字会出现'有限'这两个字？有限责任公司是什么意思？"

## 第三类：具备营销价值类

这一部分内容往往是图文带货方向，具备分润高、有商单合作等多项优势，如果我们能通过营销价值进行带货软推广，收益会超乎想象。但这一类型创作，难度极大且非常需要天赋。

这一部分内容，我会在第9章和第11章做详细解读，咱们在这儿有个印象即可。

大家在做选题时，个人优势维度和可叙述维度敲定后，就要尽可能往可变现维度侧重一下，看看有没有可变现机会。有的话，可变现机会究竟有多大？需要做个心理预估，写作极可能先让自己赚钱再谈格局，很多写作认真且文笔不错的小伙伴，最后往往失败在了不能赚收益这四个字上。

**本节作业**

1.写出一个流量类选题。

2.写出一个知识科普类选题。

3.写出一个具备营销价值的选题。

# 1.4 优质选题策划的四个关键技巧

原则上来说，在本节之前大家对题材和垂类应该有个大概方向了，但只知道写什么却不知道怎么写是不行的。我为大家总结了四个选题策划的关键技巧，可以提高创作内容的可读性和趣味性，从流量变现的角度出发，让经济效益最大化。

## 1.4.1 热点迁移

"小a和小b，因情感不和而离婚。"

我们把上面的案例做假设，小a和小b都是明星，且属于流量明星，在娱乐圈影响很大。那我们如何把这个热点写成一篇符合选题垂类的内容呢？

如果我是娱乐领域创作者，我只写与明星相关的那些事儿，这就是我的垂类选题，操作起来难度没那么大。可如果我是教育领域、情感领域或者是其他领域的创作者，我如何将这个热点合理且有效地运用？这就需要用到热点迁移了。

比如，我之前的定位是教育领域创作者，就可以写父母该给孩子培养怎样的婚姻价值观，父母在孩子婚姻出现问题时，应该起怎样的作用？如何培养孩子，才能让孩子正确地理解婚姻、理解爱情。

再比如，我之前的定位是情感领域创作者，就可以写夫妻二人之间的情感生活、丈夫的情感诉求、妻子的情感诉求、夫妻二人在面对情感问题时可能存在的价值观冲突。

再比如，我之前的定位是心理领域创作者，就可以写女性与男性产生冲突时，女性的心理是怎样波动的；男性与女性产生冲突时，男性的心理是怎样波动的。

我们会发现：一个热点通过延伸、拓宽可以写到不同垂类当中，也可以适应不同领域的创作。但是适用范围相对有限，不可能运用在全领域中。举个简单的例子：某个明星与另一个明星分手或者谈恋爱，你总不能把它拓宽到考古领域吧？

同理，如果我们把前一段时间三星堆遗址再度被挖掘当作热点来看，从历史角度出发，可以写三星堆的历史渊源；从文化角度出发，可以写三星堆传递出来的文化信息、人文理念；从教育角度出发，可以写对大学历史系教育能够起到怎样的铺垫、起承转合；从心理角度出发，可以写人们为什么对三星堆如此好奇？

以上种种都属于热点迁移，那么热点迁移的主要利他性在哪儿？

- 热点本身自带流量，而把热点延伸到各自领域，可以使自身领域的文章拥有流量附加。
- 流量附加带来的涨粉效果会超乎想象，方便后期更多维度变现。

## 本节作业

A企业因业绩不佳，导致裁员潮，超30%员工被裁。

我们假设上述虚拟事件为真实热点，并做热点迁移，看看能从哪几个垂类写文章？例如从职场角度出发：企业与员工的关系，市场竞争的激烈性，等等。

（1）其他职场角度；

（2）从情感角度出发；

（3）从教育角度出发；

（4）你还能想到的其他角度。

### 1.4.2 共情互动

"为什么长途大巴司机总是在固定的饭店下客吃饭？有什么猫腻？"

大家看到这个话题的时候，感不感兴趣？我相信有一部分人是感兴趣的，尤其坐过长途大巴或者有过旅行社组团旅游经历的人。最开始我也特别好奇，为什么在这个地方吃饭？旁边就有快餐店，还有我最喜欢吃的肉夹馍，我们为什么不可以吃肉夹馍，非得在这儿吃大排档？

再后来，我咨询了旅行社的几位朋友，才明白其中的种种缘由。我想：这个话题应该不止我一个人感兴趣吧？于是我把这个话题以文章的形式写了出来，中间添加了部分观点和客观评价。

而这篇文章带来的收益在500元左右，收益虽然不是很多，但对于一位初入自媒体的创作者而言足够了。这就是共情互动的魅力，如果我们的选题垂类是生活、教育、知识、科普等能解决大家疑惑的大部分垂类，都可以采用共情互动方法，成本低，价值高，带来的收益可观。与此同时，相比于热点迁移，难度降低了不少。

共情互动的写作思路也很简单，只要掌握三条基本命脉即可：

- 话题有探讨性。
- 内容有可读性。
- 读者有互动欲望。

| 话题有探讨性 | 内容有可读性 | 读者有互动欲望 |

让读者自发且主动地阅读，并进行有效互动，对于策划优质选题有很大帮助。

**本节作业**

在下述三个选题中，挑选出你认为最具备共情互动的选题，并陈述观点缘由。

选题一：亲家之间，保持尊重就好，不用来往太近，这句话真的有道理吗？

选题二：在4S店买车，为什么我说全款买车，售车员就不怎么开心了？

选题三：为什么有人宁愿坐5小时高铁，也不愿选择2小时飞机？

（1）你的答案是什么？

（2）你的观点是什么？

### 1.4.3 以点见面，扩大群体

若干年前，上大学做兼职，在马路上发传单，跟我一块来的舍友告诉我：咱们干吗在这辛辛苦苦地发传单？听我的，把传单先丢在地上，去网吧玩两个小时然后再回来，这样的话既能领到工资还能休息。当时我坚决地拒绝了舍友，这种做法是极不道德的，毕竟拿了人家的钱就得给人家办事，职业素养必须得有。

而在前几个月，同学聚会，室友突然聊起这件事来，对我说：你给我的第一印象特别正直。回首往事，我也颇多感慨。回到家之后，我决定把这一经历写成文章，一篇与发传单相关的文章，题目是这个样子的：

*"大街上发传单，为什么不偷偷把传单丢掉，而是老老实实地发一天呢？"*

这篇文章头条账号带来的总收益超过了8500元，文章转成视频带来的总收益超过了1000元，文章在另一平台上获得的奖金超过了300元，百家号上的收益超过了2500元，一篇文章获得的总收益在10000元以上。

什么是以点见面？刚才我讲的这个故事就是以点见面。如果这篇文章只讲发传单的一天，或者发传单时舍友让我去偷懒，有意义吗？没有意义。那如果我换个方式，从高维度来讲为什么发传单的群体不会把传单丢掉，而是老老实实地工作一天，吸引力是不是一下子提高了不少？

为什么？因为我把我的个人经历转换为发传单这份工作的行业问题，以点见面，从更高维度来叙述事件，吸引更多人注意。

同理，如果一篇文章讲的是"自家孩子小学四年级上学期第三次语文考试考了67分"，有没有吸引力？没有！但如果我们改成："小学生有多动症，上课不认真听讲，成绩差，如何才能提高孩子的学习效率？"有没有吸引力？很有吸引力！

以点见面的唯一诉求是不把问题集中在这个点上，而是把这个点放大再放大，放大成一个平面，归类为一个行业或者群体并对这件事情做定点分析。

 **本节作业**

将下述话题扩大群体：

1996年出生的小刘，在职场中既不拍领导马屁，也不主动加班，只做好自己分内的事情。

分析1.1996年出生的职场人，是否可以归类到90后打工人群体？

分析2.小刘的职场价值观，是否可以归类为新生代职场人的打工现状？

扩大群体后，我准备如何写？

### 1.4.4　寻找对立，引起话题

在此之前，我们一定要明白什么叫寻找对立。简单讲：有两个群体，这两个群体之间有对立思想、对立意识、利益冲突。也正因如此，一旦有了对立点，话题就出来了。比如父母和孩子的代沟问题，父母所谓的我为你好，孩子所谓的我要自由，双方之间的冲突就是很好的对立点；再比如老板和员工的利益问题，老板想要让员工多干活，员工想要少干活多拿工资，双方之间的冲突就是很好的对立点。

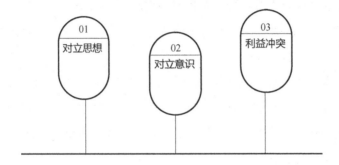

而我们只要这样去写，大概率就能获得高额流量。上述两大对立话题都是没有问题的，但并不是每一个对立话题都可以写。比如保安和外卖员的对立（上升到人格尊严问题）；再比如某些明星和另一部分明星群体的对立（上升到造谣或者无端指责问题）。这些极端对立话题，不建议甚至完全不能写。

---

<u>以下对立话题绝对不要写</u>

1.男女对立话题

2.重大节日对立话题

3.无端指责、谩骂话题

4.无实际依据的造谣话题

5.观点偏激、情绪化严重的话题

6.触及底线、尊严和红线的对立话题

---

如果只是为了寻找对立，全然不顾实际情况，并且大肆造谣中伤某些群体的话，必然要承担相应责任。所以我们要注意：寻找对立点，首要基调是客观公正，其次才是引起话题。如果你无法做到客观公正地寻找对立点，我建议还是放弃该技巧。相对而言，这个技巧并没有想象中那么容易拿捏。

**本节作业**

将"老板与员工利益对立"的话题做延展，并写出不少于三个对立话题。

示例一：公司老板说：嫌弃工资低你可以直接走人，你该如何回应？

## 1.5 新手找选题的五个重要途径

接下来重点讲选题途径，我会用最通俗的方式告诉大家怎样去找选题，可即便如此，依然会涉及一些名词或者不同网页的操作，大家一定要牢记这些操作方法，可以使我们在之后的写作中事半功倍。

### 情感类别取材生活

可以从七大姑、八大姨等各式各样的人嘴里听到各种各样与本村、邻村、本小区、邻小区相关联的种种话题。这是情感类选题最有效且最简单的方式，相对于其他领域而言，拥有得天独厚的优势。但并不是鼓励每一个人都去写情感类内容，每一个领域都有对应优势，还是建议大家根据自己擅长的内容找选题。

### 娱乐类别取材微博

娱乐类别取材微博的主要原因有以下三点：

• 微博到现在为止仍是明星的主要聚集地。
• 目前绝大多数的明星热榜话题都是由微博发起的，把微博当作娱乐圈的新闻发源地毫不夸张。
• 微博的热点选题不单单是选题，甚至还包含部分娱乐明星的最新动态。

取材微博的具体操作方式如下：下载微博手机端APP→最下方栏目点击发现→点

击更多热搜→在四大热搜榜单中选择文娱榜。

插句题外话，微博热榜近日来的不断变化，也满足了更多操作者的诉求，如果是非娱乐垂类创作者，也可以点击热搜榜、要闻榜寻找创作灵感，本地领域创作者可点击同城榜寻找创作灵感。但是请记住，并不是每一个热点话题都适合写文章，要仔细甄别。

### 知识类别适当借势

知识输出创作者一定要学会借势，知识并不是单一垂类，包括教育、职场、文化、历史、科学、体育等纯粹的知识输出内容的绝大多数垂类。这一部分内容创作往往会遇到三个难题：

- 因内容干货太多，所以可读性不强。
- 因内容逻辑条理性过强，所以趣味性不强。
- 因内容太过复杂，单一选题无法做出完整解释，所以文章整体会略显臃肿。

而这三大特点直接导致知识类创作者创作出来的内容有深度、有质量，但是没人看。所以我们迫切需要借力打力，因为知识类本就太过特殊，不接触热点、不借助外部力量就很难玩得转。

我们仍然拿之前的三星堆再度被挖掘举例，三星堆话题本身是晦涩难懂的，主做历史领域的创作者一定深有体会，但是当三星堆再度被挖掘频频登上热搜之后，我们完全可以把它与考古联系在一起，紧随其后引申出自己的历史选题。

再比如体育垂类，作为纯知识科普，给大家普及足球、篮球、乒乓球、羽毛球等球类运动的发展难度很大，可如果能够碰上对应赛事，把这些赛事的精彩之处拿出来当作热点借力打力，以此来科普足球、篮球、乒乓球、羽毛球等球类运动的知识，效果会出其不意地好。

同理，孩子的学习成绩问题：如何提升孩子的成绩、培养良好的习惯，这一类选题平日里流量可能不大，但如果我们借助假期这个热点来写呢？如何在假期培养孩子，让孩子拥有更好、更多、更宝贵的优秀品质，可不可行？当然可行，而且阅读量会很高，所以知识类别一定要学会借势。

上面讲的三种方法是针对三个特殊类别的取材，具有较强的针对性，非该类别的创作者完全没有必要根据上述方法来找选题，在这里我给大家额外准备了两大选题途径，而上述三大类别的选题创作者也可以通过下面两个选题途径来找热点、趣味话题。

细分领域取材头条

当你确定了写作方向，就可以通过从头条问答取材的方式来获得优质选题。从头条问答获取选题的主要方式有两种：

- 手机端。
- 电脑端。

我们先来讲手机端，下载今日头条，注册并登录，请注意只需要注册手机号即可，不需实名认证，如果我们想在今日头条上发表文章，再进行实名认证操作。然后点击右上角发布→点击问答→点击单一领域，就可以选择垂类。比如你是教育领域创作者，可以选择教育，在下方展示的问题中，找到回答数或者阅读数最高的问题，这个问题就是优质选题。

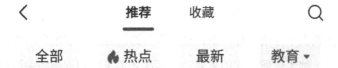

这样做的优势有以下两点：

- 该问题既然归在教育垂类，大概率是该垂类的选题，所以从选题精准度出发，没有任何问题。
- 问题的回答人数很多或者阅读人数很多，说明这个问题提得极为巧妙，从可读性的角度出发，占据更多优势。

如果在电脑端操作，则更为简单，在今日头条网页版点击发布作品当中的问答，再之后只需要在推荐界面当中的全部推荐处添加擅长领域，找到擅长领域选题即可。

但是该方法有局限性，我们只能找到对应领域当中的提问内容，而提问内容并不属于热点事件，也就是说这个问题可能具备极强的可读性和吸引力，但并不属于热

点。当然热点未必就一定能带来爆款，非热点也不是说就没有爆款，不过有没有一种方式能帮助我们找到单领域的热点素材呢？

答案是有的。

单领域热点取材百家

接下来大家需要打开百家平台，在电脑上搜索百家号进入官网即可。注意，一定是进入官网。进入官网→点击主页→点击热点日历→点击热点事件→点击全部。这个时候我们就能看到全网的各种热点，与此同时还能够找到职场、娱乐、游戏、教育等多个题材的热点话题。

该方法的主要功效是找寻热点，但大家要注意，第四个方法和第五个方法原则上来说不相伯仲，只不过获得选题的具体方法和操作步骤不同，选题的理念也不同罢了。

## 1.6 如何让你的选题与众不同

好的，现在我们来仔细回想一下，在本章节的前五个小节当中，我们究竟学到了什么？首先我们了解了优质选题的重要性，其次知道了策划选题的关键技巧，最后我们知道了获得选题的重要途径，这个时候我们距离真正的选题创作只差临门一脚。

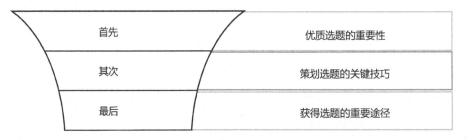

| 首先 | 优质选题的重要性 |
| 其次 | 策划选题的关键技巧 |
| 最后 | 获得选题的重要途径 |

因为在这个过程中，我们所有的选题都是借鉴与引申，如何把这部分选题转化为自己的更为独特、更具备可读性趣味性的优质的选题呢？在这里我将给大家详细讲解五种方法，来升华自己的选题，写出更优质的文章来。但在此之前我们一定要明白两个基准点：

• 选题重复度问题。
• 内容的推荐机制。

无论把稿子投给某些线上平台，还是自己发布出去，都要注意这两个问题永远是图文创作者的核心问题，尤其是自媒体创作者。

### 1.6.1　关于选题重复度问题

首先来看重复度，这一点很容易理解。比如发生了某件大事，我们以娱乐领域为例，某个明星和另一个明星谈恋爱或者分手了，在娱乐圈属于重磅新闻，会不会有很多创作者都来写这一类选题？

会的，因为按照刚才我们讲的策划选题方法以及如何做好优质选题来看，这样做是完全符合标准的。所以你要考虑清楚，这个选题可不止你一个人在写，除了你之外，周边还会有一群人都在追这个热点，在短短两个小时内选题池子就会填满，甚至还会溢出来。

这就会造成这种情况：当你辛辛苦苦写完这篇文章发表出去，内容的重复度过高，并不是你抄袭了别人，也不是别人动了手脚，仅仅是因为写这一类内容的人实在是太多了。多到什么程度呢？你随便拿出来的一句话、讲过的一件事情，在之前已经不晓得有多少人写过了。

一旦出现这种情况，内容重复比例会提高，原创度会降低。当原创度低于60%时，有一定概率被平台判定为伪原创，该扣分扣分，该封号封号。同理，你把这篇文章投给其他平台也会如此，严重时甚至会追究你的责任。

所以我们一定要明白：一些热点选题可以去写，但是一定不要和其他人写的一样。如果只是平铺直叙，这件事情和别人写得相差不大，那文章的重复度会很高，给账号带来的损失也不可逆。

1.找一条合适的热点，并依据该热点写出文章，和其他人的文章比对，查看重复度问题。我找的热点是什么？

2.依据热点写出一篇文章。

3.对照他人写的同类热点文章，我发现了哪些问题？

（可以将文章写在纸上，贴在本节的位置，以便复盘查看。）

### 1.6.2　有关内容的推荐机制

之所以在第1.6.1节和第1.6.3节之间穿插本小节，是为了先让大家有一个概念认知，这关系到后期我们自己去做账号，甚至关系到我们做IP，在这里我们先重点讲一讲推荐数据的问题。

首先你写了一篇文章，推荐比例是10∶1，问题不大。比10∶1还要小的话，问题也不大。比如10∶2、10∶3，如果比10∶1大，那问题就大了。最通俗的判定方式：写一篇文章有1000个推荐量，同时有100个阅读量，尚可。可如果只有30个甚至20个阅读量，就说明你这篇文章没有触发平台的推荐机制。

要么没被推荐到首页，要么被拉进小黑屋，要么文章内容出了问题，大家对照标准自行检索即可。而我们今天讲的推荐机制要和选题的重复度联系在一起，如果你追了一个热点，写的内容绝大多数人都写过，或者你追热点的时间比较晚，还没有写出什么新意来的话，大概率无法获得高额爆款，即便推荐之后读者也不会去看。

绝大多数正常且具备可读性的文章推荐都会有三轮甚至更多，可当你追的热点内容重复度非常高，第一波推荐了100位读者，但是这100位读者都表示我之前看过不止一篇这样的文章，而且这篇文章写得没什么新意，我不愿意看，那么在第二波推荐的时候，平台就会万分谨慎，最终数据也极差。

第三波推荐以此类推，所以我们要明白：内容写完后一定要具备可读性、趣味性，同时还要有稀缺性，否则连触碰推荐机制的资格都没有，爆款就更不可能了。

**本节作业**

写一篇热点文章发表在任意平台上，查看阅读推荐比，并做好记录。

（1）我追的热点是什么？

（2）依据热点写一篇文章。

（3）分析阅读推荐比数据。

（可以将文章写在纸上，贴在本节的位置，以便复盘查看。）

### 1.6.3　选题内容如何写

为了避开选题重复度问题，同时让系统更多、更快地推荐所写内容，建议我们写热点题材或者具备一定可读性题材时，选用以下五种方法中的一种。为便于大家理解，我会在每个方法下面添加注释并做案例讲解。

倒推法

具体操作方法：改变正常叙述顺序，时间线翻转，把事件结束点当作内容叙述起始点，层层分析，以结论为根基，从后往前推理。

以历史领域为例，写一篇明万历三十年不上朝的故事，正常的写作顺序为：万历皇帝小的时候朝中何人掌权——万历成年之后权力如何收回——万历彻底掌权后怎样励精图治——中间几年万历皇帝性情大变的几种情况揣测——最终结果引入，万历皇帝执政中后期常年不上朝。

这种写作方法本没有问题，但正常时间线叙述的创作者实在太多了，我们可不可以倒推一下，从明朝万历执政中后期开始反向来写呢？答案是可以的，叙述顺序如下：万历中后期朝中大乱——对此现状做分析，其中重要原因是皇帝不上朝——引出话题来，万历皇帝为何不上朝？

### 人称转换法

具体操作方法：当叙述主体为第一人称时，转为第三人称观点、看法；当叙述主体为第三人称时，转为第一人称观点、看法。（注意，第三人称转第一人称难度较大，且不是特别建议，除非是故事体内容。）

以教育领域为例，某中学学霸成功考入北京大学，该学霸接受采访时说：自己之所以能考到如此好的成绩，是因为在中学期间做到了以下三点，其中第三点非常重要。

这件事情的主体叙述是学霸说的提升学习成绩的三点妙招，可是问题关键在于，不晓得已经有多少报刊、自媒体创作者原封不动地引用了学霸的三点妙招，我们继续写的时候，就很容易被判定为伪原创，甚至被判定为侵权。怎么办？

最优解决方案是直接把人称转变，从第三人称叙述入手，可以这样写：某中学学子考入大学事件叙述——该学子提升成绩的三点方法——我们能够获得的启示。

### 归类总结法

归类总结法与我们第1.4.3节所讲的以点见面有异曲同工之妙，可简单概括为：把单一事件做分析，同时类比其余单一事件，最终得出一个具备概括性的观点，并对内容做出总结。然后依托具体情况，判断结尾是否需要提出自己的主张或者见解。

| 单一事件出现 | 同类事件归类 | 归类总结，得出结论 |

比如：娱乐圈两位明星分手了，这个话题燃爆了，很多人都在写，你也不例外。可是如果自己写得没有新意，怎么可能会有读者愿意看？

怎么办？我们可以拿这对分手明星和近日来其他分手明星做比较，归纳出三五对明星来，仔细一看，原来是价值观不合导致的分手，所以我们可以这样写：门当户对或许是最好的婚姻，就连明星也不例外。

### 猎奇法

猎奇主要在"奇"，重心是新奇，且原则上来说越奇越好。比如：某学霸高考省内排名第三，却拒绝去北大、清华读书。这类话题极具吸引力，且对写作能力要求不高。

但是要慎重，不是每一项新奇的内容都可以写，新奇意味着有如下风险：

• 有一定概率为谣言，写作前需多方求证。
• 某些内容不是新，是很多人不敢写，怕担风险，最典型的是娱乐圈绯闻，在工作室没公布或者没被官方实锤前，千万不要写，否则很容易收到律师函。（我会在第7章第7.3节重点讲，很关键！）
• 不可为了猎奇而恶意脑补话题，要言之有物且有理有据。

### 评论法

评论法要注意两个极端，一种是和读者反着来，一种是完全复制粘贴造成伪原创，这两种均极端不可取。除此之外，绝大多数情况下，评论法都是最安全有效且能给自己带来灵感的方式。

举例：买房究竟要不要买高层？这个话题火了，你也很想写，但总是感觉差点意思，怎么办？这个时候，可以去各大平台上转转，浏览下对应文章，要注意，此时的浏览决不能复制抄袭，内容原创是我们必须坚守的底线。可以先浏览一下比较爆火的文章，然后在评论区里看看大家的评论，绝大多数情况下都会有很多热心读者诉苦，自己买高层后怎样怎样；或者炫耀，自己买高层后如何享受。而这些，就是我们所需的灵感。

**本节作业**

找到适合自己写的话题，写一篇600字短文，并做如下分析：

（1）我用到了五种写作方法的哪一种？

（2）我是如何运用该方法的？

（3）在运用过程中，该方法在哪些方面帮到了我？

通过写的这篇小短文，复盘本节内容，希望对你的写作能有帮助！

# 素材篇：
# 让文章有内容可写

在读第2章前，仔细回想下，我们在第1章学到了什么？

知道了怎样策划选题；知道了怎样通过技巧来抬高选题格调；知道了怎样写文章能够提高可读性。当我们知道这些后，写一篇两三百字甚至五六百字的小短文不在话下，如果我们想继续把文章扩展延伸，难度一下就上来了。

脑子里干巴巴的，那些华丽的辞藻、优美的句子甚至可以起到点睛之笔的小故事全都想不起来。那我们如何来拓宽自己的知识面，找到更多可写、能写还写得漂亮的素材呢？这就是我们第2章的重点任务：收集素材，搭建素材库，让文章有的写，让读者有的看。

## 2.1 找寻素材的核心价值

先来问大家一个问题：大家知道"跳出率"是什么意思吗？

跳出率最开始与网站有关，指的是创建一个网页，读者或者访问者点击网站后直接离开的人数与所有访问者之间做出来的比值。理论上来说，跳出率越高就意味着所做网站越差，越无法吸引读者。

而现阶段部分自媒体平台把跳出率当作衡量这篇文章优质与否的关键数据，举个简单例子：你写了一篇文章，总字数1000左右，其中有30%的读者在文章开头的100字以内直接跳出，这就意味着这篇文章并不受这些读者认可。如果有将近70%的读者在读到你这篇文章最后几十个字时跳出，或者直接阅读到文章结尾，则意味着这篇文章大部分读者愿意看。

### 2.1.1　减缓跳出率

但是读者愿意看，并不意味着文章质量高，所以跳出率又会引申出另一个问题，跳出率的高低和文章质量的好坏并没有直接的关联，但与文章收益却有直接关联。

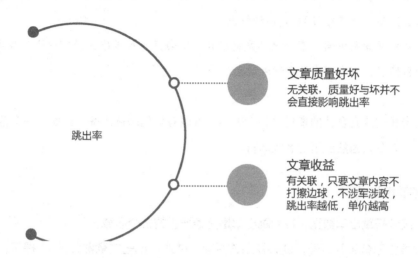

一篇好的文章，减缓其文章跳出率对推荐量、内容单价、最终收益将会产生极大波动和影响。同理，一篇文章投稿给某些平台或网站，而最终显示跳出率极高也影响后续收稿。

那我们收集的素材怎样才能起到减缓跳出率的作用呢？我们要先明白在什么情况下读者会跳出？事实上因为该组数据涉及部分平台的核心算法问题，更多的是每个作者甚至每个作者的每篇文章所具备的特殊性，导致跳出率具备很大的模糊性和不确定性。

因此，即便是我，也只能给出一个预估跳出率，有可能产生跳出率的时间段分别是读到文章开头内容的0%~14%，以及文章中间部分的38%~56%。在此郑重说明，该数据仅为我个人总结出来的数据，具备一定的借鉴价值但并不绝对。

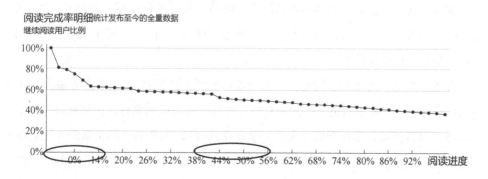

我们先来分析一下，为什么是这两个阶段。

- 文章的题目和封面会对文章整体阅读量起到50%的加持作用，而绝大部分读者被题目吸引并点击文章后，发现并不和自己胃口，由此产生跳出率。关于题目问题，我将在第3章做详细解说。
- 文章阅读到中间段落，尤其是篇幅较长时会产生疲惫感，没有一个好故事吸引读者，极有可能导致读者跳出。

而当我们找到合适的素材填补上去后，可以有效延缓跳出率。比如：一个精彩的故事，一句令人幡然醒悟的名人名言。

 **本节作业**

仔细分析跳出率数据，找到跳出率增高最严重的三个区域。

如果自己有头条账号，试着找到该界面，并对自己的文章做分析。（提示：电脑端今日头条——作品管理——查看数据——阅读完成率明细。）

### 2.1.2 提高阅读时长

理论上来说，减缓跳出率后，阅读时长自然会提高。但是此时提高的阅读时长只是在原有图文基础之上的阅读时长，并不能在原有阅读时长之上延伸阅读时长。

该诉求主要是为了应对部分自媒体平台的单价问题，以今日头条为例，虽没有明确说明阅读时长与文章单价之间的关联，但是阅读时长提升后，在同样阅读量之下，单价会翻1~2倍。

那有人就说了，如果提高字数就能提高收益，我可不可以写一篇26万字的文章，可行吗？不可行，因为阅读时长的提升要具备可读性，而一篇"超长待机"的文章，可读性很难得到有效提升。

更重要的是一篇文章字数过多，将严重影响到自己第2篇文章的内容输出，从性价比的角度出发，极不合适。但如果我们巧妙且合理地运用素材，让文章内容在原有基础之上得到拓宽，最好能够让文章的字数在2000~2500左右，那文章单价便会随着文章质量和阅读时长的提升而得到提升。最终图文写作的整体收益也会提升，当然有一个前提，不能一味地为了提高文章字数而忽略文章质量，没有质量的字数不值一提。

**本节作业**

在今日头条、百家号等自媒体平台中找几篇对应垂类的文章，并将文章复制到word文档或者石墨文档，看看其他创作者文章的总字数是多少。并尽可能找几篇典型文章，比如字数1000以内或者5000以上，查看其单篇文章点击率和周更新频率，做好数据统计。

（分析其他创作者的内容，往往是写作的必备路径，但只能分析，绝不能抄袭！）

### 2.1.3 素材释义逻辑

当某一个物体的组成成分不停地被替换，到最后一刻被替换完全，那么这个物体还是之前那个物体吗？

熟悉这个句子的一听就能明白，讲的是"忒修斯之船"的故事，对不对？但是我们只把这个逻辑链摆出来，不去讲任何素材、案例，读者能看懂吗？很困难。可如果我们搭配上素材的话，就很容易理解了，比如：

- 一艘船在海上航行，3个月后甲板坏了；6个月后船杆坏了；9个月后船体骨架坏了；一年后船首柱和船尾柱也坏了，就这么修修补补，3年后整艘船没有一个零部件是之前的了，请问这艘船还是之前的那艘船吗？
- 一个正常人，味蕾新陈代谢一次10天左右；皮肤新陈代谢一次28天左右；指甲新陈代谢一次6~10个月；骨头新陈代谢一次约18年；请问一个人所有组织器官全部代谢过后，这个人还是之前的那个人吗？

为了解释最开始那句话，我们用了两个不太相同的素材，最终得出截然相反的答案来。人还是之前那个人，船却不是之前的那艘船了。刚才讲的所有内容，就是素材释义逻辑的案例展示。

但上述案例中有一处内容欠妥，引用此案例只是为了便于大家理解而已：人的新陈代谢中，脑细胞比较特殊，如果作为学术讨论案例肯定不切实际，但当作逻辑素材足够了。

任何一个逻辑，尤其是晦涩难懂的逻辑摆在文章中，都很难给读者留下深刻印象。主要原因是读者的理解能力和我们的写作能力不匹配，诉求不对等，毕竟读者读我们的文章又不是为了写毕业论文，更不是为了学术探讨。

以下就是在逻辑下面添加部分素材案例的必要性：

- 便于读者理解，降低阅读难度。
- 提高阅读趣味性，增加阅读总时长。
- 降低跳出率，提高文章单价。

**本节作业**

熟悉且理解"忒修斯之船"讲的是什么，并用自己的一套素材来释义。

第一步：什么是"忒修斯之船"？

第二步：我准备用什么案例来解释？

第三步：解释之后，我得出来的结论是什么？

### 2.1.4 素材释义心理学效应

公司员工见到老板后不敢言语；学生见到老师后浑身发抖；晚辈面对长辈质疑回答声音小得像蚊子哼哼，这类行为我们可以统称为"权威恐惧症"。

部分创作者在写作过程中会拿出像"权威恐惧症"之类的心理学效应，像同理心分析、破窗效应、责任分散效应、虚假同感偏差等各种效应层出不穷，以至于我当年当评委的时候都闹了个笑话，一个学生洋洋洒洒写了五千字文章，用了三十多个心理学效应，把我和其他评委都整蒙了。

好多效应我们闻所未闻，于是我们找到了那位学生，私下聊了聊，才知道原来写这么多心理学效应只是为了让文章"高大上"一些。事实也确实如此，文章中有那么几个心理学效应，格调的确是打开了。但不要偏激，超过五个就容易出问题，更不要说动辄十几个甚至几十个了。

此外，单纯地把心理学效应摆在这儿，起不了任何作用。你需要有足够多的素材来解释这些心理学效应，在何种情况下能够应用，在本文中起到的作用是什么，这样文章整体质量才会更高、更好。

**本节作业**

用素材解释什么是"破窗效应"。

第一步：什么是破窗效应？用自己的话叙述出来。

第二步：与破窗效应相关的案例，列举一个当作素材。

第三步：如何应对破窗效应？提出自己的解决方法和理念。

## 2.2　收集写作素材的五个常用渠道

具体讲解收集素材的五大常用渠道之前，我先来问大家一个最简单也是最难的问题：什么是素材？一个故事是不是素材？一句话是不是素材？一个热点新闻是不是素材？一则小笑话是不是素材？

是，以上所讲的所有内容都是素材，而且是优质素材。那么，我们该从哪些地方收集素材并做合理利用呢？在这里，给大家列出五种不同方法。

### 2.2.1　热点首发站——微博

如果你的创作领域是：娱乐领域、影视领域、情感领域、心理领域、生活领域等绝大多数能和明星扯上关系的领域，那么从微博中找寻热点素材准没错。作为当今最大娱乐明星聚集地、明星动态的源头，微博中有太多素材可收集，而且绝大多数素材可以应用在我们的文章中。至于非娱乐、非影视领域的创作者，可以把咱们上一章节重点讲的热点迁移课程复盘一下，合理运用。

微博中找素材，有以下四种方法（排名不分前后）。

方法一：关注有争议、自带流量的明星，并时刻关注其发布的动态内容

为避免引起不必要的误会，在这里咱们不讲明星的名字，理论上只要对娱乐圈有过一定了解的，很容易找到那些自带流量的明星，对不对？

这些明星哪怕发的一小句话，都有可能引起巨大争议。但是要注意，我们虽然在微博上找到了明星发的动态，但把素材收集起来并写成文章后，是不太需要发在微博上的。具体发哪些平台，我们从第8章开始给大家详细讲解。

具体关注方法：打开微博——最下方发现——输入明星——点击关注。

### 方法二：关注热议话题，并时刻注意动态内容

热议话题区别于热点且区别于明星发布的单一内容，虽不是一手信息，但知识维度有很大拓宽，能让我们更充分了解这件事的前因后果。

比如，热议话题排在第三位的是某位歌手的新歌，可我根本不晓得这位歌手是谁，也不晓得这首歌有何巧妙之处。当我打开话题后，只需三五分钟就能对这位歌手以及这首新歌有全面了解。但有一点需要补充：热议话题中部分话题明显涉军涉政涉国际关系，普通创作者要远离，不要什么素材都写。有些资料我们缺乏一手信息，写出误导内容来是需要担责任的。

打开热议话题的具体方法：打开微博——最下方发现——中间部分热议话题——最新/最热。

### 方法三：微博榜单

该类榜单特别适合纯娱乐、影视垂类创作者，几乎是完美贴合，榜单中有至少十种以上排名，各种排名均是影响力排名。比如：最受欢迎的电视剧排名、最受欢迎的综艺排名、最受欢迎的电影排名。大家记住一点：只要是最受欢迎的，当下流量一定是偏多的，所以纯娱乐、影视类创作者完全可以参考此类榜单，并依据该榜单提供的信息搞创作。

打开微博榜单的具体方法：打开微博——最下方发现——中间部分热议话题——最下方榜单。

### 方法四：微博热搜

微博热搜的具体使用方法在第1章第1.5小节讲过，不做过多赘述，但有一点我要强调一下：

微博热搜包含社会属性，某些社会热点一定或者尽量避开，这属于老生常谈的话题，如果将某些热点编写成文章且有不实内容，轻则内容发布不出去，重则会扣分封号。

**本节作业**

下载微博APP，按照上述顺序，找到四种找寻素材的界面，并浏览其热点内容。

### 2.2.2　国内最大搜索引擎——百度

作为国内搜索引擎的老大哥，百度可以帮助我们找到更多、更合适的素材，且相对来说更加便捷。但在此之前，我们需要下载两款APP，分别是百度APP和百家号APP。（这两款APP在后续课程中也会用到，强烈建议大家下载，尤其是准备自己做自媒体账号的小伙伴。）

百度平台找素材方式更加多样，不太夸张地讲，遍地都是素材。但为了方便大家理解，我给大家罗列出四种最重要、最高效的找寻素材的方法。

#### 百度APP热搜

百度APP热搜包含最少六个榜单热搜，分别是：热搜榜、小说榜、电影榜、电视剧榜、汽车榜和游戏榜。原则上来说，小说、汽车、游戏受众虽多，但并不适合以图文方式展现，尤其和视频做比较时。所以，可以应用到我们自媒体创作者身上的榜单只剩下了三个。同理，百度APP热搜榜与微博热搜榜有相似之处，找寻素材时要慎重且仔细斟酌。

不过百度APP热搜榜下方还有很多爆款图文和视频，为我们提供灵感，而这些虽不同于上方的热搜榜却能够评得上百度平台"读者最喜欢榜"，建议新手多看看。

打开百度热搜榜的具体方法：下载百度APP——打开百度APP——在上方可滑动栏中点击热搜——六个榜单热搜。

#### 百度APP垂类素材

百度平台对内容创作进行了不同垂类的规划和细分，在一定程度上方便创作者获得找寻素材的灵感，这其中我们可以找到不少于30个不同垂类的创作内容，分别包括但不限于教育领域、文化领域、历史领域、职场领域等我们能够想到的绝大多数领域。

在不同领域中，我们都能看到其他创作者创作出来的优秀内容，这类优质内容可以当作素材库积累起来，但是要注意当作素材或者当作灵感，完全没有问题，复制抄袭绝不可行。原创是自媒体人的底线，不容践踏，我们第二次说到这个话题了。

打开百度垂类的具体方法：下载百度APP——打开百度APP——在上方可滑动栏中点击最右方的三条横杠——选择垂类领域。

#### 百家号APP热门事件

和百度APP的热搜榜不同，百家号APP也有单独的与热搜榜类似的热门事件，而这两部分没有交叉重叠，如果我们在百度APP的热搜榜中找不到可适用的写作素材，可以直接移步至百家号APP点击热门事件。

在热门事件中，我们又可以找到不同垂类的热门事件。这和我们第1章第1.5小节领域热点取材百家有异曲同工之妙，在此我做些补充：在热门事件中有个放大镜，点击放大镜，可以检索某个人物或者某起事件，降低了搜寻素材的难度。而在热词推荐中会有部分地方名、明星艺人、某些事件，不妨点进去看一看，或许会有意想不到的惊喜。

打开百家号APP热门事件的具体方法：下载百家号APP——点击左下角首页——点击热门事件——点击搜索框。

**热门作者**

如果我们想直接触达百家号优质创作者，看一看人家的文章是怎样写的，有没有方法呢？有的，在热门作者这一板块中，我们可以找到任意垂类当中的优秀作者，以及他在过去一段时间里写的优秀爆款文章。而这些作者写的爆款文章当中的部分素材我们可以收集起来。

还是之前那句话，素材是不能直接复制抄袭的。

找到百家号APP热门作者的方法：下载百家号APP——点击左下角首页——点击热门作者——点击可移动垂类框右边三条横杠——选择垂类。

**本节作业**

1.下载百度APP和百家号APP。

2.按照上述顺序，熟悉搜集素材的四种方法。

3.按照第四种方法，对标热门作者3~5位，熟读其写过的一篇文章。

### 2.2.3　词、句检索器——文案狗

在写作时，你有没有遇到过这种困惑：一个成语就在嘴边，可怎么也想不起来；想用一个俚语、俗语、歇后语，但总觉得不太合适；文章语言干巴巴的，没有任何修饰的辞藻。如果遇到了这些问题，那么文案狗可以帮助你解决大部分字、词、句相关的素材危机。

打开文案狗的方式：

点击电脑端任意浏览器——搜索文案狗进入官网。

在官网中有三个界面需要留意，分别是首页、谐音找句、个性网名。我们按顺序来说。

1.检索成语。一个成语想不起来，但知道中间一个字或者两个字，或者需要由这个字构成成语，怎么办？点击：谐音工具——常用成语，输入关键字即可。但需注意，因为是谐音工具，所以后面成语关联的那个字可能存在偏差或者错误，可以再把这个成语放在其他平台的检索框中，自查一遍。

| 常用成语 诗词名句 俗语大全 | | |
|---|---|---|
| | 茶余饭后 | 茶言观色 |
| | 阴茶阳错 | 相茶无几 |
| | 千茶万别 | 茶强人意 |
| 姹紫嫣红 | 茶紫嫣红 | 两肋茶刀 |
| | 见缝茶针 | 粗茶淡饭 |

1/18

2.检索诗词名句。同理，我们在刚才的界面中把常用成语换成诗词名句，以狗为例，输入狗之后点击查询就会有各种各样的诗词名句，比如以万物为刍狗。同理，因为是谐音工具，仍然存在着部分错别字。需要把诗词名句用其他浏览器的检索框自查一遍。

| 常用成语 诗词名句 俗语大全 | | |
|---|---|---|
| | 一丝不狗 | 狗心斗角 |
| | 狗延残喘 | 鸡飞狗跳 |
| 不苟言笑 | 不狗言笑 | 藏污纳狗 |
| | 狗急跳墙 | 狐朋狗友 |
| | 蓬头狗面 | 不敢狗同 |

1/38

3.俗语大全。我们依然输入"狗"作为案例，进行查询，会出现狗眼看人低、狗咬吕洞宾等俗语。和之前一样，为了防止错别字，自查一遍。

| 常用成语 诗词名句 俗语大全 | | |
|---|---|---|
| | 挂羊头卖狗肉 | 狗眼看人低 |
| | 狗咬丑的 | 狗改不了吃屎 |
| | 肉包子打狗 | 狗嘴里吐不出象牙来 |
| | 狗嘴里吐不出象牙 | 狗咬吕洞宾 |
| | 好狗不挡道 | 不狗塞牙缝的 |

不够塞牙缝的

1/5

刚才讲的三个功能都是谐音工具，什么是谐音？就不多讲了，大家能够自行体会。而这个功能远没有大家想的那么鸡肋，将来如果我们去做视频或者创作谐音梗的段子，都可以用该工具，更重要的是作为内容关键词的检索，我们只需要输入其中一个字，就可以得到成语、诗词、俗语，等等。

对于我们图文创作者而言，唯一的小缺陷是：你要确认这个字是不是被"谐音"了，我们需要复查一遍，看看这个字是否为错别字？

4.拼音导航。如果我们知道某个音，但是和这个音相关联的成语就是想不起来了，同时这篇文章当中又想用到与这个音相关联的某个成语，怎么办？在谐音找句的下方找到拼音导航，然后点击该拼音。

界面会再一次跳转到谐音找句中，可以找到常用成语、诗词、名句、俗语，而该行为不会出现错别字，也不会出现谐音，因为我们最开始输入的就是拼音。所以如果条件允许，我们更建议用第四种方法来取代前面的三种方法。取代方式和前面三种方法的流程完全一样，只不过在最开始的时候输入的是拼音，而不是某个确切的汉字。

| 谐音工具 |

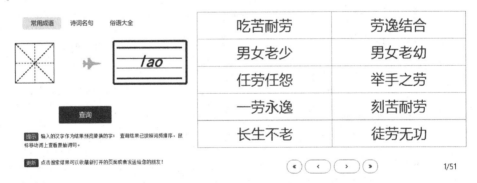

5.个性网名。在个性网名中，有精确模式和谐音模式，按理来说个性网名和内容创作之间的关联性几乎为零，但是从第8章开始讲个人自媒体创作时，包括我们的今日头条平台、百家号平台、企鹅号平台等在内的各种平台创作之前，需要给自己起一个网名。

起网名的方法，完全可以从文案狗中汲取灵感。比如我们的网名中想出现某个特殊字，就可以通过文案狗个性网名中的精确模式，找到适合自己的网名。

个性网名/游戏ID生成工具

| | | |
|---|---|---|
| 黑灯瞎火/黑灯瞎火 | | ★★★★★ |
| 平＝竞争/平等竞争 | | ★★★★★ |
| 无事不登㈢宝殿/无事不登三宝殿 | | ★★★★★ |
| 无事不登⑶宝殿/无事不登三宝殿 | | ★★★★★ |
| 无事不登 3.宝殿/无事不登三宝殿 | | ★★★★★ |
| 无事不登③宝殿/无事不登三宝殿 | | ★★★★★ |
| 无事不登3宝殿/无事不登三宝殿 | | ★★★★★ |

说明 本原创网名生成工具分为精确与谐音两种方式，精确模式更容易识别原始词句，谐音模式选择范围更广。
提示 建议您每个网站注册不同用户名可防止被人肉喔！快去自动生成你的个性网名吧！

## 本节作业

在电脑端用任意浏览器搜索文案狗官网，点击进入后熟悉检索字词句的流程，并完成以下三个小任务：

（1）谐音工具输入"王"，并搜索常用成语。

（2）谐音工具输入"王"，并搜索诗词名句。

（3）拼音导航点击"gai"，并搜索常用成语。

### 2.2.4 平台热榜——头条、抖音……

现阶段的各大自媒体平台都有对应的平台热榜，而这些热榜理论上来说都可以成为我们素材库的储备素材，将之前讲过的触及红线或者可能涉及虚假谣言的部分素材剔除之后，大部分的素材都可以合理使用。那这些平台热榜应该如何找寻？我给大家总结了以下几种方法：

- 今日头条热榜找寻：下载今日头条APP——点击左下角首页——点击热榜。

- 抖音热榜找寻：下载抖音APP并登录——点击右上角放大镜——点击抖音热榜。

- 趣头条热榜找寻：下载趣头条APP——点击左下角刷新——点击热榜。

- 企鹅号热榜找寻：下载企鹅号APP——点击下方发现。在该界面有标黄日期，并在后面有大事件滚动弹出。此外，在发现界面的中下方部分有实时榜、阅读榜和播放榜三个热榜。其中实时榜往下滑，会发现大量热点话题，且在右上方标记内容量稀缺，这一部分热榜内容可实时创作，阅读量有较大保证。

- 一点号热榜找寻：下载一点资讯APP——点击左下角首页——点击热榜。
- 知乎热榜找寻：下载知乎APP——点击左下角首页——点击热榜。该热榜界面有日报精选和进站必看，也可以点击浏览阅读。

除此之外，快手、小红书等平台也有专属热榜。热榜内容有很大的时效性，如果从热榜内容当中找到素材并进行内容创作，原则上来说，不建议第二天或者更晚时间创作，一般是当天创作。相对于其他素材而言，热榜素材在实效性方面要求更苛刻一些。

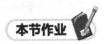
**本节作业**

至少下载3个APP，并找到热榜界面，每个的浏览不少于5分钟。

### 2.2.5　权威专业平台——知网

中国知网提供包括但不限于工业类、农业类、医药卫生类、经济类和教育类等多种资源的数据库，毫无疑问知网已经成为提供最专业数据的优质平台。其提供的知识检索服务包括但不限于文献搜索、图形搜索、专业主题、学术资源等多种检索方式，如果能够合理运用，将会为图文创作提供莫大的助力。

但同时因为知网的操作相比于我们之前讲的几种平台收集素材的方式难度更大，导致真正在知网上搜索素材的自媒体创作者少之又少，但仍然无法否认知网给我们提供素材的权威性。

因适用性等客观原因，知网板块我们只做简单介绍。

知网的打开方式：在电脑端用任意浏览器搜索中国知网，进入中国知网官网即可。

知网的素材检索方式：在知网界面搜索框左侧位置，有一个可点击选择框"主题"，在主题板块我们可以选择摘要、全名作者、第一作者、分类号等，在中间我们可以搜索关键词，除此之外还有知识元检索和引文检索等辅助我们精准查询资料的按钮，但知网检索出来的文献在阅读时需登录会员。

矛与盾的问题：作为写作导师，我当然希望大家能写出高大上的文章，因为写出优质文章，能够提升我们在写作领域的知识面和影响力，但是这一部分知识面和影响力又未必是每一位创作者所需要的。大部分创作者更需要的是短期之内速成写文，并且通过写出来的文章来直接变现，这又回到了咱们第1章探讨的问题，你是要做长期

IP选题还是要做短期IP选题？

仁者见仁，智者见智，知网在学术领域的影响力相当高，但从图文创作者的角度出发，在知网上检索重要文献可以有，甚至鼓励有，但并不强制有。如果我们投稿某平台或者官方收稿时，引用知网中的某些文献，并借力打力，得出通俗且易懂的结论，那这篇文章的格调是极高的。

但如果只是创作普通文章，则大可不必，所以我们要仔细掂酌。虽然不强制大家使用知网检索素材，但仍然希望大家能够打开知网并做简单的知识筛选，熟悉一下流程还是很有必要的，以免将来用得到时抓瞎。

**本节作业**

打开知网界面，做任意关键词检索，并做如下记录：

（1）我检索的关键词是什么？

（2）检索关键词时，我是怎样筛选的？

（3）检索关键词的结果是什么？

## 2.3 提笔就写，一步步教你建立素材库

素材库，顾名思义是存放素材的地方。我们写的文章、找的图片甚至是某些灵感选题都可以放在素材库里，随时调取使用。但素材库的搭建，远没有那么简单，需要我们做好甄选和考量。

### 2.3.1 为什么需要建立素材库

接下来讲最基础也是最重要的内容：如何搭建素材库。因个人习惯不同，搭建素材库的方法也可以说是五花八门。接下来我会讲很多方法，大家只需记住一点：找到最适合自己的一种方法，千万不要把素材搭建得乱七八糟，每个平台或者每款软件上都有自己的素材，会给写作增加很大难度。

那为什么需要搭建素材库？正如我们第二节讲的一样，部分素材有很大的时效性，第二天可能就没用了，尤其是热榜素材，所以这一部分素材完全不需要搭建素材库。

话虽如此，但是某些名人名言、比较好的句子、别人在文章当中讲的经典案例、

能够起到点睛之笔的话题、某些明星大咖的雷人话术，这些可不是在一篇文章当中能够得到全部体现的。如果我们不搭建素材库，就很有可能导致自己之前找到的很多素材因为没有素材库，忘得差不多了，每一次写新文章的时候都需要重新找素材。

搭建素材库的主要原因有两点：

- 保证素材能够随时查阅。
- 保证素材能够高效运用在写作中。

而为了保证这两点，我们必须让素材库具备以下优势：

- 素材库单一且高效。
- 素材库可以实时存储素材，且不受地域空间限制。
- 素材库内容可以实时拿出来，且不受地域空间限制。
- 素材库必须稳定，且内容相对私密，要具备一定的保密意识。
- 素材库内容绝不允许长篇大论，必须具备高效阅读且极度精简的特性。
- 素材库内容必须保证在我们看到该素材时，能大致勾画出素材原有的样子。

 **本节作业**

回顾过去一段时间自己有没有搭建素材库的经验？如果有，详细叙述素材库搭建过程；如果没有，提出自己对素材库的诉求。

（1）我过去是否有搭建素材库的经验？

（2）我对素材库有哪些诉求？

### 2.3.2　实时/非实时保存素材库分类

如果说素材的找寻是万丈高楼起的话，那么素材库则是沉稳的地基，因为有素材库的存在，才能让素材更高效、更合理、更及时地被应用。现阶段的素材库可以分成两类，第一类是可实时保存的，第二类是非实时保存的。

可实时保存的素材库有以下优势：

- 保存素材后，在另一个地方有对应设备即可查询素材。
- 将素材存储后，能保证及时阅读且进行复制粘贴等操作。
- 将素材误删除或者误操作后，能进行撤销或者通过修改记录找回。

而不可实时保存的素材库有以下特点：

- 在该设备上存储素材，在另一设备上无法实时阅读。
- 在该设备的该款软件上存储素材，在另一设备的同一软件上无法实时阅读。
- 素材误删误操作后，原则上来说无法撤销操作，且无法将素材再次保存。

通过上述的简单叙述，我们很容易看出，实时保存的素材库更受欢迎，非实时保存的素材库风险更大。但是非实时保存的素材库也有其优势，比如操作简单，无须其他软件、硬件辅助，对使用者相对友好，可是一旦内容出现偏差或者设备出现问题，就没有任何补救措施了。

**本节作业**

列举自己之前存储素材的软件，并做归类。

（1）我之前使用的素材库软件是什么？

（2）这些软件是实时存储类别还是非实时存储类别？

（3）这些软件的优势是什么？

### 2.3.3　实时保存素材库推荐

非实时保存素材库更为常见，比如未登录的WPS、电脑端或手机端自带的便签等，这一类因实用效果不佳，咱们就不再赘述了，重点来讲一讲实时保存素材库。

素材库一：石墨文档

下载方法：

- 在电脑端用任意浏览器搜索石墨文档，进入官网，点击下载，以电脑端APP的方式进行使用。

- 在电脑端用任意浏览器搜索石墨文档，进入官网，并将该网页保存，以网页端的方式进行使用。
- 在手机APP应用商店或任一浏览器搜索石墨文档，进入官网并点击下载，以手机端APP的方式进行使用。

使用须知：石墨文档建立素材库具有稳定可靠且相对私密的特点，但是石墨文档的属性需要关联对应手机号或者微信号，否则无法找到自己创建的文档，也极易出现文档丢失情况。在点击登录后，我们更建议绑定手机号，且设置好登录密码。石墨文档现阶段的初级版本完全能应对大部分图文创作者的素材存储需求，所以无须升级企业高级版，如有特殊需求可以自费申请为企业高级版本。

使用方式：点击石墨文档，点击左上角创建，选择创建类型，选中并创建网页，可修改网页题目并对该网页收藏，内容编辑实时保存，点击右上角三个竖点查看历史，可将之前标记内容或误删除内容重新导出，一个石墨文档可创建多份文档网页。

素材库二：腾讯文档

下载方法：

- 在电脑端用任意浏览器搜索腾讯文档，进入官网，点击下载，以电脑端APP的方式进行使用。
- 在手机端用任意浏览器或应用商店搜索腾讯文档，进入官网，点击下载，以手机端APP的方式进行使用。

使用须知：腾讯文档主流登陆方式为微信登录或者QQ登录，登录较为方便，别人给自己发送可编辑腾讯文档时，必须登录后编辑，否则无法编辑内容。之后讲的飞书文档也是如此，腾讯文档中无引用标识符。

使用方法：打开腾讯文档首页界面，点击创建，选择创建类型，在创建网页中左上角标星处点亮则意味着收藏，取消点亮意味着取消收藏，文档题目可修改，可插入内容较多，包括腾讯自带的某些应用均可，适用面相对较广，与某些企业合作时也会采用该类型文档交流。点击右上角分享可生成链接推给其他人，也可点击分享左边协助创作按钮，内容误删或者误操作后点击右上角三条横杠（文档操作），进行找回。

## 素材库三：飞书文档

下载方法：

- 在电脑端用任意浏览器搜索飞书文档，进入官网，点击下载，以电脑端APP的方式进行使用。
- 在手机端用任意浏览器或应用商店搜索飞书文档，进入官网，点击下载，以手机端APP的方式进行使用。

使用须知：飞书文档相对比较隐秘，同时也有网页版飞书文档，使用方式和石墨文档相似。飞书文档与飞书聊天合二为一，飞书其本身也有社交属性，且飞书文档链接打开想要编辑也需要登录飞书账号。要注意，飞书账号是独立一体的，需要手机端下载飞书APP并登录，扫码电脑端飞书登录才可以。

使用方法：打开飞书界面，在左边栏目中点击第三个云文档，点击右上角新建文档，会弹出飞书网页文档，点击左上角星标即可收藏，取消收藏需再次点击，点击文档分享可以不同形式分享给不同人，点击右上角三个点查询历史记录，可以找到误删或者误操作内容。

请输入标题

请输入正文

**本节作业**

下载石墨文档、腾讯文档、飞书文档中的一个，并建立素材库文件，熟悉界面所有标识符作用，并多加运用。

（1）我选择用什么文档当作自己素材库的存储软件？

（2）选择该软件的主要原因是什么？

## 第 3 章

# 标题篇：
# 吸引阅读的最优方式

同样都是优质图文，为什么别人轻轻松松写出10万+爆款，自己却只有零星几个阅读量？出现这种情况首要分析的就是文章标题是否具备吸引力。不太夸张地讲：文章标题就是文章的门面，那么，文章的"门面"应该怎样做、如何做，才能更有吸引力呢？

## 3.1  一个好标题到底有多重要

标题一：如何在买房子时避开低素质邻居？

标题二：论避开低素质邻居的解决方案

标题三：我想买一套二手房，看了半天不知道买哪套，其实我最担心的还是房子周边邻居素质不好，我又比较内向，这可咋办啊？万能的网友，求求你们给我点建议吧！

标题四：买房子时，怎样避开低素质邻居？我以过来人身份给你五条建议

提问：上面四个标题，你认为哪一个标题更合适些？第四个标题，对不对？那前面三个标题究竟哪里出了问题？是语法不对还是有错别字？都不是，只是不符合自媒体读者的阅读习惯，没有市场罢了。正因如此，对于图文创作者来说，很容易出现文章辛辛苦苦写出来却没有阅读量的情况。

标题一和标题二不满足"27字原则"和"三段论原则"，且标题二格调太高，阳春白雪必定曲高和寡，从流量角度出发不能满足题目诉求；标题三语言冗长烦琐，踩不准关键词，读者也懒得去看。相对而言，标题四更合适一些。

在之前的自媒体教学中，我不止一次对学生讲：一个好的文章题目+优秀封面配

图，甚至能决定这篇文章50%的生死存亡。这句话毫不夸张，有很多人出问题就出在标题上了。如果我们把标题当作一个人的脸面，就更容易理解这个问题了。

那么，如何起一个好的标题？起标题的过程中有哪些注意事项？有哪些禁忌事项？这将是我们第3章的主要任务，仔细读完本章，希望你能有所收获。

 **本节作业**

在APP上找一篇文章，把题目摘录下来并简单点评下优缺点。

（1）文章题目是什么？

（2）我感觉这篇文章题目的优势是什么？

（3）我感觉这篇文章题目的缺陷是什么？

## 3.2 起标题，这五点你必须知道

标题不能随便起。在这里，我给大家总结了五个起标题的注意事项，大家切记遵守。

### 3.2.1 字数要求：25~27字

标题字数不宜过多，也不宜过少，走向任何极端，都容易出问题。很多人从事写作之前，对起标题没有什么概念，更多的是中学时期一篇议论文或者记叙文的标题格式，这种观念必须改变。现阶段的写作以投稿和自媒体发表为主，就必须考虑读者的阅读习惯，也就是供需关系中的"需"。读者不需要、没兴趣，我们写得再好也无用。

而标题字数之所以约束在25~27字之间，主要有以下几点原因：

- 大部分自媒体平台标题字数极限为30字，以今日头条、百家号、趣头条、网易、一点为主。此外，企鹅号、公众号标题字数上限64字，大鱼号字数上限50字，小红书标题字数上限20字。
- 字数在25~27字之间，一旦出现标题党、关键字敏感，有腾挪空间，修改或增删关键字仍有补救机会。
- 符合读者阅读习惯，25~27字左右，读者通过手机APP阅读时，一般是两行或者两行半，很少出现三行甚至更多行情况，不会造成阅读障碍。

**本节作业**

把上节作业中要求找到的文章标题写出来，然后从不同角度再给这篇文章起最少三个标题且满足字数要求。

### 3.2.2 叙述要求：踩关键词

相对而言，字数是硬规定，想要掌握没那么困难，接下来这两点相对复杂。

我先给大家讲讲"踩关键词"是什么意思。一篇文章写完，系统会分门别类，把这篇文章分配到某个领域，比如职场、教育、育儿、历史、文化等领域。那系统是如何分配的呢？总不能指望着利用人工一篇篇读下去，再按篇分类吧？明显不现实。最有效的解决方案就是分析关键词，通过关键词来确定这篇文章属于哪个领域。大家看下面两个例子：

标题一：我旁边那个卖苦力的每个月只领一点点钱，他受不了了，于是决定找头儿谈谈

标题二：主动跟领导提加薪，埋头苦干的职场人一定要主动，教你三招

上述两个标题中，第一个标题能踩到什么关键词？唯一一个可能就是"钱"，还有其他具有辨识度的名词吗？没有了，所以你猜系统会把你这篇文章归类到哪一个领域中？

而标题二就不同了，关键词有领导、加薪、职场，有这3个关键词足矣，直接归类到职场领域。而标题踩关键词远不止系统归类一点优势，除此还具备的优势有：

- 使文章具备辨识度，对读者而言更易接纳。
- 某些关键词本身具备流量属性，便于推动爆款，比如：996、彩礼、熊孩子，等等。
- 防止系统误判，尤其是从第8章开始讲自媒体运营时，涉及账号加V问题，又会牵扯出垂直度来。

但是要注意，某些关键词不能踩，否则会出问题：

- 涉及红线的关键词不能踩。
- 某些人物、事件不能踩。
- 脏口、荤话不能踩。
- 情绪偏激的话术不能踩。

这里不再给大家——举例，大家心里有底就好。

那如果我们有很多关键词，但是不知道文章题目中该写哪一个关键词，怎么办？有没有一款软件能免费帮我们检测下呢？有的，百家号。具体操作方式：在电脑端搜索百家号→进入官方首页→找到首页中间靠右的关键词指数→搜索关键词并查看数据分析。

比如：搜索"职场"，我们会得到如下一组数据：

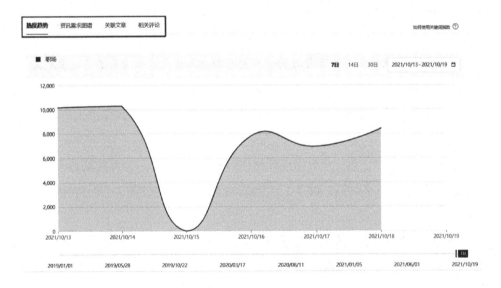

我们可以从这组数据中查到该关键词的热度趋势、咨询需求图谱、关联文章和相关评论，非常好用。但是，该数据只是百度平台的数据，其他平台数据可能会有出入，只能当作参考。

**本节作业**

将本节案例中的标题一转换说法，写成至少踩两个关键词的标题。

### 3.2.3　布局要求：三段式

先给大家看一张图，一点平台（后续会讲到）在作者发布文章时的友情提示，这张图片很有借鉴意义：

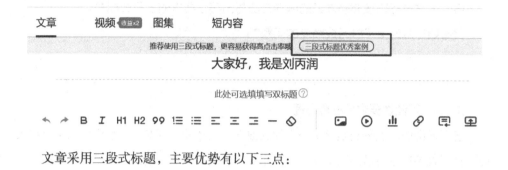

文章采用三段式标题，主要优势有以下三点：

- 相比于二段式标题，可减轻读者阅读障碍。
- 相比于四段式甚至更多段式而言，标题更带节奏感。
- 能把问题说清、理顺，优化句子使重点更加突出。

三段式标题的优势很多，但真正操作起来难度也不小，我们如何合理巧妙地运用三段式，提高文章标题的可读性和趣味性呢？我给大家主推两条公式：

公式一：疑问句叙述+质询+二次质询

该公式的巧妙之处在于：标题分成的三个部分，第一部分用来表达疑惑，但是疑惑不以疑问句推出，此时的主要诉求是要抓住读者眼球，让读者和你产生同样的疑惑，只要能够抓住读者的共鸣心理，就成功了一大半。紧随其后，带动这个话题，连续两次对读者发起疑问，两次疑问之后，读者就很容易被标题吸引了。比如下面这个标题：

"为什么商场的无人按摩椅很少有人消费，却一直营业？有什么猫腻？"

公式二：疑问句+角色代入+痛点

三段式的第一部分直接以疑问句形式推出，相对于第一种方式而言，更直接，更能让读者在这个话题中产生视觉冲击。同时第二部分以个人主体带入，无论是第一人称、第二人称还是第三人称均可，但此时要注意，主体带入一般就是你我他这三种类型，不用太过详细的人物叙述，毕竟要保证标题的字数可控。然后再把痛点安排进来，痛点必须具备代表性，比如：

"有什么道理是长大后才明白的？我先来：很少有人希望你过得好。"

**本节作业**

将以下文章标题按照刚才讲的两种方法写出符合要求的三段式标题。

父母如何应对孩子学习成绩差的问题？

### 3.2.4 可读性要求：猎奇心理

接下来讲的两点分别是猎奇心理和利他性，其重要程度要比之前讲的三个点更关键，甚至直接决定自己的图文变现和写作方向，但因其不可量化，所以很难拿捏。

什么是猎奇心理？在过去三年的自媒体教学中，我把猎奇心理分成了三层。（特指与写作相关）

第一层猎奇心理：我们很容易对周边的人、事、物感到好奇，比如太阳东升西落，灯泡通电就亮，人渴了要喝水，饿了要吃饭，这是为什么？（科普类）

第二层猎奇心理：我们很容易对周边常见事情的反对论调或者不一样的论调感到好奇，比如为什么不要给路边乞丐钱而要给他们饭吃？为什么领导开车员工不能坐后排？（科普类&生活类）

第三层猎奇心理：我们更容易对自身经历过且容易忽视的事情感到好奇，比如为什么大巴司机非得拉乘客到定点饭店吃饭？早餐店用塑料袋装热汤面给我吃会不会有危险？（生活类）

第二层猎奇心理和第三层猎奇心理有交叉点，但第三层更侧重亲身经历人群的多与少。第二层更多的是日常习惯的反驳、正确与错误的碰撞。

在实际使用猎奇心理时，其实更加简单粗暴，只需记住一句话：让读者好奇。可越是简单粗暴，具体行文就越难以捉摸，我先给大家列举两篇文章标题，大家先读读，顺下语感：

"有人说：住快捷酒店，不要喝房间里的矿泉水，对此你怎么看？"

"为什么要钉马掌？在马蹄子上安装烧红的铁片，马不疼吗？"

我们继续来说，读完上面两个标题，大家可能对猎奇心理多少有点谱了，接下来给大家主推三个方法，合理调动起读者的猎奇心理，注意，我们说的是合理！这一点很关键。

方法一：颠覆认知。原来大家认为1+1=2，可你现在突然告诉大家1+1不一定等于2，为什么？因为在计算机领域中，二进制、八进制和十进制对于1+1的算法不一样，结论也不一样，很有可能是1+1=0，这就是颠覆认知。

比如，你可以这样起标题：

"面试官：一只羊4条腿，10只羊多少条腿？求职者：40条。被淘汰"
"老板：你很优秀，但不好意思，我只能开除你"

方法二：感知生活。猎奇心理的主流打法仍然是生活类和科普类，而这两类都可以在生活中找寻灵感。比如：男孩穷养女孩富养、棍棒底下出孝子，这些方法对吗？老话并不代表权威，怎样养孩子更合适到现在都是教育领域的难题之一，可不能凭借几句老话就彻底解决。同理，生活中类似的情景还有很多，完全可以把这些情景运用在文章中。

比如，你可以这样起标题：

"为什么有人说，亲戚间保持尊重就好，不要一直来往，你认可这句话吗？"
"老人明明很讲卫生，为什么身上还会散发出异味？这究竟是什么原因？"

方法三：条件缺失+条件假设。条件缺失可运用在娱乐、历史、文化等领域。我们以历史领域为例，前段时间比较火的一个标题是：假如诸葛亮发明了泡面科技，那魏蜀吴三国间的局势将会发生怎样的反转？条件缺失和假设，往往会给读者一个不定性预期，同时能够让读者顺其自然地参与进来，互动性也能有所增加，且不受领域限制。

比如，你可以这样起标题：

"假如崇祯帝不杀袁崇焕，大明朝是否还有救？为什么？"
"为何大家越来越喜欢明星A，越来越讨厌明星B？有这三点原因"

（请注意，条件缺失包括但不限于三点原因、四点看法、五点可能等类似话术，但该话术有一定概率被打压为标题党。）

**本节作业**

将买房要不要买高层和主卧要不要带卫生间这两个话题写成具备猎奇心理的文章标题，并标记运用了何种方法。

### 3.2.5 实用性要求：利他性

初次见面，我送给你一个苹果，你开不开心？开心，对不对？那我在你心目中的印象分会不会有所提升？如果我们把写文章运用到这个场景中来，那就是通过写文章的形式源源不断地给读者送"苹果"，这就是利他性。

读者读完你这篇文章，如果有以下三种感觉中的任意一种，都有利于这篇文章涨阅读量、涨粉丝、涨收益，分别是：

- 知识类科普，读完这篇文章能获得新知。
- 技能类科普，读完这篇文章能获得新技能或者当下读者的主要诉求技能。
- 变现类科普，读完这篇文章知道了一种赚钱方式，或多种赚钱技能、理财思维，等等。

那如何巧妙运用利他性，让读者觉得这篇文章读完后很有收获，给你点赞、点关注，甚至去找你做知识付费咨询呢？

方向有二：

第一，你的垂类创作内容能给读者带来什么？能给读者带来哪方面的成长？带来哪方面的利润？带来哪方面的收获？你要明明白白地告诉读者，不要做好事不留名，一定要留名，最好能留下烙印。

比如，我们是职场垂类，文章标题可以这样写：

"公司老板无故打压你，你应该怎样做以和老板解除误会，占据主动？"

"企业高层领导聚餐，老板安排你去做接待，你应该如何把握机遇，做到最好？"

大家发现没有？就是常见的几大问题，现在从你的角度提出来，并且给出解决办法。职场人看到你这些文章，会不会给你点关注？当然会，不但会给你点关注，还会成为你的付费咨询潜在客户，尤其是职场人迫切需要你的帮助时。

第二，纯干货分享。当你把自身定义为纯干货分享时，流量可能会受限，但用户黏性会有所提升，这种变现方式比较特殊，赚的不是流量钱，而是粉丝钱，且对自身要求极高。没有金刚钻，就揽不了瓷器活。

比如，我们是情感垂类，文章题目可以这样写：

"学会这七句话，帮你搞定夫妻关系，让家庭更和睦"

"夫妻间的十种矛盾，妥善解决，才能占据主动"

**本节作业**

写出一个适合自己领域的且具备利他性的文章标题。

（1）我写的标题是什么？

（2）利他性具体体现是什么？

# 3.3　好标题的四个核心技巧

如何写出一个好标题？有没有切实可行的技巧？有的，我给大家列出最优质的四大技巧，原则上来说可以帮助我们提升起好标题的能力。

### 3.3.1　亮点前置，抓住读者眼球

标题一：领奖时有哪些注意流程？彩民中大奖后，可以不捐款吗？

标题二：彩民中大奖后，领奖时有哪些注意流程？可以不捐款吗？

上面这两个标题，哪一个更合适些？第二个，对不对？为什么？相对而言，彩民中大奖是标题的最大亮点，至于领奖时的流程，需要依托于中奖这个前置条件。

但很多人写标题时，往往会选择第一个，这就是流水账错误，而这种风格运用到文章标题上，最大问题是：

- 内容叙述像流水账，重心把握不住。
- 主次不分，易产生歧义，增加文章跳出率。

而适当地把亮点前置，则可以解决上述问题。更重要的是亮点前置在一定程度上就代表着重点突出，主次分明。方便系统推荐给喜欢它的用户，也方便有诉求的读者点击阅读。但是我们要注意，亮点前置并不是不分逻辑地把亮点前置，该有的铺垫和叙述一样也不能少，在不影响读者阅读的前提下，将亮点放在最显眼的位置。

"买房子时，怎样避开低素质的邻居？我给你准备五条建议，买房要看"

我们以这个文章标题为例，其最大亮点是什么？是五条建议还是买房要看？都不是。最大的亮点是如何避开低素质邻居，在我们学习亮点前置之前，很容易出现以下错误版本。

"怎样避开低素质邻居？我给你准备五条建议"

"我给你准备五条建议，避开低素质邻居，买房要看"

"我准备买一套二手房，如何能够巧妙且准确地避开那些素质相对不太高的邻居？"

上面这三个标题都是有问题的，我们先来看第一个标题，理论上来说避开低素质邻居就是亮点，把亮点放在最前面没有问题，但是如果把亮点放在最前面，同时造成了阅读障碍，那问题就大了，避开低素质邻居有一个前提，前提是买房子时。如果我们换个前提，这个文章标题仍然成立，比如：租房子时怎样避开低素质邻居；租商铺时怎样避开低素质邻居；什么时间段出门遛弯可以避开低素质邻居。

我们甚至能够拿出十个、百个甚至千个不同的情景来告诉大家：在什么情况下，你需要避开低素质邻居。这篇文章会给读者很大的突兀感，所以在标题最开始处，我们要占用尽可能短的字符来向读者框定范围，比如：买房子时怎样避开低素质邻居。

标题二明显把亮点混淆了，亮点并不是五条建议，因为大多数泛生活文章都可以以几条建议作为结尾，比如：公司老板不给员工发工资怎么办？给你五条建议。儿子朝自己大吼大叫怎么办？给你三条建议。给几条建议、几点看法、几个观念，这一类的话术尽可能放在后面，其本身不具备亮点前置的基础要求。

标题三最开始的行文框架框定了买二手房这个关键因素，避开低素质邻居也在后面紧跟上了，为什么也不合理呢？语言不必赘述，你要讲的是避开低素质邻居，而不需要在这个动作前再加过多的形容词。文章标题绝不是由很多形容词、很多名词、很多动词堆砌在一起的，而是用最简洁的语言说读者最感兴趣的话。

 **本节作业**

你怎样看待这句话："连打印机都不会用，你有什么资格来我们这家企业呢？"将上述标题亮点前置，重新写出符合该规则的标题来。

（1）我认为该标题的亮点是什么？

（2）我准备写的标题是什么？

### 3.3.2　通俗白话，降低阅读难度

"浅析补习班的套路，伪数学乘法学不得，基础计算才是关键"

"老员工带新员工应该倾囊相助，还是授人以渔，浅析新员工成长史"

"唐朝诗的没落，边塞诗体和田园诗体如何输给了现实诗体？"

上面这三个标题大家能理解是什么意思吗？应该能理解对不对，那如果我在标题当中添加一些更新颖、更难懂、更难以琢磨、更烧脑的词汇呢？比如：

"当项目没有抓手，痛点不深，如何提高职场底层凝聚力？"

"以行业痛点为抓手，职业需求为导向，培养行业大牛，给企业发展添加催化剂"

我再来问你：上面两个题目大家能理解是什么意思吗？有点难，对不对？那如果我在原有基础之上再添加上A端、B端、C端、产品硬件、生命周期，并且再来上几句俚语、俗语、歇后语，添加点"之乎者也"，倒腾下"子曾经曰过"，然后把李白的《蜀道难》给加进去呢？

没错，你会惊奇地发现自己浪费一周时间写了一篇小短文，可能就三五个阅读量。为什么？因为题目看不懂，内容看不懂，单独的汉字放在这里读者能看懂，英文

字母放在这里读者也能看得懂，可汉字和汉字组成的句子读者反而看不懂了。

我们在写文章时一定要注意，在过去六年时间里我是这样做的，在过去三年时间里我是这样告诉我的学生们的，现在我也以同样的标准来要求大家：自媒体写作也好，公众号投稿也罢，你尽量不要为难读者；你一旦为难读者了，那你就彻底没有读者了。

过去我也曾采访过一些学生，问过他们为什么文章标题写得如此复杂、晦涩，有时甚至是强行提高文章格调，得到的回复大体如下：

- 文章标题高大上，就显得文章整体高大上。
- 看到一些人写如此高大上的文章标题，我也想写。
- 这些标题看着就很深奥，读者肯定也会认为这是一篇高大上的文章。

千万不要这样！这种文章标题市场前景几乎为零，而一部分人之所以去写这类标题，要么是萌新小白不懂套路，要么是甲方强行要求或者参与征稿，这一点咱们后续课程当中会详细讲的。

我给大家列出几个关键点来，咱们在文章标题中尽可能不要有这一类的词：

- 浅析、分析、剖析、深挖、探究等词汇不要出现。
- 特殊标识符不要出现，尤其是"｜"这个标识符，在某些平台上用这样的标识符容易引起反感。
- 互联网名词以及晦涩难懂的词汇不要出现，比如底层逻辑、抓手、痛点等。

文章标题通俗易懂，不给读者设置阅读障碍，往往就是对读者的最大尊重，投桃报李或许能收获读者给你的善意。

**本节作业**

分析下面的标题，并指出其中的不足之处。

"解析：郡县制的权力再分配，帝王权力的再度集中化"

（1）我认为该标题存在哪些问题？

（2）这些问题将会导致文章整体出现什么状况？

### 3.3.3　加入身份标签，增加阅读群体

"我想给刚进入职场的你提最少三点建议"

当我把上面这句话当中的"你"改成"年轻人"或者"90后"，我们不妨再来阅读一下：我想给刚进入职场的90后提三点建议，我想给刚进入职场的年轻人提三点建议。

其实文章标题并没有发生多大变化，即便有也仅仅是多了一个身份标签而已，我们把人称主体从个人转变成群体，效果仿佛还不错，对不对？同理，职场中我们还可以按照年龄阶段分群体，比如70后、80后、90后甚至是00后。我们也可以按照职场等级不同贴标签，比如公司老板、企业家、创业者。我们还可以按照职场不同行业分工贴标签，比如建筑师、计算机编程、自媒体运营等。

事实上不单单是职场可以对文章标题贴标签，我们能够想象到的任何一个垂类都可以把标签贴上来，以教育领域为例：老师、父母、家长、孩子。

应用在实例中：

"刚上小学二年级的小明，学习成绩不好，父母很是着急"

如果我们把这个文章标题以贴标签的形式稍做修改，会成为什么样子呢？

"孩子中小学成绩差，不要再归咎为智商低了，父母应该从以下三个方面帮助孩子"

历史、文化领域，我们的标签可以归类为某一事件或者某一朝代，比如明粉、清粉，再比如贞观之治、永乐王朝。娱乐领域的标签就更容易了，甚至可以直接贴上某某明星的粉丝、80后明星艺人、90后明星艺人。情感领域像扶弟魔、妈宝男等都属于标签。

贴标签能够带动阅读量，其原理是什么呢？

第一点，标签本身自带流量属性，比如90后、80后。绝大多数标签具备一定的知名度，我们可以借力打力，借助这一部分知名度来提高文章标题的趣味性和可读性。

第二点，身份标签更容易产生共情心理，比如职场年轻人这个身份标签贴上去之后，对80后、90后甚至是00后读者来说，会产生很强的共情。再比如孩子学习成绩差，

而孩子当下阶段是在中小学时期，那就更容易引起父母的关注，尤其是自家孩子正好在中小学阶段且学习成绩不理想时。

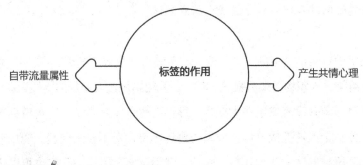

标签的作用

自带流量属性　　　　产生共情心理

**本节作业**

为下面这句话贴标签，并写出一个文章一看就具备可读性的标题。

"多年没见面的二年级同桌小明，突然联系我并找我借钱，我该怎样应对？"

（1）我想贴的标签是什么？

（2）这样贴标签的理由是什么？

（3）最终文章标题是什么？

### 3.3.4　建立对立关系，吸引读者兴趣

"明星A和明星B同台演绎，可为什么观众更愿意给明星A鼓掌？"

"老板凌晨3点给员工打电话要求加班，员工怒怼称：我需要休息。"

"袁崇焕立下赫赫战功，为何还会被杀掉？崇祯非走这一步不可吗？"

上面三个文章标题都巧妙运用到了对立关系，比如明星艺人之间的对立，你喜欢哪一个明星；职场当中最典型的对立，你是站位公司老板还是站位公司员工；历史的对立，臣子和皇帝究竟谁做得对、谁做得错？

在文章标题中搭建对立关系，更便于读者探讨。相对而言，这也是我们后期写文章需要抓的重点之一，你必须让读者积极主动且自愿地参与到话题讨论中来，只有这样，文章传递给系统的才是正面信息，更有利于接下来二波、三波甚至更多的数据推荐。

大家如果有印象的话，在寻找选题这一小节中，我们也曾经讲过寻找对立关系。而当初并没有要求大家把对立关系扯到文章标题中，但即便如此，仍然有很多禁忌事项，比如不能为了对立而盲目对立，这其中还包括造谣或者恶意、虚假营销等内容，都尽可能地避免出现。而一旦在文章标题当中表现出对立关系来则更加敏感，比如某些明星之间的恶意比较或者某些事件的恶意揣测，这些通通都是不允许的。

文章标题本身留给我们的字数就极其有限，30个字需要尽可能分成三段式且精简明了，而在这之中你还添加了对立关系，这个对立关系是正当的对立关系还则罢了，但凡引起歧义或者造成阅读障碍，都会出大问题，要慎重使用。

**本节作业**

指出下面标题的对立关系，再写出一个具备对立关系的标题。

"你怎样看待：明明不会被提拔，老板还安排给员工很重的任务？"

（1）该标题的对立关系是什么？

（2）我准备写的对立关系标题是什么？

## 3.4  标题四大禁忌——别让你的努力白白浪费

我为大家总结出文章标题的四大禁忌事项，一定要注意，四大禁忌原则上来说任何一点都不要碰，不要为了流量、话题、热点，亲手毁掉自己的账号和品牌。

第一类话题，明星、公众人物的洗白，是绝对不允许的。某些明星犯了很大的错误，比如不当言行、偷税漏税、婚后出轨甚至比这些行为还要恶劣、还要可怕的行为，而这个时候你突然想起咱们之前讲过的寻找对立、引起话题来了，非得从反面来讲这个明星之前怎么怎么样，可以吗？绝对不可以，因为这些明星和公众人物也是成年人，他们需要为自己所犯的错误付出代价，而且有些错误极其恶劣，不容原谅。

第二类话题，涉军涉政涉国际关系，是绝对不允许的。大家可能会发现，虽然我说这类话题绝对不允许写，但仍然有一部分人可以从事创作。比如军事领域，我认识很多军事领域创作者，他们一个月的自媒体写作收益超乎想象，而且粉丝黏性也很高，那为什么他们可以写呢？

因为他们获得了平台的认证，要么是某个领域的专家、学者，要么有资深的行业经验，而对于绝大多数的普通创作者而言，你无法了解如此多的详细数据，更多的是道听途说，以讹传讹，极有可能传递出虚假或者无任何实际证据的内容。这一部分内容无伤大雅，还好。如果这一部分内容过于偏激，甚至被很多其他普通创作者接二连三地引用，那么作为这个谣言的始作俑者，你可就要为自己担心了。

第三类话题，震惊体。震惊体绝不允许用，一些人说为了提高文章标题的吸引力，为了能够让读者看到标题后就特别想看内容，我发明了一种方法，我觉得完全可以这样去写：

"震惊！孩子3岁之前不喝这个东西，长不高？"

"震惊！一个女子28岁竟然还做这种事情！"

大家要注意，这一类话题都属于标题党。目前标题党是被几乎所有平台都嫌弃的创作体裁。如果长期发布该类内容，账号会有被扣分、封号处理的风险。

第四类话题，营销体。这一类情况较轻，对账号影响也较小，偶尔写一次问题不大，但不可长时间来写。营销体的体现主要是事实夸大或者过多地模仿他人内容，要么就是以三种可能、四种情况、五种缘由等类似方式做标题结尾的。比如：

"如何让公司老板害怕你？高情商的人这样做，给你五条建议"

这种体裁偶尔写写尚可，但如果你一天写十篇文章，篇篇文章题目都是这个样子，就极有可能被归类到营销体中。从写作变现的角度出发，不是很鼓励这种行为。

**本节作业**

"早起毁一天！几点起床合适？专家：尽量晚于这个时间点"

（1）该题目犯了哪些禁忌事项？

（2）我准备如何改？

第 4 章

# 文章框架篇：
# 让内容站起来

在我之前的自媒体教学中，总有一些学生向我抱怨，甚至吐槽：为什么人家半小时就能写出一篇文章来，我写了两天两夜还给写跑题了？人家写文章都是一气呵成，为什么我写文章总是好走神、好断线，不知道该写什么，也不知道写得好不好？每每遇到该类问题，我都会告诉学生：你尝试着先列一下文章框架，效果会好很多。

写文章并没有我们想象的那样困难，真正困难的是如何把框架搭建起来，一个优秀、具备可读性且有一定深度的文章框架一旦搭建成功，我们只需要顺着这个框架写，就能轻松完成写作任务。

## 4.1 文章框架及其三种简单模型

"今天出门遛弯，碰到一只野狗，张开大嘴就朝我屁股咬了一口。"

上面这句话是我精心准备的小故事，给身边的朋友们讲讲，当作茶余饭后的谈资，是没有问题的。但如果我把上面这个小故事讲给读者听，就会有很大的问题。

流水账和掐头去尾的糊涂话，是得不了高分的。所以在这个时候我们迫切需要文章框架，通过文章框架把故事拉扯起来，就如同有了晾衣架之后的衣服一样，显得干净、利落、一目了然。针对上面这个故事，我们如何给文章树立框架？

首先我们不针对任何文章，只针对刚才讲的这个小故事来做个简单框架模型，让大家更容易理解：

- 故事前因：我的一位好朋友早上起晚了，上班眼瞅着要迟到，万般无奈抄了近路，而在这条近路上正好有一只野狗。

- 中间过程：狗很凶猛，朋友在慌得六神无主之际决定撒丫子往前跑，没跑几步就被野狗追上，咬了一口。

- 最终结果：在野外碰到野狗如何冷静应对可以减少被狗咬的概率。

那有人就说了：不对呀，已经有结果了，你为什么还要写一个新的结果？朋友让狗咬了这就是结果啊！如果你把朋友被狗咬了当作结果，并且文章的落脚点落在这个地方的话，整篇文章是言之无物的。我们无非讲了一个故事告诉大家：朋友被狗咬了。并不能传递出有效的信息、价值和观念来。所以我们需要在原有基础之上升华一下，不妨把落脚点放在"遇到野狗怎样做能减少损失"这个点上。

好，我们来回顾一下，通过对最开始这句话的调整，让这篇文章有了框架。前因是走在一条小路上，中间过程是被狗咬了，最终结果是如何做可以避免被狗咬。读者读完长知识、长见识，文章整体有质量、有深度，我们也获得了写作收益，这属于三方受益。

但是搭建一篇真正有深度的文章的框架远没有那么简单，为了便于让大家理解，我准备了三个相对优秀的文章框架模型，在我过去的教学生涯当中，学生通过以下三种写作框架，大概率能够在原有写作的基础之上，提高文章质量和文章的可读性、趣味性。

框架一：现象+分析+观点

先举个简单案例：早上出门堵车。（现象）为什么会堵车？因为前面有高架桥，旁边有四条马路都是通往高架桥的，这是造成堵车的主因。（分析）遇到这种情况，可以给相关部门打电话反映，也可以早高峰错峰出行。（观点）

通过上面这个案例，我们很容易得出：

- 现象：我们能触及的或者我们触及不到的现象，已经发生或者正在发生的可预测的事情。

- 分析：包括但不限于我对这件事情的主观分析，某些专家、某些领域的顶尖从业者对这种现象的分析。
- 观点：观点尽可能是我的观点，一篇文章如果现象不是自己的，分析不是自己的，观点还不是自己的，那这篇文章有存在的必要吗？观点尽可能自己总结且具备一定的客观中正。

## 框架二：SCQA架构

该架构出自《麦肯锡问题分析与解决技巧》这本书，因不同圈层的阅读习惯不同，我们需要在该架构上做部分改变，但仍然不可否认这是一个非常优秀的架构模型。

S（Situation）情景——由熟悉的情境或事实引入。

C（Complication）冲突——指出实际面临的困境或冲突。

Q（Question）疑问——你如何分析这个问题？

A（Answer）回答——你是如何解决这个问题的？

我们依然以故事带入：

- 情景：我在马路上发传单。
- 冲突：公司给我的传单很多，我又不想如此辛苦地发传单。
- 疑问：这个时候我脑海当中产生了一些小想法，我为什么不把传单偷偷地丢到垃圾桶里面，假装自己发完了？
- 结论：我不能这么做，为什么？因为，第一，拿钱办事；第二，要有诚信；第三，公司还派了一位监督者，专门监督我们这十几个发传单的人，如果偷偷丢掉是不给结算工资的。

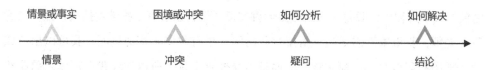

框架有了，我们也就可以写这篇文章了：为什么街上发传单的人会把传单发完而不是丢到一边假装发完呢？这篇文章之前我也讲过，带来的收益超过了5位数。

但是要注意，由于考虑到读者阅读习惯的不同，我们在运用SCQA框架时，冲突和疑问其实是可以合并在一起的，再或者是情景和冲突合并在一起，这个框架的重点不是哪一者与哪一者合并在一起，而是情景有没有吸引力，能不能产生共鸣？如果能，SCQA框架模型则会大获成功，否则想要成为爆款文章难度较大。

### 框架三：金字塔原理

金字塔原理出自《金字塔原理》这本书，具体操作起来难度可能较大，但如果我们转换思想，把具体操作想象成总分的格局，会更容易理解一些。金字塔原理的基本原则是结论先行，以上统下，归类分组，逻辑递进。

我们同样以故事代入：收到领导消息后，不要第一时间回应"收到"。（结论先行）紧随其后，我会告诉大家，不要第一时间回应收到的原因和理论是什么：论点一，论点二，论点三。（以上统下）接下来我再通过论据一、论据二、论据三论证论点一的成立，通过其他论据论证论点二、论点三的成立。（归类分组，逻辑递进）

以本节最开始的"出门遛弯被狗咬"为话题，运用三个框架中的任一个，写出一篇符合要求的文章来。

（1）我选择的框架模型是什么？

（2）我列出来的框架为何？

（3）写出一篇文章。

（可以将文章写在纸上，贴在本节的位置，以便复盘查看）

## 4.2　建立文章框架的必要性

我先做个小调查，有没有4.1节没有看完直接跳到4.2节的？原则上会有一些，在之前的教学过程中，我每一次给学生们讲文章框架，都会有一些学生摇头，他们告诉我：老师，我根本不需要建立框架，我的脑子里有很多丰富的词汇，我可以出口成章，顺顺利利地写出一篇文章来，而且不受外界干扰。所以你让我在写作之前花费3~5分钟列提纲，是浪费我的时间。

是这样吗？绝不是！文章框架的好与坏，对于写作新手而言有至关重要的作用，整体有以下三大功效：

### 防跑题，让内容更顺畅

我们拿刚才被狗咬的例子来讲，这个案例我让不止一位学生去写过文章，而没有列框架的小伙伴，最终很有可能写成了口水文章或者罗圈话文章。所以对于明明知道自己想写什么，可却很容易跑偏的小伙伴来说，列一个框架有很大必要性。

### 立深度，为结论做导向

我们只要列大纲，无论是哪一种模型大纲，都要求大家要有深度，要有自己的分析、观点、结论，而这些会给读者一定的知识增量，整篇文章以结论为导向，其价值格调也会有所上升，更容易被评委、编辑青睐，甚至在各大平台上签约。

而没有框架的约束，写起来虽然自由了，成效却不敢恭维。

### 捋顺序，给时间做减法

在三种框架模型中，SCQA模型和金字塔原理，这两种写作模型对于顺序节奏把握、拿捏的要求更为严格，如果我们捋不清顺序且无法把这件事情娓娓道来，或采用正叙、倒叙都无法完成写作任务，那运用这两种模型反而会增加我们的工作量。

当然，强制要求大家在写作前都需要列框架大可不必。但对于新手而言，这显得尤为重要，如果我们已经从事写作行业2~3年甚至3~5年，一些内容知道怎样去写，也知道该写到什么程度，拿出5~10秒的时间稍微思量即可，不需要以文字的框架出现。但是绝大多数的萌新作者还是强烈建议写作之前先写框架。

**本节作业**

自己找一个选题，列出符合要求的框架。

（1）我找的选题是什么？

（2）选题列出来的框架是什么？

## 4.3　文章开头框架搭建技巧

我们把一篇文章分成三个环节，分别是开头、中间和结尾，那么按照上文中讲的文章三种不同框架结构来看，大部分的文章框架的开头可以归类为三种体裁：故事体、干货体、盘点体。

### 4.3.1 故事体：以第一人称旁系亲属或友人角色代入

文章开头以故事体引入，最忌讳的就是把自己假设成多面体人物，比如：

第1篇文章讲的是自己儿子学习成绩不好；

第2篇文章讲的是自己马上就要出嫁，该不该要彩礼；

第3篇文章讲的是自己今年60岁，去门卫那边看大门扫垃圾，一个月要多少工资合适。

读者会疑惑，你究竟是谁？你的身份不明朗，没有办法打造一位专业且具备一定IP的作者。这一点，我在第1章简单讲过。具体解决方案也有所涉猎，所以如何把人物角色进行转换，如何打造自己亲友的问题人设和自己的解决问题人设此处就不再赘述了。

但我们从更深维度来考量一下，以第一人称旁系亲属或者友人的身份代入角色并对自己提出问题，这样做的好处是什么？我们总归要知其然还要知其所以然的。

- 人物关系变动小，只局限于亲友圈，不需做额外的情节叙述。
- 代入感强，无须拖沓节奏，直接以亲友咨询或者亲友对话来展示核心问题。
- 地位凸显，亲友之所以找你提问题，是因为你有能力给予解答，在一问一答之中，主次地位区分，更利于我们从专业人士的角度来叙述问题的解决方法，增加文章的信服度。

举个简单例子：

"老王跟小王抱怨，老小区要改造加电梯，自己是一楼住户，根本不需要乘坐电梯，可是楼上邻居仍然劝我出一部分电梯钱，我该怎么办？"

如果我们把老王和小王换成自己的二姨对自己提问，我们再来品味一下：

"二姨前段时间给我打电话诉苦，她说老小区要改造加电梯，可自己住在一楼，根本不需要乘坐电梯，为什么还要缴纳电梯费，我跟二姨说……"

到这里，主次地位就已经凸显出来了，二姨来找我答疑解惑，我来帮助二姨解决问题。可我是只给二姨解决问题吗？明显不是，读此篇文章的读者是不是也能学到点东西？

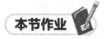

**本节作业**

根据故事体原则，自行搭建文章开头框架：

（1）我准备的故事体人物是谁？

（2）该人物遇到的困境有哪些？

（3）文章开头我准备如何写？

（可以将文章写在纸上，贴在本节的位置，以便复盘查看）

### 4.3.2  干货体：现象与结论做开头，引起读者兴趣

并不是每一类选题都适合以故事体开头，比如我们做一篇科普类的文章"太阳为什么东升西落"，这中间可讲的内容可多可少，但是我们总不能用七大姑、八大姨的口吻来提出疑问：

"太阳为什么东升西落啊？你来给二姨讲讲。"

这样一种提问，多少有些违和感，而且很难拉近和读者之间的距离，如果我们把七大姑、八大姨的提问主体换成隔壁三四岁的小孩子，提问违和感是少了些，但是可读性也还是没有提高。毕竟一个小孩子问你一个很简单的科普类问题，你只需要告诉他是怎么回事就行，总不至于拿出一篇1500~2500字的长篇大论的文章来给他详细科普"为什么太阳会东升西落"吧？在这种情况下，我们需要一种新型体裁来取代故事体。

相对而言，干货体更适合科普、文化、历史、育儿类等纯知识干货的文章框架的开头构造，我们依然以"太阳东升西落"这个选题来写文章，文章开头我们可以这样去写：

"早上起床，拥抱太阳，一切看起来都是那么的自然，但是大家有没有想过为什么太阳会东升西落？可能很多小伙伴会下意识地说是因为自转，那是因为太阳的自转还是因为地球的自转？自转又是怎样影响到太阳东升西落的呢？在这里我先把答案给大家摆出来：是因为地球绕着地轴不停地自西向东转动，导致太阳给我们的感觉是东升西落。只不过这件事情远没有那么简单，且听我细细道来。"

干货体中以现象与结论做开头有以下几点好处：

• 节奏不拖沓，直接以现象做引子，吸引读者，提高读者的阅读兴趣。

• 现象+结论可提高信服力，提升读者阅读的源动力。得益于现在的口水文章泛滥，干货体越来越受读者青睐。

• 巧妙运用文章开头的局限性，提高阅读完成率。虽然有现象、有结论，但是结论的具体解释放在了文章中下部分，提高整体阅读时长和阅读完成率。

**本节作业**

根据干货体原则，自行搭建文章开头框架：

（1）我准备的现象是什么？

（2）该现象能否作为一个引子，引出话题？

（3）文章开头我准备如何写？

（可以将文章写在纸上，贴在本节的位置，以便复盘查看）

### 4.3.3 盘点体：事件做铺垫，引出话题讨论

市面上常见的文章开头，除故事体和干货体之外，还有另一种体裁。这类体裁耗费时间短，收获成效大，如果不是为了参与征文、获取某些奖项，只是单纯赚取流量的话，大可尝试一下。没错，这就是盘点体，但是要注意盘点体有以下缺陷，也正因如此，很难登上大雅之堂。

• 盘点体内容重复度过高，尽管是我们的原创内容，但仍然无法忽略重复度过高的问题，这是盘点体自带的漏洞缺陷。

• 盘点体很难深挖。一篇文章，可能列出来的关键点就已经有10个以上，这种情况下，每个点写50~150字左右就极限了，很难把其中的一个点挖深挖透。

• 从读者阅读表现来看，懂的人是真懂，不懂的人是真不懂，所以其具有市场前景，同时也很难掌握市场风向。

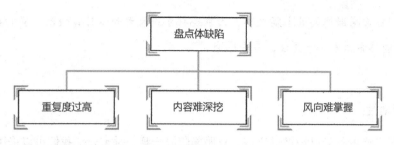

市面上常见的盘点体文章选题，大体如下：

"给老年人的25条建议，这样做，巧妙化解家庭矛盾"

"给新入职年轻人的12条建议，这样做，升职加薪掌握主动"

"哪些事情是你长大后才知道的？这15条，帮你解决绝大多数人生困境"

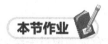

根据盘点体原则，自行搭建文章开头框架：

（1）我准备写的话题是什么？

（2）这个话题可以拆分出几个点来？每一个点是否能当作单独的小论点做内容叙述？

（3）文章开头我准备如何写？

（可以将文章写在纸上，贴在本节的位置，以便复盘查看）

### 4.3.4　引导关注的小技巧

在文章开头，我们可以尝试着引导读者给自己的账号点击关注，尤其在我们准备做自媒体账号时。一个账号粉丝的多与少，几乎关系到我们能不能获得更多的商单、更高的单价。

以我的某一账号为例，20万粉丝左右，接一条商单的报价是1万元。所以我们适当地提升账号的粉丝数量，在账号运营的过程中显得极为关键，而在文章开头我们可以尝试用以下几种方法来提升账号的关注度：

过年话

如果自己的账号没有任何特色，也没有太大吸引力，甚至都不知道能给读者提供怎样的帮助，那在文章开头用一些过年话则最为合适。比如：

"非常感谢您阅读本篇文章,由衷地祝愿您天天开心日日快乐,同时也希望您能够帮忙点一下关注,万分感谢。"

### 利他性

如果自己的账号已经做过定位,且明确归属于某一垂类,那我们可以采用利他性原则,在文章开头直接告诉读者,能够给读者带来的好处。比如:

"90后创业公司老板,专注解答职场难题,助力您掌握职场命运。关注我,一起学习、进步、成长!"

### 留钩子、埋伏笔

把自己下一篇文章准备要写的内容取其精华,或者直接把文章标题取过来给大家做预告。比如,你可以这样写:

"下一篇文章我们将会重点讲什么样的领导更适合职场人的追随,关注我,不迷路!"

| 过年话 | 利他性 | 留钩子、埋伏笔 |
| --- | --- | --- |
| 祝福语,适用于无太大特色或无明显定位的账号 | 账号定位明显,且具备一定的知识增量 | 通过透露下一篇要写的内容,来引导读者关注 |

**本节作业**

挑选一个适合自己账号的引导关注话术,如果条件允许可以在自己的账号上试验下。

(1)我选择引导关注的话术方法是什么?

(2)我准备如何写引导关注的句子?

## 4.4　文章结尾框架搭建技巧

顺着上一节文章开头引导关注的小技巧，这里把文章结尾框架搭建的技巧一并讲了。开头和结尾有一部分内容是通用的，放在一起先后对照更方便大家理解。

### 4.4.1　金句总结，提高文章水准

一篇文章的好与坏，其实和文章结尾的金句总结并非绝对意义上的正比关系。但是我们应该尽可能提升文章格调，尤其是在结尾的地方以金句做总结，会给读者和评委更深刻的印象，好处也是极大的。

金句总结，主要分为以下几种：

- 俚语、俗语、歇后语。比如情感领域中：我们写一个人好心做了坏事，面对众人的指责欲哭无泪，那我们就可以用"哑巴吃黄连，有苦说不出"来形容这个人。
- 名人名言、唐诗宋词。比如教育领域中：我们写孩子总是贪玩，浪费时间，每日作业都需要第二天搬到学校里补，有严重的拖延症，就可以用"少年易学老难成，一寸光阴不可轻"来做文章结尾。

**本节作业**

以"我们每天的辛苦努力，只是为了过更有意义的人生"为选题，写出一句贴题的文章金句。

（1）我准备的金句是什么？

（2）我准备这条金句的原因是什么？

### 4.4.2　引导互动，提高文章五大维度

一篇文章结尾，我们可以添加类似这样的话：

"亲爱的读者们，你们如何看待这个问题呢？"

"亲爱的读者们，如果这件事情发生在你身上，你会如何去解决？"

"亲爱的读者们，你们觉得我这样解决问题合适吗？欢迎在评论区留下你的观点和看法。"

大家不要小瞧这样的一句话，虽然这些话原则上来说也是口水话，并没有传递出极其有效的价值、观念、理论来，只是和读者交谈一下观点、意见、看法，让读者在评论区进行内容互动。

可就是这样一句话，巧妙地提升了整篇文章的五大维度：

### 提高文章评论量

在文章结尾引导读者和我们互动，而一部分读者刚好也有表达观点的欲望，他们会在评论区提出自己的看法、观点，甚至对我们的部分内容表示赞同或反驳，这些都可以提升我们这篇文章的整体评论量。一篇文章下方的评论量越多，就越能带动文章的推荐，前提是这些评论本身没有问题，不涉及人身攻击或者极端话语。

### 提升文章阅读时长

很少有人能够意识到这一点，如果一篇平平无奇的小短文下面有三五个非常优秀的评论，那么这三五个非常优秀的评论就极有可能吸引读者阅读，同时提升文章的阅读时长。

### 提升文章阅读完成率

如果读者参与评论区讨论或者直接看我们这篇文章结尾的几处经典评论留言，并且和这些网友进行互动的话，那么文章的阅读完成率数据一定会很好，这将会影响到另外两个维度——单价和收益。

### 提升文章单价

文章单价和文章阅读完成率密切相关，同时还和文章的阅读时长、中间跳出率等相关因素有关联。如果读者在评论区留下精彩评论，引导一部分读者去看前面这一部分读者留下来的评论，文章整体质量数据将会在原有基础之上翻上几番，而文章的单价也会有所提升。

### 文章收益

该点是依托于前面四点自动生成的，无须我们过多关心，只要能够引导读者进行有效互动、评论，收益提升是顺其自然的。文章单价有所提升，内容阅读量也会有所提升，两者相乘就是单篇文章的收益。

**本节作业**

挑选一个适合自己账号的引导互动话术，如果条件允许可以在自己的账号上试验下。

（1）我选择的引导互动话术是什么？

（2）我选择这条互动话术的原因是什么？

### 4.4.3　引导关注，在不扣分的前提下提升关注阅读比

我们可以在文章结尾处添加引导关注话术，与文章开头添加的引导关注话术大体类似，就不多讲了。原则上来说，我们可以把文章开头的引导关注话术放在文章结尾，但更建议放在文章开头，让读者在读这篇文章之前就知道了我们的内容定位以及我们对于读者提出来的小需求。如果条件准许，在文章结尾也可以添加一句，比如：

> "关注我，我将给你带来某些方面的知识。"

仅此一句即可，不需长篇大论，但是有一点我们要特别强调，对于某些平台而言，引导关注属于违规行为，尤其是不合理的引导关注。我们可以要求读者给我们关注，但是我们绝不能反向承诺读者给他们关注，比如我们不应该也不能这样说：

> "你给我一个关注，我就会给你一个关注，这样我们很快就能够到100粉丝了。"
>
> "我们相互帮助，你给我点个关注，我会在12小时之内给你点一个关注。"

一旦有了承诺，无论是以怎样的语言来表述，系统一旦发现就极有可能限流或者扣分，尤其对于某些平台而言。

**本节作业**

写一个适合自己账号的，用于放在文章结尾的引导关注的话术：

（1）我准备写的引导关注话术是什么？

（2）我这样写的主要原因是什么？

### 4.4.4 呼应主题，给读者做"定位"

一篇文章讲下来，读者最开始的时候可能还读得津津有味，知道自己是被怎样的文章题目吸引而来，知道自己读这篇文章的主要诉求是什么。但读到文章最后可能就已经忘得差不多了，再看一看评论区当中的评论，便跟其他读者掰扯起来了，非得在评论区杠一杠。

作为作者，这种情况我们只能静观其变，好像也无权过多干预，干预得多了读者就会烦了，那既然如此，在文章结尾处，我们不妨设定一个呼应主题的小段落，而这个小段落既是总结全文，同时又是呼应主题，把自己之前提出来的解决方案简洁明了地将顺一下，给这篇文章重新做一下基调和定位。

具体操作起来非常简单，只需要几个词语代入即可，比如：

"综上所述，我们不难发现……"

"下一次再遇到这些问题时，我们应该尽可能……"

"其实这个问题并不难办，只是因为……我们应该……"

这一部分总结既方便了读者阅读，同时也能对我们这篇文章做一个整体规划和细分。并进一步表明这篇文章解决的是什么问题，同时也能够和文章结尾引导关注的那句话遥相呼应。

找到自己之前写过的任意文章，试着在文章结尾处代入上文中的几个关键词之一，帮助读者做"定位"。

（1）我是怎样帮助读者做定位的？

（2）这样做定位，效果是否显著？

### 4.4.5 作者介绍，打造个人IP

在文章结尾处，如果我们不想或者没必要再次引导关注，不妨做个自我介绍，给自己打造一个名片，名片字数尽可能在50字以内，其主要诉求有三点：

• 直截了当介绍自己在某行业中的影响力。

- 提供帮助，告诉读者自己将会在该领域中帮助读者解决实际问题。
- 如有特殊服务项目，比如付费咨询或者付费专栏，也可以一并提及，引导读者关注购买。

比如，我的个人介绍是这样的：

"6年自媒体从业经验，靠写作实现月入5万。关注我，你将获得更多写作知识。"

**本节作业**

打造一份自己的"名片"，且符合以上要求。

（1）我打造出来的名片是什么？

（2）名片能够给读者带来帮助、彰显影响力，还是有特殊服务项目？

（3）这份名片起到的效果如何？

## 4.5 文章中间内容框架搭建技巧

文章中间部分的好与坏在一定程度上也会影响到跳出率问题，在前文中我们已经讲过，一篇文章如果跳出率高，那就意味着这篇文章被推荐的概率低，同时文章单价也会出现不同幅度的下跌。所以适当运用一些技巧，搭建文章中间内容框架，让读者能够读得通，读得懂，且能读得下去，非常有必要。

### 4.5.1 快速了解三种常用体裁

我们之前讲过的三种文章框架，无论是"现象+分析+观点""SCQA"，还是"金字塔原理"，文章中间框架的主要内容都是现象、故事、观点的分析和逻辑推断。所以我们姑且可以认为：文章框架的中间部分仍然以内容分析为主，但不排除其他情况发生，比如开头以盘点体展开，那通篇都是盘点体，不需要过多的内容分析。

想要对内容做分析，有哪些体裁可以使用呢？这里给大家总结了三种体裁。

体裁一：单一论点推导

- 正面重申论点，表明己方态度。
- 三个分论点做支撑，证明论点的合理性。
- 做总结，将论点再次深挖，以点见面。

比如，我们写的文章是："多年未联系的亲戚突然找我借钱，我该不该借给他？"我的核心论点只有一个，不该借给他钱，所以文章中间框架我会这样搭建：

- 正面重申，我认为不应该借钱给多年未联系的亲戚。
- 三个分论点做支撑：第一点，我手头拮据也不富裕；第二点，亲戚多年都未联系我，借钱的时候想到了我，我们之间的关联纽带不是亲情而是钱财；第三点，亲戚的口碑不好，我怕把钱借给他之后打水漂。
- 做总结，我不是反对借给亲戚钱，而是反对以这种形式借给亲戚钱，多年未联系的亲戚，一句话就让我把钱拿出去，不太可能。

体裁二：多论点推导

- 话题重申，直接引出多论点。
- 单一论点分小论点论证。
- 多论点关联论证。

这一类体裁难度最大，一篇文章中不只需要一个论点，而是需要多个论点，每一个大论点下方都需要有小论点做辅助推断，如果只是单纯地三个大论点论证，每一个大论点下方再有1~2个小论点辅助论证，难度也不大。但是我们需要将大论点关联起来，否则一篇文章无法成型，这中间的难度就大了。

三个大论点原则上来说：第一个大论点引申出第二、三个大论点或者第一、二个论点同时证明第三个论点的存在都是可行的，可这三个论点之间并不具备绝对意义的并列关系。

我们同样拿"多年未联系的亲戚突然找我借钱，我该不该借给他？"这个选题写一篇文章，而这个时候我的核心论点有三个。

- 救急不救穷，如果亲戚真的很急可以借，毕竟有血缘关系，不借不合适。（论点一单独论证）
- 如果亲戚借钱是做无所谓的事情，那么这笔钱我就不应该借给他，因为借给他之后，我需要承担一部分亲戚不还钱的责任和压力。（论点二单独论证）
- 综合以上两种情况具体来判断亲戚究竟把这笔钱用在了什么地方。（论点三关联论证）

### 体裁三：特殊体裁

除以上两种体裁之外，还有一种体裁称为特殊体裁，比如：盘点体、故事体。以故事体为例的话，这个故事占到了文章篇幅的2/3及以上；以盘点体为例，整篇文章都是盘点体。

遇到这种极端情况，那么文章的中间框架可以和文章的开头框架类似或者一模一样，尤其是盘点体裁。但大家要注意，文章中间框架与文章结尾之间大多数情况下会有承上启下或者有转折语句，这部分万万忽略不得，否则会给读者带来阅读障碍。

以"亲戚找我借钱"为选题，写出文章的中间框架。

（1）我尝试使用的体裁是什么？

（2）选择该体裁的原因为何？

（3）该体裁写出来的文章中间框架是什么？

### 4.5.2　设计小标题，带动体验感

大部分刚刚接触写作变现的小伙伴，最开始涉猎该行业时很容易忽略大小标题的作用，我们以常见的自媒体两大平台今日头条和百家号为例，两者的标题框架大体相似，均有标题、有序列表、无序列表。

而通过对这些标识的合理运用，更能够体现出一篇文章的框架来，让读者一目了然，稳抓关键点。这样既方便了读者阅读，又提高了作品的美感。但是在写作变现的过程当中，这一类的标题使用有以下几点注意事项，我们需牢记：

- 文章中大标题以大写"一、二、三、四"开头表顺序的，有且只能有一次。
- 文章中以"一、二、三、四"开头必须放在大标题当中，不得放在有序列表和无序列表以及其他的小标题中。
- 文章中大标题如果不以汉字一、二、三、四开头，则不需用其他的阿拉伯数字代替，如非代替不可，可以用"第一、第二、第三"或者"其一、其二、其三"等标识来替代。
- 文章当中的小标题尽量用无序列表来标识。
- 文章中连续表达观点，且观点与观点之间再无其他叙述内容可以用有序列表来标识。
- 使用无序列表或有序列表时，不得再用"1、2、3""①②③"或者任何阿拉伯数字、英文字母等标识顺序。
- 无论是大标题还是有序列表、无序列表都可以归类为一个小题目，我们必须做到简短精悍且具备概括性。

**本节作业**

1.给自己之前完成的任意文章添加大小标题，并尝试对标题加粗加黑及重点突出。

2.将大小标题精简字数，保证字数在15字左右。

### 4.5.3 承上启下转折语，让文章更顺畅

转折语在文章中起重要作用的地方有两处，分别是：文章开头引申和结尾总结，这时候都需要极为精简的语言来承上启下，让文章叙述进入下一阶段。

我们以本章最开始的选题为例，简单讲解下：

"出门被狗咬"，我们为这个选题构造了故事前因和中间过程，朋友起得晚必须得走小道，这个小道上有一条野狗朝自己猛扑过来。请注意，当我们把中间过程叙述完毕后，就需要往下转折了，野外遇到野狗应该怎样做？也就是最终结果。

那我们如何从朋友被狗咬引申出：出门在外如何有效避免被野狗咬或者野外碰到野狗时，应该如何冷静应对？这个时候就需要起承转折，而起承转折的套路话，大抵可以分成以下三种类型：

- 知其然才能知其所以然，在我们分析某事之前，一定要明白它的道理。
- 其实我们仔细分析这件事情就不难发现，事情远没有我们想象的那样简单，归其原因有以下三点。
- 遇到这种情况，我们更建议的是做好……

而文章结尾需要做总结时的起承转折，则更为简单，一般只需要几个关键词即可，我们之前也讲过，比如：综上所述、因此、我们不难发现、整体而言，等等。

**本节作业**

选择一种起承转折话术，写出文章中间框架及内容。

（1）我选择的话术是什么？

（2）中间框架是什么？

（3）写出一篇文章。

（可以将文章写在纸上，贴在本节的位置，以便复盘查看）

### 4.5.4　先事件再分析，让文章有条理

一篇文章的中间部分，极有可能会遇到以下问题：

- 处理文章开头部分遗留下来的故事难题，需要对这个故事、事件再进行分析。
- 中间部分的观点论证仍然需要由故事、事件在一旁佐证，需要对这一部分故事、事件做整合。
- 对于文章中关键词、关键句，甚至关键逻辑的解释，也有可能有故事参与其中，对于这一部分故事也需要二次整合。

而一旦遇到故事，无论是文章开头遗留的故事还是文章中间我们自行添加进去的故事，都需要保证先讲故事，再对故事进行分析，通过分析来引申出对论点的论证或者对关键字、关键词、关键逻辑的论证。

当然这并不是铁律，也不是每一位作者都需要遵守的逻辑，但是对于写作新手而

言十分有用。先讲故事再对故事进行分析，文章的条理性会更好一些，可读性也更强一些。

**本节作业**

拿出上一节完成的作业，并在该作业的基础上添加故事和故事分析。

（1）我准备在哪一条论点上添加故事？

（2）添加的故事内容是什么？

（3）该故事需要怎样的逻辑分析才能够论证论点？

（可以将文章写在纸上，贴在本节的位置，以便复盘查看）

## 第 5 章

# 故事篇：
# 读者持续阅读的源动力

"一个月前，我突然接到了亲戚电话，这个亲戚张口就跟我说：小伙子，听说你最近发达了，还记得我吗？我是你的表舅啊。表舅见我没反应，继续说：想起来了吗？你小时候，我还抱过你呢。我找你是有急事，这不准备买套房吗，房子的首付需要30万，我这边已经凑齐了两万了，听家里人说你长能耐了，这样吧，你借我28万，我把这套房子给买了。"

这是一篇文章的开头，发布一小时后就有了7000左右阅读量，粉丝增长量也超过了1288。

发布至今总数据

| 推荐量 ⑦ | 阅读量 ⑦ | 阅读完成率 ⑦ | 评论量 |
|---|---|---|---|
| **91,549** | **6,769** | **98%** | **41** |

| 点赞量 | 收藏量 | 分享量 | 涨粉量 ⑦ |
|---|---|---|---|
| **18** | **35** | **1** | **1,288** |

一位优秀的图文创作者，很难跳出故事这个槛，一则好的故事几乎能帮我们搞定图文收益的半壁江山（另外半壁江山是标题和封面配图）。

## 5.1　我们为什么如此需要故事

什么是故事？在你和别人扯闲片、侃大山的时候，信手拈来的那些都是故事，而我们在图文写作中需要的故事与我们在日常生活中聊天所需要的故事，从整体功能来看相差不大。其主要目的也都是为了带节奏，让对方进入我们的主战场，并且耐心地听我们把故事以及故事背后的道理讲完。

### 5.1.1 故事分类：真实VS虚假

写一个故事，真实发生在我们生活中的，难度虽然有，但是没有想象的那么大，正如咱们本章开头讲的那个故事，远房表亲多少年不联系了，突然给我打电话借钱，这就是一个真实故事。而我把真实故事以文章的形式展示，很容易引起共鸣。我相信不止有一位读者遇到过类似情况，当然未必是亲戚找自己借钱，也有可能是多年未联系的中学同学，甚至是小学同学。

故事有真实存在的，自然也有虚构的，而虚构故事对于图文写作来说也是常规操作。换句话说：写作是允许有虚构故事存在的，但是虚构并不意味着可以胡乱拼凑，基本逻辑、故事走向还是有要求的。

文章所讲故事为真实故事时，具备以下优势：

- 产生共鸣。自己经历的印象深刻的事情会使周边的读者群体产生共鸣。
- 内容翔实。正因为是亲身经历的事情，所以知道这件事情的前因、后果和冲突，更能够娓娓道来。
- 具备信服力。我们讲故事可不单单是为了讲故事，在上一章讲的文章框架中，故事之后是对应的解决方案，而这些事情正因为是我们亲身经历的，所以我们的解决方案更具备信服力。

文章所讲故事采用虚构故事时，具备以下优势：

- 解决库存不足问题。作为一位成熟的图文创作者，我们一天可能写3~5篇文章来获取更高额的收益，尤其是我们走上全职写作这条道路时。但是我们的阅历终究是有限的，很难每天都拿出3~5个新故事来，尤其是自己切身经历的故事，而虚构故事可以弥补故事数量不足的问题。
- 解决故事不吸睛问题。要明白，我们虽然会经历大大小小的"故事"，但终归有一些"故事"不太具备吸引力，有一些"故事"不太能产生共鸣。这种情况下，合理且巧妙地借鉴他人故事就显得尤为重要。但要注意，故事无论是虚构的还是合理借鉴的，都不能直接抄袭他人的故事。

 **本节作业**

写一个故事，并对故事做出如下分析：

（1）我准备写一个怎样的故事？

（2）该故事是真实的还是虚构的？

（3）我认为该故事具备哪些优势？比如：是否有吸引力？是否有对应解决方案？

### 5.1.2　降低阅读难度的不二之选

"古代战役前排危机重重，为何士兵毫无惧色？来看看排头兵的效益比"，这是我2020年1月份写的一篇文章，凭借这篇文章我获得了当月的青云奖及当月的阅读优质，算上流量收益总计约7000元。没有看错，这一篇文章收益就达到了7000元。

在这篇文章中，我讲到了武器精良化、进攻性武器和防御性武器的区别、前排士兵去平庸化、古代阵法、冷兵器时期前排优势、先登和斩首等多项专业术语，并对此一一解析。

但一篇文章如果只讲这些内容的话，是不合格的，全然不顾读者能否消化吸收，拿出一篇有如此多专业知识增量词汇的文章，让读者能够清晰明了地了解整件事情的前因后果，多少有点为难人了。所以为了降低阅读难度，我在这篇文章中又巧妙合理地添加了以下几个故事点：

故事一：《三国演义》中吕布对方天画戟的使用，并以此引申出古代战争中矛的应用。

故事二：《资治通鉴》中谢玄的战略战术，以此来论证前排士兵去平庸化的论点。

故事三：楚汉之争时周勃通过先登获得刘邦重用，以此来论证古代先登和斩首的重要作用。

不难发现，一篇文章内容讲得深奥，对推荐阅读比肯定有影响，但是如果我们能够通过有趣、诙谐、幽默的故事来对深涩难懂的内容做填充，吸引读者阅读的话，那么这篇文章的阅读量会更加可观，也有可能给我们带来爆款数据。

与此同时，一篇逻辑缜密的文章，无论是从签约的角度出发，还是从参与征文的角度出发，都占据得天独厚的优势，如果我们的文章深涩难懂、存在部分逻辑关系或者心理学效应，不妨在这篇文章中穿插一些小故事，使文章逻辑更加缜密，既能够增加阅读趣味性，同时也能够降低阅读难度。

**本节作业**

了解"色盲悖论"并尝试用故事来释义，降低读者阅读难度。

（1）什么是色盲悖论?

（2）我准备的故事是怎样的?

## 5.2 故事的三大核心诉求

在我们图文创作的过程中，无论是放在文章开头、中间还是放在结尾的故事，其首要目的都是推动且辅佐文章的观点论证，让这篇文章更通俗易懂，而不是随便拿出个故事放在任意一篇文章中，让读者看得稀里糊涂，如果只是这样的故事，则没有存在的必要。

### 5.2.1 非故事体选题的占比和要求

我们先来做个小游戏，大家看看以下三个选题中，哪一个选题不是故事体选题呢?

选题一：买房前应该怎样做，才能避开低素质邻居? 给你4条建议，买房要看

选题二：邻居不交暖气费，蹭楼上楼下的暖气，而且还理直气壮，该咋办?

选题三：为啥现在二手房很难卖出去? 我来讲讲我的真实体验，二手房差在哪里?

不得不承认，在这三个选题中找到非故事体选题难度还是有的，因为这三个选题属于生活类的同质选题，它不如科普类选题那样好分辨，但是我们仍然能稍做分析。

选题二和选题三分别讲的是自己邻居蹭暖气以及自己买二手房的经验，完全可以归类到故事体选题中，因为这两个选题已经拥有了主角，那个主角就是"我"作为第一人称如何解决当下的问题和危机。选题一姑且归类为非故事体选题。

而我们对选题做分类，最主要的原因是不同选题的故事占整篇文章的比例不同。如果我们把文章当作"1"，那么非故事体选题的故事所占总篇幅原则上不鼓励大于

1/3，而故事体裁的选题中故事占整篇文章的篇幅原则上在1/3~2/3之间。

故事占比1/3~2/3　　　　　　　　　　　　　　　　　故事占比≤1/3

故事体选题　　　　　　　　　　　　　　　　　　　　非故事体选题

之所以做该项约束，主要原因有以下三点：

• 故事体选题的重心在故事，结尾虽需要总结，并且以正能量的结论做基调，但是故事情节的叙述必不可少。这个故事怎样发生？中间经历了什么？怎样结束？这是一个完整的故事，不是用故事做点缀，而是故事就是主角。
• 非故事体选题又分两类，分别是盘点体和干货体，无论哪一种体裁，对故事的诉求都不大。
• 除故事体外的其他体裁，故事输出内容过多时，很容易转变为口水风格，让文章口水化，降低知识增量输出，这是行文大忌。

**本节作业**

在本节三个选题案例中选一个选题，写一篇文章。

（1）我选的选题是什么？

（2）这篇选题的体裁是什么？

（3）写出一篇文章。

（可以将文章写在纸上，贴在本节的位置，以便复盘查看）

### 5.2.2　故事可读性和释义性的权衡比较

除纯粹以故事叙述为主体的体裁外，其他体裁中故事的主要作用分为两点：

• 带动整篇文章的可读性，提高读者的阅读兴趣。
• 对关键字、词，关键逻辑，重点句子以及某些心理学效应释义。

而一个合格的故事原则上来说既要满足可读性，又要满足释义性，两者间必须权衡，有所取舍。

- 可读性需满足：故事有头有尾、不唐突、主次分明、易理解。
- 释义性需满足：解决实际问题为主要任务，对重点句子、词、段落起到解释说明的作用，内容干练，精准把控。

通过简单分析，我们就很容易理解了。相对而言，可读性对故事字数的要求基本可以忽略，而对故事完整度的要求则较为严格。释义性则只需要解释说明某一个字、词、句或者某个关键段落，能达到这一目的，故事就算过关。

比如心理学效应"权威恐惧症"，其具体释义如下：往往对具有管理权力和批评权力的人会产生恐惧，比如单位的领导、学校的老师等。

如果我们从可读性的角度出发，需要构造最少两个人物，一个是上司，一个是员工，然后详细讲解员工是如何惧怕上司领导的，包括但不限于在工作中、在同事聚餐中等，能够讲到的细节都要讲到位。从释义性的角度出发，则完全不需如此，只需在讲解该心理学效应时捎带脚说一句，比如：小明见到领导之后，哆哆嗦嗦连话都说不利落，这就属于典型的权威恐惧症。一句话，就是故事。

**本节作业**

针对本节提出的"权威恐惧症"心理学效应，分别从可读性角度和释义性角度完善故事。

（1）从可读性角度出发，写出一个故事。

（2）从释义性角度出发，写出一个故事。

### 5.2.3　引出关键对话，预留钩子和伏笔

"去年冬天的时候我就觉得不对劲了，因为往年冬天只要一开暖气全身都热烘烘的，到了中午还得开窗，要不就热得难受。但从去年开始总感觉房间里温度没那么高，于是我把这件事情反映给了物业。其实问题原本不大，因为这个温度也能接受，无非就是多穿一些衣服。但是物业闪烁的眼神告诉我，事情似乎没有我想的那么简单。"

这是我前一段时间写的某篇文章，文章题目就是咱们刚才举的那个例子："邻居不交暖气费，蹭楼上楼下的暖气，而且还理直气壮，该咋办？"这篇文章的总阅读量是6.8万，评论量是852条，参与互动投票的人数是1073人。

这个故事并不难写，有过相应经历的小伙伴更容易写出来。楼上或者楼下的邻居蹭暖气，即便我们没有经历过这件事情，多多少少也有所耳闻。而我写出来的这个故事，完成了优质故事的三个点，分别是：引出关键对话，预留钩子和伏笔。

引出关键对话：我与物业之间的交锋，最终物业告诉我是楼上楼下两位住户今年同时停了暖气，想蹭暖气。

预留钩子：激发读者好奇心，家里为什么不暖和了？楼上、楼下蹭暖气真的会影响到自己家里的温度吗？

伏笔：为之后和楼上、楼下邻居交锋埋下伏笔。

这个故事关键对话、钩子、伏笔全都交代出来了，共鸣性很强。我们在写故事时，不要求大家一个小故事既有关键对话，又能预留钩子和伏笔，只需要保证拥有三者之一就有爆款可能，而通过对故事的巧妙拿捏，会让读者更愿意阅读该篇文章。

**本节作业**

写一个300字左右的小故事，且需满足关键对话、钩子、伏笔三点中的一点。

（1）写出一个故事。

（2）这则故事满足三点中的哪一点？原因是什么？

（可以将文章写在纸上，贴在本节的位置，以便复盘查看）

## 5.3　故事在不同位置的作用

在上一节我们已经讲过：故事可以放在不同位置，但一个优秀故事虽然可以放在不同位置，却需要对不同位置的故事做适当调节，故事放在文章开头、中间或者结尾，其起到的主要作用不同，故事也不能照搬之前写故事的风格。

### 5.3.1 文章开头放故事，引导是关键

把故事放在文章开头、文章中间和文章结尾所代表的含义是不同的，表达的效果也是不同的，所以我们需要分开来讲。把故事放在文章开头，有以下三点作用：

- 破题，掌控文章节奏。
- 引出质疑和对话，对现象进一步探讨。
- 吸引读者，提高内容趣味性。

常规情况下，文章开头的故事更侧重于引导读者，无论是破题还是引出接下来对事件的探讨，都需要由这个故事来逐步展开。所以相对而言，文章开头的这个故事没有还则罢了，如果有就必须写好、写到位，因为只有如此才能够吸引读者，让读者继续阅读下去。

"我当初买房的时候，销售在一旁一脸谄媚地给我介绍，咱们这商品房有好多种户型，这边是一梯二户的房子，那边是二梯四户的房子，整体来说都非常不错。之后，销售执意带我去二梯四户的样品房里面转一转，一直在给我介绍二梯四户的房子多么敞亮多么棒，可就在即将签订合同的时候，家里面给我打电话了，让我看一下旁边一梯二户的房子。"

这是我之前写的一篇文章的开头，文章的题目是"买房子一梯二户和二梯四户有啥区别？里面有哪些猫腻？买房要看"。

我们不妨换一种思路：我在写这篇文章的时候不讲故事，文章开篇就讲一梯二户的房子和二梯四户的房子有哪些区别，包括户型、南北走向、邻里关系、公摊面积等各种各样的区别，我甚至还能够拿到一些专业数据来分开研究一梯二户和二梯四户房子的优点和缺点。但真的这样做，吸引力会大打折扣。

而通过故事的方式来引导大家阅读，以销售员和我之间的周旋以及我最后提出来的合理诉求、销售员那边的临场反应、最终我买房的结果来掌控文章节奏，紧随其后，我们再对不同户型的房子做研究探讨，这样吸引力会更高一些，可读性也会更高一些。

**本节作业**

自己找一个选题，并在文章开头写一则故事，来吸引读者阅读。

（1）我准备的选题是什么？

（2）写出一个与选题对应的故事。

（可以将文章写在纸上，贴在本节的位置，以便复盘查看）

### 5.3.2　文章中间放故事，释义是关键

为了方便大家理解，我拿出很早之前写过的一篇历史文章来给大家讲解下为什么"文章中间放故事，释义是关键"。

《一支穿云箭，延续了三万年的历史？春秋时期批量产箭用于战场》，这是我在2019年写的一篇文章，当时是为了参加某项活动绞尽脑汁写出来的，而这篇文章刚好能够与本节要讲的释义巧妙契合。文章主要讲的是冷兵器弓箭，在20世纪60年代一次古遗址的挖掘中，发现了三万多年前生产出来的弓箭。文章以此为由头讲解了弓箭在整个原始部落、奴隶制度、封建制度中起到的重要作用。

作为一篇与考古相关联的历史选题文章，可读性的确需要打一个折扣，而其中深涩难懂的字、词、句、某些时间阶段里发生的某些事件，都需要通过添加故事来向读者解释说明。就比如这句话："春秋战国之际的《考工记》中专有'弓人为弓'一篇。"为了解释《考工记》以及引出弓箭六部，需要对这句话穿插个小解释。在春秋战国时期，有这样一部著作，记述了齐国关于手工业各个工种的设计规范和制造工艺，书中保留有先秦大量的手工业生产技术、工艺美术资料，记载了一系列的生产管理和营建制度，一定程度上反映了当时的思想观念。再比如："弓箭致死率、三棱式镞原理、鸣镝"。很多类似的专业术语我们都需要讲个小故事来简单解释一下，当然这个小故事不需要长篇大论，也不需要娓娓道来，三五百字大可不必，有的时候只需要做个小引申，三言两语简单概括即可。

**本节作业**

查阅资料，了解"古代弓箭致死率、三棱式镞原理、鸣镝"中任一项的含义、来源，并通过故事对其释义。

（1）我选择的释义项是什么？

（2）写出一个准备的故事。

（因文章中间对故事要求较为精简，故事字数限制在200字以内。可以写在纸上，贴在本节的位置，以便复盘查看）

### 5.3.3  文章结尾放故事，论证是关键

相对而言，文章开头部分和中间部分放故事，都很常见，而文章结尾放故事比较少见。因为大部分的图文创作，在文章结尾的时候，需要的是总结，对整篇文章做回顾和复盘，同时告诉读者这件事情的具体解决方案，让读者能够一目了然，让文章能够有中心主旨。

但是仍然不排除用在文章结尾添加故事的方式来再次论证自己所讲理论的可靠性，而这一部分故事更多的是反向论证，通过举一个反面案例，来证明自己所讲理论的可靠性。比如：

"为什么现在有些人，宁愿把钱借给朋友，也不借给亲戚？"

以这篇文章为例，我们可以写3~4个小论点：借给亲戚钱，这属于人情债，很难掰扯；亲戚将来如果不还钱，后续问题很难处理；把钱借给亲戚，很难要求亲戚打欠条；亲戚借了这笔钱之后很有可能会有其他用途，将来找亲戚要这笔钱的时候难度加大。

当我们把这些论点掰扯清楚，排列整齐，一篇文章基本成型，但是仅仅如此好像还差点意思，那我们在原有基础之上再添加一个反面案例呢？效果会更好一些，我们可以在文章结尾这样写：

"前段时间我的朋友就把钱借给了他二舅，而现在朋友可谓是热锅上的蚂蚁急得团团转，因为当朋友迫切需要用钱的时候，联系到二舅希望他能把这笔钱还给自己，却遭到了二舅的冷嘲热讽。二舅非但不还钱，还说自己这个外甥不讲人情味，哪有晚辈逼着长辈要钱的道理？由此我们不难发现，把钱借给亲戚之前多多少少需要考虑一下，我们不但需要做好万全准备，更多的是要做好亲戚短期之内不能把钱还给自己的心理预期。"

**本节作业**

针对本节选题"为什么现在有些人，宁愿把钱借给朋友，也不借给亲戚？"写一篇文章，且结尾添加故事做二次论证：

（1）写出一个我准备的故事。

（2）写出一篇文章。

（可以将文章写在纸上，贴在本节的位置，以便复盘查看）

## 5.4　优质故事带来的可观收入效益比

文章中添加故事带来的优势，我们之前已经讲过很多遍了，在这里不做赘述。无非是增加了阅读时长、降低了读者跳出率、提升了文章单价、增加了阅读推荐比，紧随其后的是提高了一篇文章的整体收益。

口说无凭，我在这里给大家做两张截图，顺便把这两张截图对应的题目、故事的框架简单讲一下，让大家心里有个概念，尤其是对于收入的概念。而我也更建议大家在文章中适当添加一些故事，以此来提高这篇文章的整体收益。

题目一：为什么公司名称要加上"有限"两字？"有限"到底是什么意思？

⚡ **流量与收益**

| 展现量 ⑦ | 阅读量 | 创作收益(元) ⓒ |
| --- | --- | --- |
| **441.5万** | **357,088** | **812.28** |

| 粉丝展现量 | 粉丝阅读量 |
| --- | --- |
| **1,621** | **128** |

| 点击率 | 平均阅读时长 ⓒ |
| --- | --- |
| **8.08%** 超 86% 同类作品 | **1分33秒** |

这篇文章主讲的故事是亲戚开公司的亲身经历，具备一定的可信度，并且在文章中添加了对不同种类公司的区别讲解，有足够的知识增量。

题目二：如果车主自行将报废车当作废铁卖了，会受到什么样的处罚？

⚡ **流量与收益**

| 展现量 ⑦ | 阅读量 | 创作收益(元) ⟳ |
| --- | --- | --- |
| **1,685.1万** | **133万** | **4,625.08** |

| 粉丝展现量 | 粉丝阅读量 |
| --- | --- |
| **7,000** | **652** |

| 点击率 | 平均阅读时长 ⟳ |
| --- | --- |
| **7.89%** 超 76% 同类作品 | **2分38秒** |

这篇文章主讲的故事是表舅之前把一辆报废车自行卖掉，没有经过正常的报废手续，再之后面临的一系列难题和困境，同时对车辆尤其是报废车辆的处理方式、处理流程做了区别讲解，告诫车主报废车必须走流程，不要贪图小便宜，有足够的知识增量。

在本章的最后还是要跟大家强调一句：千万不要小瞧故事，小小的故事蕴藏着大大的财富机遇，但是不要什么故事都写，也不要为了写而写。我们写的故事终究是来服务文章的，把文章服务到位了，收益也就上来了。

 **本节作业**

复盘本章节的全部内容，自己找一个选题写篇文章，并完成如下分析：

（1）我找的选题是什么？

（2）写出一篇文章。

（3）文章开头是否有故事？如果有，作用是什么？

（4）文章中间是否有故事？如果有，作用是什么？

（5）文章结尾是否有故事？如果有，作用是什么？

（6）读者反馈如何？

（可以将文章写在纸上，贴在本节的位置，以便复盘查看）

# 文章修改篇：
# 三改三不改的关键技巧

一篇文章写完就可以直接发表出去吗？绝对不是，作为6年的资深自媒体图文写作从业者，一篇文章写完我也会从头至尾检查两遍。一位优秀的自媒体图文创作者必须具备最基本的自查功能，而对于文章修改的方式、顺序以及修改过程中的注意事项，我需要给大家重点讲一下。

## 6.1  角色转变，你就是读者

本书讲到第6章，大家写一篇文章应该问题不大了，可是从写作的角度出发，写完只是开始。

字、词、句、段落，读者能不能读得懂？

读懂之后能不能理解？

一句话放在开头还是放在中间合适？

某个心理学效应、引用的名人名言是否贴切？

……

这些收尾工作也很关键，只有把这些问题全部解决，我们才能说：这篇文章是优质文章。

### 6.1.1  心态转变，不要为了正确而正确

"从权威恐惧症的角度分析，员工在酒桌上痛骂老板并把酒泼到他的脸上

是有道理的。"

在我给学生指出上面这句话不符合逻辑的时候，学生并不认同。

他认为上面这句话是没有任何问题的，他说我们可以这样理解：某位员工因为有权威恐惧症，所以特别讨厌和公司领导近距离接触。而公司领导不近人情，非得在某一次团建时要求这位员工给自己敬酒。员工又气又怕，一时冲动，拿起一杯酒直接泼到了公司老板的脸上，并且告诉老板：你不知道我有权威恐惧症吗？我见到你之后怕得不行，我怎么敢给你敬酒？你这不是在难为我吗？

我把判断权交给大家，大家觉得上面那句话有没有道理？即便有道理，单纯地从权威恐惧症到给公司老板的脸上泼一杯酒，中间还有很长一段的论证距离要走。没有前因后果，突兀地把两件事情合并在一起，读者很难理解，对不对？

这也是我们所有作者必须要牢记的，在修改文章时，我们必须完成角色转换：

- 转变身份，我是读者，不需为作者考虑。
- 客观公正，不要为了将就而将就。
- 忘记作者身份，不要盲目追求正确。

这几点新手写作很难做到，但如果你迈不过这道坎，一篇漏洞百出的文章，是很难有吸引力和信服力的。

**本节作业**

站在读者角度，指出本节案例中这句话的逻辑漏洞，并想办法完善故事线。

（1）我认为该案例的问题出在哪里？

（2）我准备的故事线是什么？

### 6.1.2 核心要求：能不能读懂

处于写作初期的作者，很难把心态完全转变，也很难做到把所有的问题尽收眼底。这些可以理解，但我们有一点核心诉求，必须做到：能让读者读得懂。具体操作如下。

### 人物二次代入法

多数情况下，一篇文章需要有故事释义或者引导破题，对于那些有故事内容的文章创作，不妨把自己当作读者二次带入故事中，从读者的角度来分析这个故事是否合理。

比如在很早之前，我的一位学生写了一篇酒驾的故事，这个故事是虚构的：

> "亲友半夜喝酒开车，开了一路，觉得太过危险，于是又找了个代驾，把自己送回家。"

我给他写的点评是：这件事情是真实发生的吗？如果是真实发生的，那你的亲友违法违规了，你要举报他。如果不是真实发生的，那么这个故事涉及引导不正风气，即便接下来以正能量结尾，但是最开始这一段属于不正风气，会被平台打压。

当我告诉这位学生的时候，他猛然意识到自己错了，但是他在写这个故事的时候，却没想过这些。这个时候，人物二次代入法的作用就显现出来了。

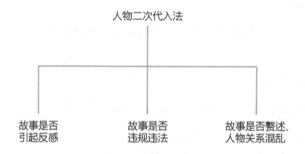

### "是什么、为什么、怎么做"三板斧分析

这一套分析偏理性，我讲个故事来给大家解释下：今天早上上班我迟到了（是什么）；为什么迟到呢？因为路上堵车，堵了半个小时（为什么）；之后我决定，每天早上早起半个小时为上班预留出充足时间来，尽可能避免迟到的情况发生（怎么做）。

对于大多数知识内容的创作，考验的是作者逻辑。作者逻辑有问题，读者就看不懂。所以我们有必要站在读者的角度来看一下：事件是否明朗，对该事件是否有充足且令人信服的解释，是否有更完善的解决方案、总结以及对未来的预期。

### 语言赘述分析

语言赘述分析是最烧脑也是最复杂的分析方式，因为我们在写文章时很容易出现语言赘述的情况。不单单是盘点体，故事体、干货体均容易犯该错误。

（1）的、呢、了、这个、那个等虚词精简。比如："漂亮的可爱的小姑娘"；"大家遇到这个情况的时候，思想会发生转变，在这个时候大家一定要切记……"等均属于语言赘述。

（2）句子精简，杜绝口水话。比如："今天早上小明起得早，看了一下时间才早上5：30。心想起得这么早，我是不是可以再休息一下，这样的话即便我一会儿再起来，也不会晚。"这也属于语言赘述。

（3）论点不交叉，不做无用功。比如文章选题是：我为什么不愿在熟人那边买菜？我的论点分别是：熟人太热情了不要钱；熟人太热情了给得多；熟人太热情了还送赠品。三个论点重复，也属于语言赘述。

针对选题"为什么一些人不愿去熟人那边买菜"写一篇文章，并运用上述三个方法自查问题。

（1）写出一篇文章。

（2）通过人物二次代入法自查，我发现的问题是什么？

（3）通过"是什么、为什么、怎么做"三板斧分析，我发现的问题是什么？

（4）通过语言赘述分析，我发现的问题是什么？

（可以将文章写在纸上，贴在本节的位置，以便复盘查看）

## 6.2　文章修改七步法

在修改文章时，为了避免重复修改或者忽略必要的修改步骤，我给大家单独列出七步修改法，按照这七个步骤依次修改内容，修改完毕后一篇文章原则上来说不会出现大问题。

### 6.2.1　点击率：重中之重的核心点——题目+配图

⑮ 1.9万　◎ 876　💬 6　👍 2　☆ 6　↪ 0

在我们将来写文章时会频繁地看到这组数据。该数据最为关键的是前面两个：推荐量和阅读量。理论上来说，推荐量与阅读量之间的比值是10：1，或者小于10：1属于具备爆款潜力的文章。如果推荐阅读比大于10：1，比如100：1或者1000：1，那么大概率是这种情况：

- 内容质量高，平台喜欢。
- 可读性差，读者不喜欢。
- 推荐量越来越高，推荐阅读比越来越大，收益却整体偏低。

大家可能没有意识到问题的严重性，我反问大家一个问题：系统加大力度推荐这篇文章，读者连看都不看，是我们这篇文章写得质量差吗？来先做个小测试，先不要往下看，直接回答：是还是不是？

当然不是，读者之所以不点进去看，是因为我们的封面配图和文章题目没有吸引力。因为读者只要点进去了，那推荐阅读比就会发生变化（这种情况下影响的是跳出率），而现在是读者都没点进去，这与内容质量无任何关系。所以修改文章七步法中的第一步，就是要改题目和配图。

题目的具体修改方法在第3章已经讲得很清楚了，不做赘述，这里重点来讲一下封面配图，封面配图需满足以下三点：

- 单张或三张必选，某些平台发布文章时，是可以选择无封面配图的，要注意绝对不能选择无封面配图，尽量选择三张配图。如果没有三张配图的话，选择单张配图即可。但要注意，无封面配图万万不可选。
- 趣味性，有趣的配图能够激发大家的阅读欲望，比如诙谐、幽默或者表情夸张的封面配图。
- 观赏性，如果找不到能够满足趣味性的图片，可以选一些具备观赏性的图片，让读者看着舒服。

**本节作业**

回顾第3章，将封面配图趣味性和标题趣味性结合起来。

（1）标题怎样设计才具备趣味性？

（2）封面配图怎样设置才具备吸引力?（先简要回答，再结合本章点击率完善内容）

### 6.2.2　故事体：人物修改三要素——角色、名称和事件

"王二的三表哥的四姑父叫刘三，就在前不久，刘三给王二的四大爷的三侄子饕餮邋打电话，说咱们有三年六天两个小时没有见面了，但是兄弟情谊还在这，所以我准备找你借364852块7毛3。"

我们来分析下上面这一小段：

角色：在故事中我们不需要给角色加入过多的关系，比如他是我二表哥的儿媳妇的弟妹，他是我三表哥四大爷的五姑娘，完全没必要。以第一人称、第二人称、第三人称的我、你、他或者表姐、表妹、表哥、表弟等称呼替代即可。

千万不要把复杂的人物关系搬到文章中，否则会造成极大的阅读障碍。此外，因故事体所占篇幅有限，所以在一个故事中，我们出现的人物不要超过3个。一个故事100字，结果出现了10个人物，这种情况绝不允许出现。

名称：无论给人取名还是给某个动物、物件取名，要注意越简单越好。张三、李四、王五都行，千万不要拿读者不认识的字、词或者英文字母来代指人物。比如我们上面讲的饕餮邋或者小C、Ms Yang等。

事件：事件不要追求极度精简，以读者能理解且具备吸引力为第一原则。但不追求极度精简并不是要求我们追求另一极端——极度详细。比如上面这个案例中的多久未见以及借多少钱，大可不必如此详细。

**本节作业**

依托故事修改三要素，将上述故事修改：

（1）角色我准备如何改?

（2）人物名称、关系我准备如何改?

（3）该故事我准备如何改?

（可以将文章写在纸上，贴在本节的位置，以便复盘查看）

### 6.2.3 阅读体验：内容顺畅度修改——框架

一篇文章的框架怎么写，在上文中已讲过，但是在实际写文章的时候，其框架与我们构想中的框架或多或少会产生偏移，这属于正常情况。

所以一篇文章成型后，我们无须纠结框架是否发生改变，是否和之前的框架不一样了，因为这个时候纠结无任何实质性意义。把这篇文章否掉重新再写，既浪费时间又得不偿失。这时，我们需要完成的只有一步，判断这个框架是否顺畅。

比如一篇文章题为："黄金既不能吃也不能穿，为什么从古至今都非常受欢迎？"这篇文章的各个分论点分别是：黄金的货币属性；物以稀为贵；古代皇帝对黄金情有独钟所起到的明星效应。

论点与论证内容做串联，能说得过去；论点之间做并联，又能论证出黄金受欢迎的核心原因，那么这篇文章的框架就没有问题。但如果无法论证，框架就出问题了，需要我们大改。

要注意：一旦框架出了问题，原则上来说修改和重新写一篇文章耗费的时间差别不大。所以大家在列框架的时候，一定要万分谨慎，框架尽量不出错。

**本节作业**

将本小节中举的案例完善成文章：

（1）文章框架我准备如何写？

（2）文章内容我准备如何写？

（可以将文章写在纸上，贴在本节的位置，以便复盘查看）

### 6.2.4 逻辑修改：论据、论点的衔接度，重点防范文章中间内容

我有很多的钱，表舅知道了这件事情，所以表舅准备找我借钱。而我没有把钱借给表舅，因为亲戚不可靠。

这篇文章论点：不要把钱借给亲戚。

这篇文章论据：亲戚不可靠。

这是我的学生之前写过的一篇文章的简述，论据与论点的衔接出了大问题。在此之前，我们先来说一下什么是论点，什么是论据。

论点：具备正确性、鲜明性、新颖性，是一个完整的判断句。

论据：用来支撑论点的材料，起到的作用是"因为……所以……"，论据包括事实论据和道理论据。

这位学生的内容简述犯了忌讳，他在"因为……所以……"之间表述得非常含糊，论点是不把钱借给表舅，而论据是亲戚不可靠，那这个亲戚是单指表舅不可靠，还是指所有的亲戚都不可靠？即便指的是表舅不可靠，你也要告诉大家表舅为什么不可靠，否则这个论据是残缺的。

所以对于上面这个选题中论点和论据的关系，我们需要稍做更改：

"前段时间表舅来找我借钱，说家里面的房子翻修，但是我并没有把钱借给表舅。为什么呢？因为表舅的口碑不好，之前就存在欠钱不还的情况。"

于是这篇文章的论据就变成了：表舅有"前科"，他之前就欠钱不还。相对而言，辅佐论点就更有理有据了。

**本节作业**

将"远房表亲找自己借钱"当作选题，完善论点和论据。

（1）我准备的论点是什么？

（2）我准备的论据是什么？

（3）写一篇文章。

（可以将文章写在纸上，贴在本节的位置，以便复盘查看）

### 6.2.5 布局修改：段落、排版的不同平台要求

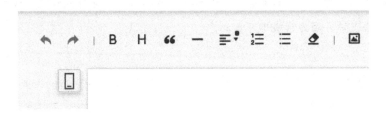

大家会在绝大多数平台上见到类似上图的标识符，即便我们把文章投稿给其他平台，不进行个人内容创作，也会遇到这些标识符。接下来我讲的内容很关键，因为这

关系到我们的文章能否过原创，能否被编辑评委们相中，能否有一定的读者认知群体。毕竟，即便我们的脑子再活泛，写出来的故事再优美，如果基础排版不会，所有内容缩成一团，没有任何标识符和突出字样，也不会吸引读者群体。

第一个标识符：重点字、词、句、段落加粗加黑使用。比如名人名言、心理学效应、金句等需要重点突出时，选中即可。

第二个标识符：大标题的标识。大标题可以引领一个故事，可以是文章当中的2~3个关键论点，也可以是文章结尾的个人总结前的四个字"综上所述"。除此之外的其他任何情况下，都不建议选中该标识符。值得注意的是：文章中标题字数原则上在15~25字之间，且尽量精简。也就是选中第二个标识符后，必须保证内容精简且具备一定的概括或引领能力。

第三个标识符：引用标识符。使用该标识符后，可以让选中的某一段落和其他段落区分开。注意该标识符的使用，一般是名人名言、心理学效应、借鉴他人话术或者引用古代文言文等情况，其他绝大多数情况下都不建议使用该标识符。

第四个标识符：分割线。该标识符较为少用，除故事体文章或前后之间必须分割时能用得上，绝大多数情况下很少有创作者会使用该标识符。

第五个标识符：对齐标识符。自媒体写作时注意统一左对齐，且段落开头不需空两格；若公众号投稿，则需标题居中对齐；若投给出版社，则需首行空两格两边对齐。

第六个标识符：有序标题。有序标题因其具备限制性，所以选中有序标题后的下一行也是有序标题，一般很少用。除非几个小论点可以简单拼凑在一起，且无须过多叙述或论据认证。

第七个标识符：无序标题。大概率用在文章框架大论点下面的若干小论点中，其主要作用是辅助论证大论点，使用频率较高。

第八个标识符：清除格式。引用的其他文章段落或者某些名人名言，再或者自己之前所做的错误标记，可以选用该标识符去除标记，使用频率较少。

第九个标识符：插入图片。大部分自媒体平台有免费图库，这一部分图库的图片不可以互相串用，只能在该平台使用且无版权风险。以今日头条、百家号、企鹅号等平台为例，可以找到绝大多数适合我们创作的图库，如果担心内容创作尤其是图片创作侵权的话，可以直接插入图片，然后点击免费正版图库进行检索即可。

本地图片　　免费正版图库　　素材库

请输入关键词，查找相关图片素材

**本节作业**

1.如已经注册百家号、头条号等平台，可打开后台界面自行熟悉各个按键。

2.如尚未注册该平台，更建议读完本书后再注册头条、百家等平台熟悉各个按键操作规则。

### 6.2.6　细节修改：关联词、语病、错别字问题

投稿给其他平台或者把文章发在由个人账号注册的其他平台上，需要面对不同平台的问题，我们统一归类为细节修改。为了避免大家在之后的写作过程中遇到意外，我先把细节内容提前罗列出来：

• 有第一和第三，必须有第二；有首先和最后，必须有其次；有阿拉伯数字1和3，必须有2。尤其是以小标题或者分论点、小论点的形式展示出来的时候，其顺序、次位以及关键点的前缀不许出错。（百家平台尤为关键）

• 关联词搭配不许出错，因为……所以，之所以……是因为，虽然……但是等，尤其这些关联词以文章大标题或者文章题目的形式出现时，更不能出错。

• 文章发布前，通过网页的自查系统检查有无错别字，以企鹅号为例，如果错别字较为明显会影响推荐量甚至直接不予推荐，其中以文章题目、大小标题不能出现错别字为最低诉求。

• 连续两段落或者多段落不能同时加粗加黑、重点突出，多段落重点突出就意味着不突出，如果连续多段落同时加粗加黑，部分平台会给予提示。

• 大小标题的字数控制在25个字以内，且精简、能完整叙述、起引领概括作用，不要为了控制字数而控制字数。但是标题的字数超过30个字甚至超过50个字、100个字是绝对不过关的。

- 文章配图前后均有段落，这是依据读者的阅读习惯来的。一篇文章，把配图放在文章之前或者文章之后，均不符合阅读习惯。

- 单一段落3~5行最为合适。绝大多数的图文内容，读者端是以手机方式看到的，如果我们通过电脑排版或者其他排版导致文章的单一段落超过5行甚至超过10行，就有可能造成一个完整手机界面包含不了文章一个段落的情况，会给读者带来极大的阅读不便。

**本节作业**

找到自己之前写过的一篇文章，按照以上七点自查，并修改。

（1）准备一篇之前的文章。

（2）该文章细节问题有几处？分别是什么？

（3）修改这篇文章。

（可以将文章写在纸上，贴在本节的位置，以便复盘查看）

### 6.2.7　配图修改：防范侵权及平台审核问题

大家要注意，一篇属于优质图文的创作内容，其内容配图建议在6张及以上，我们讲第15章多平台分发时，就不需要做二次修改和二次遴选。6张及以上配图，基本满足了各个平台对于优质图文的基础图文判断标准。不仅如此，一篇文章中插入图片还需满足以下几点硬性要求：

- 趣味图片或有吸引力的图片放在前面，按照文章封面配图的遴选机制来看，如果我们不主动确定文章的封面配图，系统会随机安排，而排在前面的图片大概率会被当作封面图片。此外某些平台或者体裁是没有机会设置封面图片的，比如今日头条的问答，所以我们需要把配图前置。

- 配图尽可能16：9或者1：1，尽量不要采用3：4或者9：16以及其他形状的图片。此规定有两点诉求，其一阅读美观，其二防止该图片被当作封面配图。

- 配图除自己拍摄的之外，绝大多数的上传配图都有版权风险，所以在文章结尾处不妨添加一句：此图片源自网络，侵权必删。这句话未必能给我们带来多大的实际作用，但最起码可以表明我们图文创作者对于版权方面的尊重。

- 封面配图不能血腥、暴力、恐怖，不得不承认某些图片的确有吸引力，但是该类图片一旦触及血腥、暴力以及恐怖类型，将会直接被平台下架，甚至有封号风险，所以寻找有趣味性或者有吸引力的图片本身没错，但要有度。

- 色情图片绝不允许，尤其是宠物类博主要注意。大部分图文创作者可能在封面配图上添加帅哥或者美女的图片，如果只是正常图片且能做到图文关联，那影响不大，但是该类图片不正常或者暴露点过多，就极有可能被下架甚至被扣分。此外，宠物类的图文创作，更要慎重万分，尤其是拍摄某些小动物的时候，比如猫、狗、宠物猪等，一定要慎重，某些器官不得外露。

- 含有logo、水印等的图片，绝不能用。比如视觉中国、摄图网等，该类logo水印是有明确版权信息的，如果我们使用该类图片一些平台会不予通过，而在另一些平台即便通过了，也有被诉讼的风险，尤其是公众号是以企业形式注册的，更要慎重。（如平台自身已购买该图片版权，则可放心使用，比如百家号免费图库中视觉中国的图片。）

- 图片中含有古代门窗、网格线、不规则的点状物，该类图片不要用，会被部分平台误判为二维码或者某些信息。同理，如果图片上有杂乱数字，也尽量不要选取，平台会认为我们故意留个人信息，对外引流。

- 封面配图尽量不要选择文字过多的或者纯文字图片，以免审核时出问题。

- 多张图片不要堆在一起，尽可能均匀分布，且图片与上下段落之间存在关联。

- 一定要图文相关，这是封面配图最基础的诉求，必须达到！

**本节作业**

将上一小节留的课后作业完成内容和封面配图，并做好自查。

（1）我准备为内容寻找怎样的配图？

（2）在添加配图时，我遇到的困难是什么？

## 6.3 文章发布后修改，这几点要注意

当我们把上面所有内容敲定后，原则上说一篇文章出不了大问题，即便有问题也都是些边角问题。但如果我们搞错顺序了呢？如果我们写完一篇文章先发布（在进行

自媒体图文创作时）出去，突然意识到有问题再把它撤回重新修改发布呢？这样的话，会有几点问题存在。

### 问题一：内容修改次数

一篇文章，无限制地让我们修改是不可能的，毕竟从平台的角度出发，不会为了一个人修改的一篇文章，来回不断地让系统或者人工审查。

为了避免在修改过程中出现某些问题，大多数平台是直接限定修改次数的，以百家号为例，一篇文章可修改三次，此外部分平台是无法修改文章的，如果想修改只能将该文章删除再重新发布。

同时对于另一部分平台来说，因为该文章之前已经发布过，所以删除该文章再重新发布，可能会导致二次审核，最终判定为抄袭或者非首发，遇到这种情况需要找人工客服申诉。

还有一种情况，第一天写完，第二天修改，修改时需要删除之前发的文章再次发布，但该篇文章已经被其他平台创作者抄袭或者剽窃过去了，那么依旧需要找到客服再次申请原创认证，但部分平台没有客服或者很难找到客服，所以要做好心理准备。

### 问题二：内容修改篇幅限制

为避免多次无实质性意义的修改，部分平台对于内容修改进行了篇幅限制，比如今日头条。举个简单例子，一篇文章写完，发布出去，突然发现文章当中的人物名称错了，把所有的人物名称修改过来，改了30个字左右，那问题不大，平台允许你修改。

但是如果一篇文章写了1500字，突然发现文章框架不对，跑题了，所以我需要从头到尾捋顺一下，大改一次，修改的总字数在1000字左右，占到了文章内容的2/3甚至更多，不好意思，平台是不允许这样修改的。尽管某些平台没有明确约束，但我们也能够意识到：与其如此大篇幅地修改，倒不如删掉这篇文章，重新写一篇。

### 问题三：内容修改效益比问题

这是最现实的问题，如果我们一篇文章写完发布出去，隔上三五天之后，突然觉得某个段落不太合适，还有必要修改吗？没有必要。因为一篇文章正常推荐时间也就是三天左右，除非内容质量好或者部分平台存在长时间推荐某篇文章的情况，否则大部分文章也就石沉大海了。

所以，如果我们发现一篇文章内容有问题，且发布时间已超过48小时，我们不建议再修改，因为该类型的修改不能给我们带来实际效益。错误问题不大，可以忽略，或在评论区留言道歉即可；如果问题较为严重，则直接删除。

### 问题四：判断内容是否修改的其余关键因素

同理，我们写了一篇文章经检查自认为没有任何问题，发布出去了，然后通过其他渠道比如读者反馈或者我们自己再读一遍发现的确有些问题，一定要尽早改，最好在文章发布之后的5个小时以内修改。

判断文章是否修改，还有以下几个关键因素：

• 内容的推荐量、阅读量涨幅如何。如果文章表现非常好，阅读推荐数据刷新很快，那么一些小问题就不需要修改了，这个时候修改会让文章进入重新审核阶段，文章的推荐量和阅读量都会受影响。（虽然部分平台说不受影响，但从实际效果来看并非如此。）

• 阅读数据刷新较快，但是文章内容中犯错的那个点非常严重，非改不可，我们怎样判断是否修改？如果不修改需要承担某些风险，马上修改。如果不修改不需要承担风险，只是一些读者不理解或者读者指出了这些问题，那我们在评论区留言并诚恳道歉，把该留言置顶即可。

• 文章发布3~4个小时，内容质量非常不错，可是没有阅读量，没有推荐量，不妨稍做修改。重点改的是封面配图以及标题，主要作用是提升阅读量。

**本节作业**

1.具备实操条件的，可以下手修改一篇文章，看看效果怎么样，并做好修改记录。

2.不具备实操条件的，本书读完且注册自媒体平台账号后，修改一篇文章，做好修改记录。

（可以将文章写在纸上，贴在本节的位置，以便复盘查看）

第 7 章

# 蹭热点篇：
# 五蹭五不蹭，让文章彻底爆起来

热点对于图文领域创作者而言，简直是可遇而不可求的利器。一篇文章如果热点运用得好，轻松获得十万甚至百万的爆款图文问题不大。文章的附加收益价值就有可能是之前普通文章的数倍甚至数十倍。但是热点也不是随便写的，也不是随便一个热点都可以写的，写热点之前一定要仔细推敲判断一下，哪些热点可以写，哪些热点不能写。

## 7.1 为什么要蹭热点

作为上篇的最后一章，我们来讲一个老生常谈的问题：

热点要不要蹭？要蹭的话应该怎么蹭？如何通过蹭热点赚钱？如何避开不该蹭的热点？

就在刚刚，准确地说就在本章写作之前的十分钟，我意外得知一位好友账号被封了，因为他写了不该写的内容，涉及某些敏感事情。具体涉及什么，我不多讲，但是我得讲讲热点哪些不该写，哪些不能写！把本章看完，基本能保证不踩坑！

### 7.1.1 暂时性流量偏移

先来看张图，这是某热点发生后，数据库的流量变化曲线。数据来源取自百家号，具体流程之前讲过。从下图不难发现，某个热点发生后，热点的"持续热度"会提升，流量偏移会自动生成。

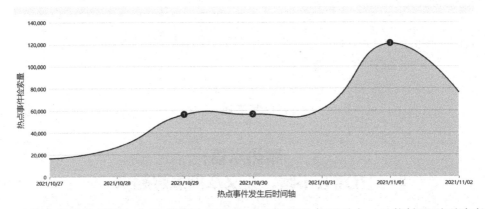

热点事件的关键点在于"热"，而这个"热"要具备吸引力，且能够吸引到读者注意。如果无法实现这一点，那热点就不能称为热点。比如：

"某小区物业与业主发生矛盾，即便这个矛盾搞得小区内部人尽皆知，在未经大型媒体报道之前，很难吸引读者关注。"

真正的热点，要具备以下情况的任一种：

- 事件本身自带趣味性，被某些自媒体账号或其他官方账号以视频、图文等方式爆料后，吸引读者大范围围观。
- 官方平台重点关注，且对此次事件进行翔实报道，由此吸引读者围观。
- 某些明星、人物、事件自带流量，经互联网发酵后形成热点。

除以上三种情况外，其余情况很难生成热点。而一旦热点生成，又会引导读者做以下三件事情：

- 读者对热点产生好奇，并由此点击热点搜索功能、各平台浏览器的自动检索功能或各自媒体平台的热榜内容，主动围观。
- 读者对热点产生共鸣，并积极主动地参与到话题讨论中，在评论区发表自己对该类事件的观点、看法、评价，但这些评价未必是客观评价。
- 热点引发读者深思，读者开始积极主动创作内容。比如创作图文、视频等内容，积极参与热点讨论，但读者终究不以写作谋生，他们的参与会对热点起推动作用，而不会占据热点流量池。

当读者对该类热点产生互动，平台会不自觉地产生热点偏移。在市场的供需关系中，读者喜欢看什么往往是平台主动推送什么的重要判断依据。当然，读者喜欢看的内容要在合理、合适且恰当的范围内。

某些热点无伤大雅，比如明星出轨、明星恋爱、考古发掘、雷人语录等内容，准许部分自媒体创作者进行图文创作，以读者趣味性为根基，平台产生微妙的流量倾斜，让该热点的流量进一步发酵，直到几天后热点慢慢冷却，或者被另一个更热的热点顶替。

**本节作业**

根据第2章内容，找出百家号热点数据变化曲线图，并找某个热点做数据测试。

（1）我是否找到热点数据变化曲线图？

（2）我准备的热点数据有哪些？

（3）写出测试结果。

### 7.1.2　系统推荐逻辑

系统的基础推荐逻辑之前讲过，在此不再赘述。第一波推荐后能引起读者互动，才会进行第二波推荐、第三波推荐。但是系统对热点的推荐逻辑与单篇图文的推荐逻辑有所不同，主要区别有以下三点：

- 关键词检索推荐。读者为了满足好奇心，会在各大自媒体平台上积极主动检索对应关键词，比如某个明星、某个事件。而这个时候我们在文章题目中添加该关键词或踩中对应关键词，内容有一定概率被系统多次推荐。我们以"双十一"为例，同样在百度检索，不难发现，在双十一期间该词汇检索达到了平日的数倍甚至数十倍。
- 关键词归类推荐。以今日头条和百家号为例，一旦某事件登顶热榜后会生成热点话题，而热点话题下的动态、微头条、文章、视频等内容将会伴随着话题被检索的数量越来越多，导致整体内容的流量数据越来越好。但是整体内容越来越好，并不代表着单一文章、视频数据越来越好。
- 关联内容推荐和粉丝爱好推荐。这两种推荐在不同平台有所区分，以头条为例，在阅读某篇文章时下滑到最底端，在评论区之上会出现部分图文或视频，而这一部分内容很有可能是正在看的这篇文章的关联内容。同时，读者长期阅读某类别文章，系统也会更多推荐该类别的文章。这一部分推荐对图文整体起到的影响较低，不过蚊子腿也是肉，多少有些帮助。

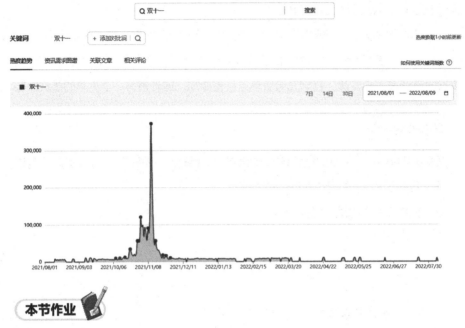

**本节作业**

熟悉系统推荐规则，并在头条或百家平台上找到任一热点事件话题。

我找到的热点事件话题是什么？

### 7.1.3　高爆款带动的粉丝收益

值得注意的是，图文月度收益需要一分为二地来对待，一部分是粉丝群体看我们的内容使我们获取的收益，另一部分是普通路人看我们文章使我们获取的收益，这两部分收益单价是不同的。

如果自己做账号的话，体会则更加明显，遗憾的是我并没有给大家找到各个平台间粉丝阅读单价和非粉丝阅读单价的比值，毕竟不同平台间规则不同，有一些平台把这部分规则搬到明面上，而另一部分平台要么没说，要么说了之后收益依旧是浮动的，所以我没有办法给大家拿出详细数据资料来。

但是自己发布的内容，具备高爆款潜力或者其本身就是高爆款，会带动部分读者关注。读者的关注度和阅读量不是呈绝对正比，但是相互关联。而读者看完文章后关注账号，将会成为我们的粉丝，一个账号的粉丝数量越高，对于账号后期变现就越有利。整体来看，高爆款带动的粉丝收益有以下五点：

- 额外的粉丝收益。粉丝单价是普通读者单价的2~20倍之间，粉丝越多，粉丝阅读数量占总阅读量的比例越多，单价就越高。

- 商单变现。图文商单变现难度较大，但并不是不可能。以我的账号为例，在20万粉丝时，对外接商单为1万元一条。

- 专栏变现。一旦账号粉丝关注度、关注数量提升到一定的数值，比如10万、20万甚至50万、100万，那么账号就是IP。我们可以把自己的擅长点转变成知识付费的形式，引导读者付费阅读。

- 其他平台的敲门砖。最后一章我们会讲到多平台分发，而多平台分发必然会触及多平台权益，如果我们在某个平台的粉丝数量较多，则可以通过和其他平台客服沟通的方式来获得对等权限。

- 平台背书以及商业活动。粉丝数量多，可通过签约的方式或其他可行的方式，让平台给自己背书，同时也可以借助粉丝量参加线上线下的商业活动。

本节作业

尝试写一篇爆款文章，并根据爆款文章做数据记录。

（1）我准备的爆款选题是什么？

（2）由爆款选题写出一篇文章。

（3）文章的阅读量是多少？

（4）粉丝增长量是多少？

（可以将文章写在纸上，贴在本节的位置，以便复盘查看）

## 7.2 热点不能瞎蹭，这几点技巧一定要记住

蹭热点的技巧我给大家总结出来了，这几乎是写热点文章时最常用到的技巧，大家追热点文章前，可以按照下面几个技巧的要求来复盘剖析，并判断该热点可不可写。

### 7.2.1 四小时理论

从某个热点出现到把这个热点写成文章，给我们的时间极其有限，只有四小时。尤其是某些火爆热点，比如明星之间的婚姻关系、情感关系，或者明星犯了错误、做

了贡献等。这些热点会有很多团队或者个人创作者盯着，更有甚者一些人有特殊门路，以至于热点还没有曝光或者正在酝酿期，就意识到这一点，提前写好文章，准备这个热点登上榜单后第一时间发布。

而四小时理论要求我们普通图文创作者必须且绝对遵守：从某热点登录热榜到我们写完一篇文章，且成功、顺利地发布出去的时间要控制在四小时以内。

为什么呢？其主要原因在于自媒体创作者的基数太过庞大，任何一个热点都有数不清的人盯着。热点一旦登顶热榜，短期内会有大量的优质稿件填充基础流量池，而我们在基础流量池当中的比拼，更多的是看我们的内容是否优质、选题是否新颖、观点是否客观公正、讲的是否诙谐幽默。可一旦基础流量池填充完毕，在之外的热点同类文章或者同质文章就需要比拼硬件了。比如基础粉丝是多少，粉丝黏性有多高等。说得再直白一些，四小时以后文章才发布，阅读量未必有我们想象的那样高。

而这篇文章也有一定概率失去成为爆款的可能，因为和某些写作老手甚至动辄百万粉丝的大号相比，我们并不占据多大优势，唯一能占据的优势就是和时间赛跑。

但也不必太过担心，因为现阶段自媒体平台的推荐机制更多的是单篇文章单篇推荐，不会考虑你过去一段时间的表现，或者你这个账号的总体权重，甚至一些平台直接对外表示账号没有权重，这会给我们图文创作者更多的机遇。

 **本节作业**

时刻关注头条、百家等平台热榜，找到一个适合自己写的热点，在四小时内写完。

（1）我找到的热点是什么？

（2）由热点写出一篇文章。

（可以将文章写在纸上，贴在本节的位置，以便复盘查看）

### 7.2.2 热点去重技巧

假设有某个热点：

> 明星A和明星B离婚了，因为两个人的价值观念不合。

我们假设明星A和明星B都是国内的顶流明星，都可以占据流量风口，那么两个顶流明星之间的婚姻状况必然会引起数不清的吃瓜观众的关注，而有关这两个明星的选题就属于咱们之前讲过的自带流量的热点选题。

好的，如果我们以明星A和明星B离婚作为选题，写一篇热点文章，蹭一下热点，可不可行？答案是可行的，那么如果把这个选题交给你，你会怎样写？

绝大多数的写作新手会这样写：

- 明星A和明星B因为情感原因离婚，由此不难发现情感问题是夫妻关系最重要的桥梁。
- 明星A和明星B之所以离婚，是因为价值观念不合，门当户对也是极为重要的。

我们很难跳出这两个圈来，这就会出问题。什么问题？我们做两个假设：

假设一：因为明星A和明星B都属于热点，所以在短短4小时之内，有近十万个自媒体创作者开始参与讨论，其中有近1万图文创作者已经写出文章且进行发布，我们的选题和他们的选题近似、内容框架相差不大，请问我们能否占据优势？

假设二：在假设一的前提下我们再做延伸，我4小时内压根无法完成这篇文章，真正完成的时候已经过了6小时、8小时甚至一天、两天，这个热点已经不热了，请问我能否让这篇文章获得更多的阅读量？

答案都是否定的。发现没有，我虽然找到了热点也意识到应该去写这个热点，但是因为内容的重复度以及无法在第一时间写出诙谐幽默、具备一定知识增量的优质图文，导致辛辛苦苦写出的文章打了水漂。所以在我们追热点之前一定要保证热点去重，所谓的去重就是尽可能避开大众选题，同时增加一定的知识增量。

给大家推荐三个方法：

方法一，换角度叙述。跳出读者的思维逻辑，站在当事人的角度寻求与当事人相关联的其他角度。比如明星A和明星B分手，主要原因在于明星A。当大多数的图文创作者写明星A时，我们是不是可以反过来关心一下明星B在此段婚姻中受到的情感伤害？

方法二，插叙法。任何一个热点都有前因、后果和中间过程，在追热点且把热点写成图文的时候，不妨采用插叙法，在文章的中间部分添加事件的起因、经过或者最终结果。但是要注意调整时间顺序，与最终得出来的结论不能冲突，且不能给读者带来阅读障碍。

方法三，个人观点法。任何一个热点，只要我们知道其过程，那么这个热点其本身不再具备流量。因为该热点大家都能看得到，而读者真正想看的也未必是单纯的热点，更多的是对热点的分析、观点和看法。如果我们能保证热点的分析、观点和看法都是自己的原创内容，且能够别出心裁、具备新意，那也会占据优势。

 **本节作业**

将上一节完成的热点文章重新修改，按上述三个方法去重。

（1）我选择的去重方法是什么？

（2）写出一篇去重后的文章。

（可以将文章写在纸上，贴在本节的位置，以便复盘查看）

### 7.2.3 热点关联及预设技巧

本节我们重点讲的是热点关联技巧而不是热点预设技巧，大部分人不具备热点预设能力，但如果具备该能力的话，一定要巧妙运用，这几乎是热点中最重要的流量密码。

我们可以把热点关联含糊地理解为上一节中热点去重的方法四，依旧拿上一节中的案例来讲：明星A和明星B离婚了，因为明星A和明星B的价值观念不合，这个热点大多数人都在写，已经很难写出新意了，那我们可以采用热点关联技巧，使用方法如下：

1.热点的关联人物分析。比如明星A和明星B，那么明星A的关联人物、明星B的关联人物、明星A的情感史、明星B的情感史，此外不单单是明星热点可以这样，几乎所有的热点都可以。比如三星堆考古发掘，那发掘的人是否有可关联的点，我们是否可以借助这个选题对热点人物做一次关联性叙述？

2.热点的关联物品或事件叙述。假设某个小区物业给该小区业主发放广告费，被部分媒体报道且登上热榜，那这个热点是否可以关联其他事件？比如：

"我们小区就没有发放过广告费用或者小区电梯里的广告牌费用是否归小区居民所有？可关联的事件越多，关联的事件越具备可读性，这篇文章就越有概率能成为爆款。"

3.热点关联热点。这类情况比较特殊，某些热点往往是单一热点，准确地说绝大多数热点都是单一热点。我们打开任一平台都有该平台的热榜，很少有热点能连续2~3次或者直接在该热榜中连续占据5~10条热榜。如果真的有热点能够和其他热点关联且属于同类别热点，那么热点关联热点的方式能获得远超过两倍的热点收益。

接下来讲一下热点预设：某件事刚登上热点榜单，连一分钟都不到，就已经有人把热点写出来了，他们是怎么知道这个热点要发生的？我就不多讲了。

如果真的有这方面资源，不妨多做几次热点预设，但是要注意热点预设也仅仅就是预设而已，并不能保证热点百分之百一定会登顶。如果做好热点预设，但是热点没有出现，那么千万不要发布该类内容。如果做完热点预设且该热点真的出现了，和自己之前做的预设相差不大，那么该类热点内容可以发布。

**本节作业**

巧妙利用热点关联，增加文章可读性。

（1）我准备的热点关联是什么？

（2）该热点关联的优势是什么？

（3）写出一篇最终呈现的文章。

（可以将文章写在纸上，贴在本节的位置，以便复盘查看）

### 7.2.4　热点迁移及领域归类技巧

关于热点迁移，咱们在第1章中重点讲过，在此不做赘述，重点来讲一下如何通过热点迁移来保证领域归类。

- 题目中填写明显具备该领域属性的词组。比如某个地方考古发掘有了重大发现，这一类的热点明显属于历史领域，但是我们可以把该类热点迁移到教育领域。在文章题目当中，我们重点体现出"历史教育题材""填补教育空白"等关键字样，有一定概率让系统把这篇文章归类到教育领域。
- 内容有所侧重。比如明星A和明星B因情感问题离婚了，甚至因为情感问题

做出某些过激行为，那么我们可以在教育领域里侧重说如何给孩子培养正确的爱情价值观念；从情感的领域分析又可以讲夫妻之间的婚姻情感应该如何维护，如何做到为爱妥协；从心理角度分析，夫妻之间产生情感厌恶，是因为怎样的心理变化和波动。

- 添加话题标签。以趣头条为例，在发布文章前，需要在下方标签栏中选定文章领域，同时给这篇文章自行佩戴3~5个标签。但大家要注意，不要为了内容垂类而盲目添加标签，明明写的是娱乐领域，与历史领域没有任何关系，非得贴上与文章不相符的标签，系统发现后会被打压。当我们顺利完成热点迁移后，才可以通过贴标签的方式来告诉系统：我这篇文章的垂类是什么。

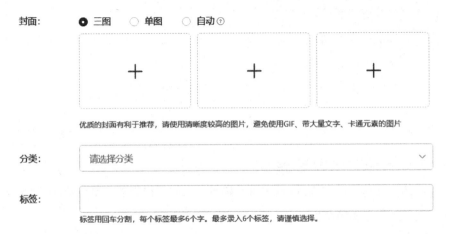

通过这三个小方法，就可以保证热点迁移后达到领域归类的功效。但是热点迁移达到领域归类并不是每一个热点都要归类到对应垂类中，未必每一个热点都有适合的领域归类。

 **本节作业**

采用上述方法，将之前准备的热点选题进行领域归类。

（1）我准备的热点选题是什么？

（2）热点选题准备迁移的领域是什么？

（3）领域归类后，写出一篇文章。

（可以将文章写在纸上，贴在本节的位置，以便复盘查看）

## 7.3 注意啦！哪些热点可以蹭

大家去蹭热点，原则上来说不会出现问题，但是在蹭热点前我们一定要清楚哪些热点可以蹭和哪些热点不能蹭。很多图文创作者在写热点图文前会非常纠结，因为无法判断这个热点是否可写，也无法分析这个热点如果可写怎样写，如果不可写又是为什么不可写。在这里我给大家总结出来了不同种类热点的可写内容，大家在追热点文章前，可自己对标一下。

### 7.3.1 娱乐类，官方/工作室发布明确声明

蹭热点蹭出问题的话，有一定概率会被封号且承担法律风险。永远不要小瞧自媒体的威力，如果你说了一条没有任何根据的谣言，且该条谣言引起了多人阅读并引起轰动，是件非常可怕的事情。

娱乐类的热点以下情形是可以蹭的：

- 官方直接发布声明且站稳立场。这里的官方包括但不限于某些官方电视台或者官方报刊，它们发表的声明对于这件事情有观点、有看法，且该事情已经尘埃落定。
- 明星工作室发布声明，包括但不限于明星的婚姻恋爱关系、明星未来一段时间的档期安排、明星未来一段时间的合作意向以及商业代言、粉丝会等。
- 官方和明星工作室均未发布声明，但是某些实际结果我们能看得到。比如某些明星因为犯了错误，导致某些节目直接和他们解除关系；或者明星参与拍摄的节目被打上马赛克等。而这一系列的行为工作室很难公开回复，当我们能够找到信息来源且信息来源绝对真实的前提下，也可以蹭热点。

按上述要求，找到最少三个可以蹭的娱乐类热点。

### 7.3.2 企业类，正能量且具备真实度

企业类的热点和娱乐类的热点很有共性，如果我们所说的内容为虚假内容且影响

到对方声誉的话，企业方极有可能会给我们寄律师函进行维权处理，对于普通图文创作者而言，该类事件极为棘手，所以我们必须得小心且谨慎对待。企业类的热点，以下两种情况是可以蹭的：

- 正能量事件。比如某个企业对灾区捐款；某个企业把一部分公司利润直接当作员工福利；某些企业实行每周工作5天且不加班的公司管理模式，这些正能量的企业价值观念或者企业行为模式类话题可以蹭。
- 非正能量，但不是绝对负能量的话题。在掌握一定真实度的情况下才可以蹭，比如某些企业裁员；某些企业要求员工加班；或者某些企业内卷得厉害。

另外，我们要注意恶搞类或者不具备真实度完全凭借个人杜撰出来的与企业相关的信息，绝对不要写。作为自媒体从业者，你随随便便的一句话都有可能给企业带来灭顶之灾，千万不要为了流量什么都做，要严遵"职业操守"。

**本节作业**

按上述要求，找到最少三个可以蹭的娱乐类热点。

### 7.3.3　花边负面类，内容真实且叙述时价值观正确

无论是娱乐明星还是企业声誉我们都鼓励大家去写正面内容，但并不能一刀切地告诉大家负面内容都不能写。比如某些明星偷税漏税，某些企业不能担负起责任来，某些员工在发布会时口出狂言，这些负面消息形成的热点我们依旧可以写。但是要注意最终的落脚点一定是正能量的，一定要宣传正确的价值观。

明星负面新闻引导正向价值观

某些明星偷税漏税，而我们文章写到最后绝对不能得出以下结论：明星能赚好多钱，所以我也要当明星，我也要赚钱，我也要偷税漏税。

不可以！绝对不可以！我们要做的论调应该是国家税收事关重大，明星已经赚得盆满钵满了，就更不能贪得无厌，更要起到良好的社会带头作用。

**企业负面新闻引导正确的职场价值观念**

无论企业拖延发放工资，还是996以及给员工洗脑，最终的导向都是员工维护自己的合法权益，而不应该羡慕公司老板，自己也去当公司老板压榨员工。同理，某些企业不能担负起责任来，我们最终的落脚点应该是让企业担负起自己应该担负的责任，而不是羡慕这些企业老板。总之负面热点可以蹭，但是要蹭出正面效果来。

我们只以企业和明星举例，而我们真正碰到的热点会有很多其他垂类，就不一一讲解了，大家以此类推即可。

 **本节作业**

找寻负面热点，并写成具有正能量或正确价值观念的文章。

（1）我找到的热点是什么？

（2）内容核心落脚点是什么？

（3）以该热点写出一篇文章。

（可以将文章写在纸上，贴在本节的位置，以便复盘查看）

### 7.3.4　暖心类，以官方报道为主的发散热点

该类热点是我们鼓励大家去写的，属于绝对意义上的正能量，很少触及红线，也很少有违规操作，而且会给予平台更积极的反馈。

好人好事、正能量话题，比如：

"某位出租车司机发现乘客遗失的手机和钱包，主动开车到乘客身边，把这些东西还给乘客。"

"某位货车司机拉了一车水果，结果侧翻全都甩出去了，而周边路人积极主动地帮助货车司机，把水果捡拾起来。"

这一类热点原则上来说只要官方报道，那么我们就可以写。但不要夸张，也不要把事情放大，是什么就是什么，文章前半部分的内容叙述要保证严谨性，同时在后面发散的时候，我们可以适当地在原有基础之上表明立场，并且积极地推动正能量话题探讨。

 **本节作业**

按上述要求，找到最少三个可以蹭的暖心类热点。

### 7.3.5　科普类，必须为绝对权威网址发布的热点

科普类的热点大部分人是无法从事创作的，难度很大且不适合热点迁移。热点迁移即便做出来，也显得不伦不类，不妨做个假设：

> "比如科学家A和科学家B两个人发明了某项科研成果，而我们做热点迁移之后，发现科学家A和科学家B是夫妻关系，那迁移到情感领域：夫妻之间齐心协力才能取得好成绩。"

这样写跳跃度太大，读者读起来就显得不伦不类。所以科普类话题，最终的落脚点只能是科学领域、科技领域或者教育领域，除此之外的其他领域很难被热点迁移过去，而一旦落脚在以上三个领域，就必然是纯知识领域热点。

纯知识领域热点要保证绝对权威，这个权威不是说权威网站发布的内容，而是权威的数据、权威的论点、权威的论证、权威的实验结论以及权威的科技预估。

简单讲，无论是科研成果还是科研进度，必须保证百分之百的真实，绝对不能随意添加个人观点以及个人对数据的预估，尤其是普通图文创作者。所以科普类热点可以去蹭，也鼓励大家去蹭，且没有太大风险，只是难度太大了。

**本节作业**

按上述要求，找到最少一个可以蹭的科普类热点。

（1）找出一个热点事件。

（2）由热点事件写出一篇文章。

（可以将文章写在纸上，贴在本节的位置，以便复盘查看）

## 7.4　注意啦！这些热点千万不能蹭

有一些热点是不可以随便蹭的，我总结了四类。除了这些，还有其他情况，不过受众面较少，就不一一列举了。

### 7.4.1　非资质类热点

图文创作过程中，有四个领域或者垂类是必须有资质认证才能进行创作的。如果

没有资质认证，连创作的基本资格都没有。这四大垂类分别是法律、健康、财经、医生，那我们如何获得对应资质呢？不同平台的后台页面端口会有对应的申请权限，需要我们提供对应证书才可以。

在2019年我曾写过一篇文章，至今我都印象很深：如果公司老板不给员工发工资，员工应该怎样索要工资？文章中涉及专业用语，还有一些法律条令，平台直接扣了10分，理由是没有资质。

之所以扣分，是因为写的文章触动了系统的扣分机制，可以理解，甚至平台必须得这样做。因为没有法律资质认证，普通创作者对此指指点点，甚至胡编乱造，一旦获得流量且被读者广泛转发，是极不负责任的。

其中财经领域最为特殊，需要补充一句：如果你传授大家购买股票、购买基金、投资理财等方面的内容，一定要慎重。先找到对应平台的客服，咨询他们如果自己想从事这方面教学，平台是否鼓励或者允许，以及自己是否需要拥有其他资格证书才能够做该类内容。

当然，大概率会被平台拒绝，毕竟投资等类目的内容着实有风险，而这一部分风险平台也未必能承担得起。

本节作业

1.自查过去一段时间创作的热点，是否有四个领域囊括的内容？
2.对未来热点创作划条红线，明确哪些热点可以创作，哪些热点不可以创作。

### 7.4.2 时政、国际关系类热点

与时政相关联的、与国家政策方针相关联的、与国际关系相关联的包括但不限于国内与国外的关系、国外与国外的关系，都不要写。

不得不承认，一部分创作者的确有资质写，无论是某个报刊的主编或者本身就有一定的军事阅历、国际素养、国际战略眼光或者就是某些特殊的被平台认证的创作者，这种创作者数量极少，万分之一甚至十万分之一的概率，同时他们创作出来的内容更客观、中正、不偏不倚，也不存在误导倾向。

平台在与这些创作者多次磨合的过程中，也能够相互之间探个底，只有在此前提下，时政类或者国际类热点允许进行少量创作，即便这一群人也不能做到每一个热点都去创作，普通图文创作者就更不要去想了。

原因很简单，我们的眼界达不到，在没有足够信息获取渠道的前提下，所能得出来的为数不多的有限内容量，并不足以支撑一篇文章，尤其是这篇文章还涉及国际关系和形势政策，会给读者带来极大的误导，这一部分损失平台也绝不会为你承担。

**本节作业**

1.自查过去一段时间创作的热点，是否有时政、国际关系类热点？

2.对未来热点创作划条红线，明确哪些热点可以创作，哪些热点不可以创作。

### 7.4.3　娱乐类，未发布声明的小道消息

娱乐领域是接收律师函的重灾区，我讲一个故事：

某个明星直播带货，但是因为其口碑不好，没有多少人去买他带的货。然后一位图文创作者全程关注了这位明星带货，并把内容记录下来，添油加醋写了一篇文章，还把这位明星之前的一些传闻都摆了出来，第二天他收到了明星的律师函，要求他删除文章公开道歉且进行对应赔偿。

明星类被侵权、被诉讼的案例非常常见，我希望那个非常常见的人或者事没有发生在你的身上，毕竟写文章目的也无非为了变现、提高影响力而已，结果影响力没有提高，钱也没赚多少，反而收了三五张律师函，得不偿失。

在这里重点说一下：未经官方声明的与明星相关联的消息或者内容我们尽量不要去发，尤其是负面内容。

**本节作业**

1.自查过去一段时间创作的热点，是否有娱乐类风险热点？

2.对未来热点创作划条红线，明确哪些热点可以创作，哪些热点不可以创作。

### 7.4.4　军事类，未具备专业资质创作者

军事领域和之前讲的四个需要资质认证的特殊领域还是有所区别的，普通图文创作者在某些平台上的确能够创作一些军事领域的内容，毕竟军事领域本身有其特殊性。

三四十年前的军事武器或者冷战时期、美苏争霸时期，或者第一次世界大战，第二次世界大战时期的军事武器，这一类也属于军事领域选题，但并不具备机密特性，所以原则上来说可写，问题不大。

但是近年来与军事领域有关联的选题要慎重，在不具备专业资质且不被平台认可的前提下，不要去写，以免误导他人。此外，军事领域图文创作者一定要具备保密意识，千万不要知无不言，言无不尽。

 **本节作业**

1.自查过去一段时间创作的热点，是否有军事类风险热点？

2.对未来热点创作划条红线，明确哪些热点可以创作，哪些热点不可以创作。

下部
**新手写作变现实操**

———

## 第8章

# 平台篇:
# 适合创作的8+4自媒体平台

作为一名优秀的图文创作者,我们写完文章后要往哪个平台分发呢?当然投稿给其他平台是可行的,可如果我们想创建属于自己的账号,可以吗?答案是可以,当然可以。在这里,我给大家介绍8+4总计12个自媒体平台,但因为部分平台存在局限或者其他特殊原因,我们未必能在12个平台上全都进行创作。

有一些平台很适合普通图文创作者进行内容创作,比如今日头条、百家号;有一些平台创作有难度,成长起来需耗费更多精力,比如知乎号、公众号;有一些平台更适合视频领域创作而不是图文领域,比如小红书、微博。

## 8.1 适合自媒体人创作的图文类平台简介

当我们学会怎样列框架、怎样写作、怎样纠错后,将会面对两条主要变现渠道的抉择:

- 给公众号、出版社、自媒体账号等平台投稿。
- 给自己账号投稿。

我不做价值导向,事实上无论给别人投稿还是给自己投稿都有收益,"钱"景也都不错。但如果你有意向给自己投稿,且成为一位优秀的自媒体人的话,接下来的内容一定要好好看,很有帮助。

说到这里,我再多插一句:为什么不太看好投稿给别人!

我不止一次在多个自媒体平台讲过:如果我们想做一名优秀的自媒体人,那么自己给自己投稿是性价比最高的选择。相对而言,辛辛苦苦写的稿子投给别人,发在他们的账号上，给他们的账号涨粉丝、带人气，倒不如发在自己的账号上。

而且以当下的市场行情来看，普通人投稿大概率被拒稿，即便稿件通过，一般也都是从最低价位开始（一般是30~50元/篇）。辛辛苦苦写篇稿子，对方七天内给我们回复，我们修改完再发给对方，对方再用七天时间给我们回复，来回折腾一趟，最少半个月，最终给我们稿费30~300元不等。与其如此，倒不如把自己的账号做大做强。以我的账号为例，每天发布一篇文章就可以实现月入过万，如果大家能把自己的账号养起来，不能达到这个水准，至少也能达到该水准的一半。

### 8.1.1　八大自媒体平台图文变现

关于自媒体变现平台介绍，我会给大家介绍至少12个平台，但12个平台需要分成两类，分别是图文变现和图文+商业变现。前者更侧重图文变现，后者更侧重商业变现，变现方式不同，但最终结果相似，都是引导大家写作赚钱。

今日头条，归属于北京字节跳动科技有限公司，第一版本发布于2012年，期间改版多次。其作为信息发布平台，拥有多种变现方式，普通图文创作者可以依托于图文获得包括但不限于爆款收益、征文收益、专栏收益等在内的多种收益。

百家号，归属于百度平台，第一版本发布于2016年，虽发布时间较晚，但发展势头极猛，平台对优质创作者给予包括但不限于匠心计划、金芒签约、百家榜等多项鼓励和扶持，其主要目的是给创作者打造集创作、发布、变现于一体的内容创作平台。

企鹅号，归属于腾讯旗下，于2017年宣布全新升级，依托于腾讯大平台，流量自然不在话下。且企鹅号给予的各种奖励证书很多，其核心策略为建立合理、健康、安全的内容生态体系。

趣头条，归属于上海基分文化传播有限公司，APP上线时间为2016年。相对而言，趣头条征文活动较少，变现较单一，但账号内部实施等级制度，优质账号尤其是五级账号万阅读量单价较高，且优质内容会给予流量推荐。

大鱼号，归属于阿里大文娱旗下内容创作平台，为内容创作者提供"一点接入，多点分发，多重收益"的整合服务。同时，该平台也具备等级划分，优质内容且具备较高等级的账号单价较高。

搜狐号，该平台文史类内容较为吃香，其他垂类因情况而定，账号通过原创认证后，流量扶持不少，当作分发平台较为合适。

网易号，网易订阅前身，平台具备高效分发、原创保护、现金补贴、品牌助推等优势，流量不太可观，单价稍微低迷，但当作分发平台足矣，爆款收益也不可小觑。

一点号，账号开通收益难度较大，需等到15级才可以开通点金计划，对于某些萌新作者而言开局就是劝退局。但一点号目前对优质创作者会主动遴选，我之前有学生就被一点号主动开通了收益。

**本节作业**

打开手机应用商店，下载以上8个平台中可以搜索到的平台APP。

### 8.1.2 四大自媒体平台商业+图文变现

相对而言，上文所讲的八大自媒体平台，即便不懂运营机制，不懂变现思路，依旧可以通过简单的图文变现来获取收益。但是获取收益的方法绝不仅是流量收益，还会有其他收益方式，只不过难度稍大一些罢了。

而咱们接下来讲的"四大自媒体平台"重心必须放在商业变现上，如果只是单纯地通过流量来变现，难度极大或者极不可取。

公众号，其主要变现模式为流量收益和软广收益，依托于强大的粉丝黏性机制，毫不夸张地讲，我们讲的所有自媒体平台中，粉丝黏性最强的就是公众号。虽然公众号单价极高，流量文也能赚得盆满钵满，但是公众号极难起量，除掌握第一波红利的公众号外。所以如果只把公众号当作流量平台，得不偿失。

知乎，2011年上线的网络问答社区，知乎博主含金量相对其他平台较高，且经过多轮融资后市场地位不可小觑。知乎商业变现渠道较多，包括但不限于商业付费、软广硬广、知识付费、品牌宣传等多种渠道。对于其他自媒体平台而言，挖知乎创作大神来本平台创作成为一种趋势，在知乎上有一定知名度，往往更受行业内部认可。

微博，对明星、娱乐、影视类内容较为敏感，几乎是娱乐热点发源地。微博对于明星的作用更倾向于普通人的朋友圈，通过微博内容更新与粉丝实现互动。其商业打榜或影视剧宣传以及某些热点事件助力等活动都积极参与，收益也甚是可观。

小红书，2013年6月份推出的生活方式分享平台，该平台目前包含但不限于美妆、运动、旅游、家居等多个内容垂类，其主要变现模式为商业推广。在主要变现模式中又可以一分为二拆分为视频商业推广和图文商业推广。相对而言，图文的商业推广难度不大，且极具市场前景。

**本节作业**

打开手机应用商店，下载以上四个平台中可以搜索到的平台APP。

## 8.2 第一梯队平台特点及介绍

第一梯队原则上我们建议大家花大功夫去做，除了公众号之外。公众号具备特殊性和不可复制性，在后续课程中，我们专门有一章来讲公众号如何运作，但是除公众号之外的其他平台，如果条件允许尽可能注册并进行内容创作。

### 8.2.1 今日头条

作为自媒体平台的后起之秀，今日头条可以说一定程度上改变了自媒体格局。对于那些稳抓一手红利的自媒体人而言，更是如此。即便当下阶段今日头条创作者略显臃肿，尤其是图文创作者，但红利仍在，仍能凭借今日头条实现逆袭和图文变现。

⚡ **流量与收益**

| 展现量 ⑦ | 阅读量 | 创作收益(元) ⟳ |
|---|---|---|
| **799.4万** | **792,928** | **2,552.89** |

比如这篇文章，是我在写本章节前给大家打的样板，总共花费了半小时，获得近80万阅读量，总收益在2500元左右。

今日头条目前最大的优势有三：

- 流量多。得益于早些年的积累和运营，今日头条的读者受众较多，且具备一定的付费意识。
- 扶持多。无论是前年的图文扶持还是去年的视频扶持，今日头条的发展路线始终是优中取优，对优秀作者单独培养，让付出与回报相互平衡。
- 奖金多。征文活动的奖金相对丰厚，为了避免广告嫌疑，不给大家看获奖截图了，之前参加某商家的征文活动，即便是三等奖也有3000元奖金扶持。

今日头条注册流程及注意事项：

电脑端搜索今日头条——今日头条官网——登录手机号——注册账号——选择种类（一般是个人，机构或者企业慎选）——上传证件信息——取昵称和个性签名——提交——下载今日头条手机端APP——登录头条账号——进行实名认证，认证审核通过后，即可创作内容。

注意：其他自媒体平台注册流程大体相似，在此就不再一一赘述了，如果实在不能理解，直接联系对应平台客服咨询或者网上查询即可。

注意事项一：今日头条用户名更改限制次数为每月一次，慎重！用户名理论上来说只要定下来，就不要随意变动，尤其是粉丝数比较多时。（强烈建议，粉丝数达到1万以上且有意向做IP时，注册商标41类，防止被恶意注册后追责。）

注意事项二：今日头条简介修改每月限制次数为五次，可进行小幅度修改，但不允许出现联系方式、公众号、微信号、QQ邮箱等字样。

注意事项三：头像尽量不用明星或者有版权风险的头像，其他平台也是如此，防止侵权，条件允许的话用自己的形象照，以免出现意外（侵权）。

注意事项四：大多数头条号均未解锁发布内容数量的功能，每日发布图文建议五篇以内，问答建议五篇以内，微头条建议十篇以内，以免被限流。

注意事项五：今日头条文章审核不通过，需联系客服，不要自行删除再发布，以免造成不必要的意外。联系客服电脑端点"耳麦符号"，不是点"问号"，且需要点击咨询类型。

注意事项六：发布文章有问题需要修改，电脑端点作品管理，在专属界面上点击修改，专栏修改需要在专栏界面不是作品管理界面。手机端修改需下载今日头条APP，点击创作首页，点击图文右下角三个点，然后点击修改即可。

注意事项七：今日头条发文章准许无封面配图，但要注意尽量有封面，且最好三封面，不要选择无封面。

注意事项八：今日头条标题选取，为避免标题党，需要用头条系产品灵犬进行测试，使用方法为微信搜索小程序灵犬或今日头条手机端搜索小程序灵犬，把文章题目复制过去，字数要求在30字以内，分数只要大于60分就可以发布，低于60分建议修改。

注意事项九：部分今日头条账号发布图文时准许多标题，可以取五个，条件允许都给取上，不要用系统推荐或者系统模拟出来的，按照之前的课程自己取标题，增加爆款概率，这个功能很有用。

*标题设置　　　○ 单标题　　● 多标题

> 不同标题会推荐给不同用户，获得更多推荐流量　　　　　　示例
>
> | 请输入标题 | 0/30 | 🗑 |
> | 请输入标题 | 0/30 | 🗑 |
> | 请输入标题 | 0/30 | 🗑 |
> | 请输入标题 | 0/30 | 🗑 |
> | 请输入标题 | 0/30 | 🗑 |

　　在此备注：以下所有平台中，如果有别于今日头条我会重点标记，但某些注意事项是一样的，比如简介不许添加联系方式等内容，不再过多赘述。

**本节作业**

条件允许注册头条号，按要求逐一查看上述注意事项点。

（1）我是否已注册头条号？

（2）头条号用户名是什么？

（3）头条号简介是什么？

（4）注册头条号时，遇到了哪些困难？

### 8.2.2　百家号

　　百家号流量收益非常可观，如果单纯地通过图文变现，强烈建议注册百家账号，比如下图是我某日百家号收益截图，总收益为234.71元，而某日图文阅读量才1.38万，每1万阅读单价达到了150元以上。这意味着什么？只要我保证每日阅读量1万以上，就是一笔不少的收益（我的账号比较特殊，单价较高）。当然近期因为工作较忙，一直在吃老本，如果铆足精力，一天更新五篇以上，月入破3万问题不大。

| -- | **234.71** |
|---|---|
| ⊙ 昨日阅读量 | 🎫 11/2 收益(元) |
| **21.64万** | -- |
| 👤 昨日粉丝数 | 📊 消息分析 |

百家号优势也有三，分别是：

- 单价高，在所有平台中，单价能和百家号相媲美的只有公众号，部分头条创作者也会出现单价比百家号高的情况，但概率较低。
- 流量足，百家号背后是百度平台，作为搜索引擎领域的老大哥，无论是活跃人数还是内容推荐都不在话下。
- 机遇多，目前百家平台很多作者玩不转或者压根不会玩，面对如此大的流量端口，却不知怎样运作的大有人在。不太夸张地讲，能和百家号比红利的，当下可能只有小红书平台了。在百家号平台上若能够有所斩获，完全可以凭借此单一平台获得一份不亚于全职工资的兼职收益。

百家号注意事项：

注意事项一：百家号名称一个自然年内可修改次数只有两次，一定要慎重，两次机会用完后只能等第二个自然年才可继续修改。此外，百家号签名一个自然月可以修改一次，相对于头条而言修改频率有大幅限制。

注意事项二：图文发送不过关或者有其他问题需要咨询客服，有两种路径，分别是反馈和人工客服。反馈问题时，如果文章待审核或者正在审核中，一定选中其他而不是内容问题——审核问题，否则无法反馈。找寻人工客服时，一定要在对话框中打至少两次人工客服，才可以召唤出人工客服来。

**我要反馈**　　反馈历史

百家号已开通智能客服，您可以前往咨询，或查看常见问题自主解决。为了能够高效解决反馈问题，请您按以下表单正确填写信息，我们收到反馈后会尽快处理，请您耐心等待，谢谢！

| \* 反馈类型 | 内容问题-审核问题 | ∨ | |
| --- | --- | --- | --- |
| | 内容问题 | 其他 | |
| \* 文章链接 | 账号问题 | | |
| | 等级权益 | | |
| | 收益问题 | | |
| \* 问题描述 | 意见建议 | | |
| | 侵权删稿 | | |
| | 其他 | | |

注意事项三：百家号扣分机制中有一种是冒充旧闻，遇到这种情况被扣分或者被警告，不要删除文章，需要第一时间找客服反馈，冒充旧闻有一定概率可以恢复正常。

注意事项四：百家号目前采用等级制，当周表现优秀且无扣分违规项目，会给予S等级，该等级可以当作免死金牌，下周某类目犯首次错误可免扣分。同时，S等级有一定概率申请流量扶持。

注意事项五：百家号文章修改次数只有三次，三次修改后仍不满意，将失去修改资格。此外，修改后会经过二次审核，如果其他平台有对该内容做分发，有一定概率被判定为伪原创或者非首发，遇到这种情况同样不要删除文章，找到客服反馈申诉即可。

注意事项六：百家号打款为自动打款，打款之前需填好个人信息。具体操作为：点击百家号——收益——收益设置，填写信息即可。需注意，百家号提现打款有金额要求，需累积到满足金额时才能提现。

注意事项七：百家号内容发布前要仔细检查，有一定概率出现内容重复，出现这种情况只需按照段落检查即可，大概率是从其他文件复制到百家号时段落异常导致的段落重复。

注意事项八：晚六点后不要发布敏感内容，尤其是有一定违规可能或者必须由人工审核才可发布的内容，这一类内容有大概率会被延迟审核，等第二天人工审核后再做判决，会影响发布后流量数据。

注意事项九：百家号持续运营一段时间后，如质量不佳极有可能被取消原创，这属于正常情况，无须担心，只需持续更新优质内容，15日后再次申请即可恢复原创。

**本节作业**

条件允许情况下注册百家号，按要求逐一查看上述注意事项点。

（1）我是否已注册百家号？

（2）百家号用户名是什么？

（3）百家号简介是什么？

（4）注册百家号时，遇到了哪些困难？

### 8.2.3　公众号

公众号发布内容需与微信挂钩，通过微信扫描方式登录。后期我们会重点讲公众号的三大优势，分别是闭环、黏性、商业。在此，先来简单介绍下公众号的注意事项。

注意事项一：公众号一次最多可同时发布八篇图文，一天只能发布一次。为了让发布内容效益最大化，可以把八篇文章先存储好，然后统一发布，发布时需由绑定的微信号确定发布。

注意事项二：公众号发布图文时，可以添加公众号卡片（其他公众号，最多十张）这是引流的好方法，如果认识公众号大V，建议初期采取合作模式，先获得第一波流量池。

注意事项三：公众号基础流量变现必须开通流量主，开通方式为：公众号电脑端主页面点击广告与服务——流量主即可。流量主上方为广告主，不要点错了。此外流量主开通的前提是有至少500个粉丝，为避免意外，500个粉丝时直接点击申请即可，大概率会开通。

注意事项四：非特殊情况或者特殊要求，尽量不要注册企业版公众号。个人版公众号基本能满足我们的全部诉求，企业版公众号属于被维权的重灾区，无论是图片维权还是字体维权，都很难应对。同时，如果企业有诉求，则尽量开通企业版公众号，相对于个人公众号优势更大。

注意事项五：公众号电脑端后台界面中的自定义菜单和自动回复尽量设置，作为私域流量的最优选择，公众号真实粉丝达到五位数且准备知识付费时，这两个按钮必须设置。

注意事项六：公众号可绑定其他运营者，以用来内容分发和查看数据。具体操作为：设置与开发——人员设置——绑定运营者微信号即可。

**本节作业**

条件允许情况下注册公众号，按要求逐一查看上述注意事项点。

（1）我是否已注册公众号？

（2）公众号用户名是什么？

（3）公众号简介是什么？

（4）注册公众号时，遇到了哪些困难？

## 8.3　第二梯队平台特点及介绍

第二梯队相对于第一梯队而言，处于弱势地位，更适合我们进行内容分发。关于内容分发是什么以及如何进行内容分发，我们会放在最后一章给大家详细介绍。第二梯队的任一平台均养不活一位全职作者，但这些平台合在一起，蚊子腿也是肉，仍然值得我们进行创作。

### 8.3.1 知乎

知乎为了遴选优质作者，采用等级划分机制：1~10级，其中6级最为关键。对于普通人而言，其实6级难度没那么大，且几乎无门槛，这一等级申请成功才有一定机会多赚收益。知乎变现主要为商业变现和活动变现，如果有一定的写作功底，变现难度不大。

注意事项一：创作者等级维度由四部分组成，分别为内容质量分、内容影响力分、创作行为分和综合分。此外，创作者等级是每日下午五点前更新前日创作分，等级权限也会随之调整。

注意事项二：两个重要的等级权限。原则上来说，知乎上每一等级权限都很重要，但相对而言有两个等级权限最为重要。四级以上申请内容自荐，自荐成功后会增加曝光量，有一定概率增长粉丝；六级以上申请品牌任务，可以从事商业合作，这也是知乎变现的重头戏，商业变现决定了知乎创作利润的一半以上。

注意事项三：知乎商业变现更重视粉丝数量，这一点会在第14章详细讲解，知乎前期的所有服务都是围绕涨粉展开的；而想要粉丝增长就必须做到内容爆款且具备信服力，吸引读者点击阅读。

注意事项四：知乎商业变现有一定风险，且不建议过多引流和恶意吐槽，有被封号风险。我认识的某位同僚，知乎粉丝几十万，结果被冷处理了，因为违规商业广告，这一块知乎看管极为严格，大家要慎重。

具体知乎运营方式，咱们放在14章重点讲解，敬请期待！

**本节作业**

条件允许情况下注册知乎账号，按要求逐一查看上述注意事项点。

（1）我是否已注册知乎账号？

（2）知乎账号用户名是什么？

（3）知乎账号简介是什么？

（4）注册知乎账号时，遇到了哪些困难？

### 8.3.2 企鹅号

企鹅号流量也不错，单价虽然相对较低，但如果运作好赚个兼职零花问题不大。

注意事项一：内容有问题直接找客服，企鹅号的客服是我见过最负责的客服，有几次夜晚十点半找客服询问问题，客服仍然在线，而且几乎是秒回。所以大家在企鹅号上遇到任何问题，都不要慌张，第一时间找客服即可。

注意事项二：企鹅号文章内容中如果有错别字有一定概率会被审查出来，并且有一定概率会收到系统限流或停止推荐邮件。此外，含有不实内容或者其他违规情况也会被限流。如果确认违规直接删除，如果有异议直接反馈即可。

注意事项三：企鹅号有自己的版权图库，版权图库包括免费版权图库和付费版权图库，其中付费版权图库不需要我们花钱购买图片，是从最终收益中抽取提成，无须担心。

注意事项四：企鹅号发布文章的界面比较特殊，没有"引用"标识符，但是多了摘要和结语两个按键。

## 请输入标题（5-64个字）

注意事项五：企鹅号结算界面满一百即可直接提现，但是要注意企鹅号提现需要提现到绑定的微信号上，所以最开始注册企鹅号的时候要注意绑定可提现的微信号。（如微信号有问题可选择银行卡绑定，但只能二选一）

注意事项六：企鹅号后台界面按钮较多，但大多数人都用不到，我们只需选中我的主页——内容发布即可。持续发布优质内容，然后在权益管理处申请原创。

 **本节作业**

条件允许情况下注册企鹅账号，按要求逐一查看上述注意事项点。

（1）我是否已注册企鹅账号？

（2）企鹅账号用户名是什么？

（3）企鹅账号简介是什么？

（4）注册企鹅账号时，遇到了哪些困难？

### 8.3.3 趣头条

趣头条近年来的发展中规中矩，流量有，但是不算多。如果运作得好，伴随着更高等级，一个月收益在2000元以上，还是有可能的。所以如何把趣头条的等级提升上去，就成了重中之重。

趣头条运营注意事项如下：

注意事项一：如果发布健康、财经等内容，必须在趣头条后台首页——账号——账号信息处的健康资质认证和财经资质认证处点击申请认证。

注意事项二：趣头条的账号名称、账号介绍、账号头像等内容30天内只能修改一次，修改界面同样在趣头条账号后台——账号信息处。同理，在该界面可以查到账号ID，如果被平台签约或有其他项目活动，账号ID在此复制。

注意事项三：趣头条的图文原创申请条件要求等级必须达到二级，且30天内审核通过的图文和图集数量不少于20篇。如连续多次申请未通过，可以找客服帮忙介入。

注意事项四：趣头条等级尽可能达到三级及以上，可以申请展示微信公众号，方便引流。同时趣头条的等级与以下四个关键因素相关，分别是：活跃、热度、质量和专业。

注意事项五：趣头条对某些内容的审核特别严格，与公务员、军、政、国际关系、近代史、二战等有关的内容大概率不予通过。

注意事项六：趣头条已发布内容是无法修改的，如果想要修改，只能删除重新发送。

注意事项七：趣头条提现是直接提现到微信号上，所以在提现前需实名认证微信号，在一个自然年内一个微信号只能同时绑定一个趣头条自媒体账号，且微信和趣头条注册人为同一人。

按要求逐一查看上述注意事项点，视情况注册趣头条账号。

（1）我是否注册趣头条账号？

（2）如注册，我准备做内容分发还是当作主要平台运营？

### 8.3.4 大鱼号

很多人运营大鱼号一段时间后就直接放弃了，开始主攻其他自媒体平台。出现这种情况有两点原因：第一流量少；第二单价低。这两点原则上来说我们可以通过大鱼号的等级升级来平衡。

注意事项一：大鱼号的等级提升相对于其他平台难度更大，多了硬性门槛——粉丝数量。从最开始的试运营到普通很容易，只要我们正常更新文章且不扣分的前提下，点击申请即可。

但是从普通到铜V，从铜V——银V——金V，每一等级的提升对粉丝数量和质量指数的要求均有所提升。以普通到铜V的申请为例，质量分数要求80分以上，否则是没有权限进行申请的。

想要获得最高等级的金V，要求质量分数必须在100分以上；粉丝数必须在15000以上。这需要很漫长的过程积累，一旦账号能够达到金V创作的要求且在之后的考核中顺利通关，收益会有极大保障。

注意事项二：大鱼号图文只拥有上线和下线功能，对于不符合发布要求或者发布后意识到有重大问题的内容直接下线即可。如果文章不合适，下线之后再重新修改成合格文章继续发布即可，不用管下线的内容。但是一篇文章频繁上线或者下线将会影响内容推荐和文章收益。

注意事项三：大鱼号有免费图库，且是为数不多允许发布图集内容的平台。但是图集内容禁止恶意营销、禁止广告推广、禁止暴力血腥、禁止政治谣言和低俗色情，同时频繁地发布动态图之类的内容，也有一定概率被下线且占据当天发布文章的篇数，同时会影响账号的质量分数。

注意事项四：大鱼号的收益会归入支付宝账号，所以在注册大鱼号之前，我们一定要确认注册大鱼号的主体人身份证件必须有对应绑定的支付宝信息，以便将来结算时不出现异常。且大鱼号的结算日期和其他平台的结算日期有很大出入，一般是当月的10~15日开放提现，且余额必须大于100元，否则不可提现。

注意事项五：在大鱼账号的后台界面我的账号处点击信用分可以查看当下信用分状态，如果有扣分事项，信用分将低于100分，且在扣分事项的项目栏中出现违规记录以及违规原因。

**本节作业**

按要求逐一查看上述注意事项点，视情况注册大鱼号。

（1）我是否注册大鱼号？

（2）如注册，我准备做内容分发还是当作主要平台运营？

### 8.3.5 搜狐号

搜狐号的流量要比前面几个平台稍逊一筹，但搜狐号的单价不比其他平台差，如果我们稍加运作也能保证通过该平台月收入在1000元以上。而经过我多年运作得出来的数据经验来看，文史领域的创作者特别适合入驻搜狐号，流量非常充足。

注意事项一：搜狐号尽可能进行身份认证或兴趣认证。兴趣认证的要求是90天内垂类内容占比大于等于70%，如果不能满足该硬性条件的话，大概率认证失败；而身份认证只需要满足30天内三星及以上文章数大于等于1，且30天内违规总扣分小于等于36分即可。认证完成后更文上限将会提高到10篇每天且可以进行内容置顶并获得加精权限。

注意事项二：搜狐号可以修改文章内容，但是不要频繁修改，有一定概率会影响阅读率，同时影响到文章推荐效果。所以申请修改文章建议控制在一次以内，如果多次修改对账号会有影响。

注意事项三：搜狐号找客服难度较大，这一点不同于其他平台，大家需要适应下。

注意事项四：搜狐号后台主页中点击个人主页——点击账号权益——点击创作激励和图文原创这两个功能，在满足搜狐号条件的情况下，尽可能申请下来。

以创作激励为例，想要申请开通创作激励需满足以下五个条件：

- 账号为通过状态。
- 30天积分净增量大于等于50。
- 30天内总扣分小于等于36。
- 近30天三星及以上文章大于等于1。
- 账号入驻类型为个人、群媒体、媒体类型。

图文原创的申请资格：

- 近30天内积分增长大于等于50。
- 近30天内积分扣分小于等于36。
- 账号类型为个人、群媒体、媒体或企业。

注意事项五：账号积分数据在个人中心——账号表现处查询，第一栏目为账号总积分以及30天积分增长量，当增长量满足要求时，可申请原创等其他权限。

**本节作业**

按要求逐一查看上述注意事项点，视情况注册搜狐号。

（1）我是否注册搜狐号？

（2）如注册，我准备做内容分发还是当作主要平台运营？

## 8.4　其余平台特点及介绍

除了以上讲的平台之外，剩余的其他平台本身利用价值没有我们想象的那样高，但是也没有必要直接放弃。对于这一部分平台，我们只能说不需要耗费太多的精力在这些平台上，除非有某些特殊机遇。

以网易账号为例，我的一个学生告诉我，他获得了加入某项激励扶持计划的资格，如果持续更新文章且更新优质文章，有一定概率每个月获得四位数及以上的收益，但如果没有获得机遇的话，我们更建议：把接下来几个平台当成纯粹的分发平台即可。

### 8.4.1　网易号

相对于其他自媒体平台而言，网易号的单价不算高，流量也没那么可观，但是作为自媒体平台八大主力之一，其仍然值得我们入驻。网易号有它的活动榜单以及激励扶持，没有获得这些机遇的话，通过平台来获得高额收益难度较大，但是通过入驻网易号获得个人IP打造、影响力提升以及防止别人抄袭和剽窃我们的文章很有帮助。

注意事项一：网易认证界面可以进行原创认证和兴趣认证。具体操作：网易后台界面——点击功能——点击认证中心。在认证中心中可选择原创认证、身份认证、信息认证和机构认证等认证选项。其中原创认证和兴趣认证尽量认证好，身份认证和机构认证有条件的可以选择认证，没有条件的无须认证。

注意事项二：网易账号的原创申请通道在网易后台界面的账号信息处，点击图文原创资质以及现金奖励即可。

- 图文原创要求级别为一星及以上，图文发布大于10篇，质量分大于40，信用度无扣减记录。

- 现金奖励要求级别为一星且实名认证。

- 文章自荐功能需要内测邀请，如果通过邀请，一篇优质文章通过自荐也可以获得不少的奖金。

注意事项三：发布图文，网易号是为数不多的可选择大图模式的平台，而选择大图模式能够获得更多的展现机会。但大图模式对于尺寸有要求，建议使用尺寸为1025×562的图片，不低于750×375。图片的最小尺寸也要有336×252。如果图片达不到标准，可以使用美图秀秀修改图片尺寸。

本节作业

按要求逐一查看上述注意事项点，视情况考虑注册网易号。

（1）我是否了解网易号？

（2）如注册，我准备做内容分发还是当作主要平台运营？

### 8.4.2　一点号

一点号文章单价基本在每1万阅读量10元左右，这个单价属于自媒体平台中上水平，但一点号图文收益相对较难开通。如果在条件允许前提下，开通点金计划（也就是图文收益）且能够保证文章阅读量在10万左右，单日收益也能突破100元，是一个比较不错的兼职分发平台。一点号在运营过程中有以下注意事项。

注意事项一：一点账号昵称修改要慎重，千万不要以"某某老师"称呼，除非你真的是老师或者有教师资格证，如果没有的话不要自称为老师。如因修改名称被限制，第一时间找客服解除限制即可。

注意事项二：一点账号的点金计划是所有功能中重中之重的功能，如果该功能无法开通，则意味着发布内容没有任何收益。点金计划的开通要求我们等级达到15级，同时满足以下条件：

- 已开通原创功能账号。

- 入驻满30天。

- 资料完整，90天内无违规记录。

- 近30天无点金计划驳回申请。

- 信用分100分。

- 30天内手动发文数量达到10篇。

- 原创度达到80%以上。

满足以上条件申请一点账号点金计划后，在10个工作日内会有专业的运营人员帮助我们审核内容。如果符合要求，会给予收益权限。而现阶段对于部分优质创作者无须等15级就可以直接由后台发送邀请，通过点金计划。

注意事项三：一点账号的圈子功能已经暂停申请，而一点平台给予的答复是因为圈子功能升级导致的暂停申请。如果真的有圈子诉求，建议第一时间咨询一点客服，查看有无申请可能（难度很大）。

注意事项四：无论是一点账号的身份认证还是兴趣认证，都有粉丝要求。其中兴趣认证要求粉丝数大于等于500，身份认证要求粉丝数大于等于1000。

注意事项五：一点账号有一点激励卡，建议在文章推荐量较高时使用，注意不要过期（优质账号才有）。

注意事项六：一点账号的内容修改有时间限制，必须在24小时以内进行修改，一旦超过24小时则无权限修改。如果一篇文章的错误较多，且没有第一时间发现，点击该篇文章右侧更多——下拉框删除按键，直接删除文章即可。

注意事项七：查看一点账号等级，在一点账号的后台首页——点击账号——点击账号等级。既可以查看一点账号的等级权限，也可以查看积分数据和详细的计算方式。

**本节作业**

按要求逐一查看上述注意事项点，视情况考虑注册一点号。

（1）我是否了解一点号？

（2）如注册，我准备做内容分发还是当作主要平台运营？

### 8.4.3　微博号

微博账号想要开通创作者平台，粉丝数需要达到1万以上才可以申请，开通创作者身份后，有更多的涨粉机会、曝光途径，同时还可以获得官方推荐。

关于微博账号我们不多讲，事实上通过微博账号来获取个人变现的大有人在，但很难通过图文变现。更多的是承接商单，和我们本书的关联性不紧密。即便如此，还是非常有必要给大家简单介绍一下该平台，尤其是从内容分发角度来看。

注意事项一：微博号更适合内容分发，把自己在其他平台上发布的微头条、动态等字数相对较简短，且以故事为主体的文章或者动态发表在微博账号上，以此来吸引更多人关注自己。

注意事项二：微博对于图文创作者来说，更多的是灵感采集地。毕竟微博聚集了大量明星，可以从这些明星动态中获取更多娱乐领域、影视领域的创作灵感。

注意事项三：微博可以不进行内容创作，但是建议大家进行账号注册，包括咱们之前讲过的微博热榜、本地热榜以及娱乐热榜等各种榜单，对于图文创作者而言，起到的助力极大。

按要求逐一查看上述注意事项点，视情况考虑注册微博号。

（1）我是否了解微博号？

（2）如注册，我准备做内容分发还是当作主要平台运营？

### 8.4.4　小红书号

小红书号是最容易被图文创作者忽视的，然而该平台在商业变现上不次于公众号，在红利上不次于百家号，且没有形成商业闭环，更有利于个人创作。

此外，小红书的商业变现绝不仅是视频变现，图文变现也是可行的。我的一个学生小红书粉丝数在8000左右，一篇小短文300~500字之间，用作商业宣传就可以获得最低300元的报价，当月最少能接10~20条类似商单。当然，在未来一段时间里，会有越来越多的人入驻，内卷也会越来越厉害，所以一定要趁早布局。

注意事项一：千万不要购买粉丝。小红书在粉丝达到500的时候，可以购买薯条对发布内容进行推荐，且有更多权益可以开通。但是要注意：千万不要购买虚假粉丝，目前小红书粉丝检测系统极为完善，如果购买粉丝有大概率被判定为异常数据。且绝大多数平台购买粉丝都需要花费不少资金，花了钱，却因账号异常被封号是得不偿失的。

注意事项二：小红书准许商业化，但是不能随意商业化，绝对不能恶意营销。一旦触及恶意营销，也会被平台限制推荐。

注意事项三：小红书目前更倾向于以内部群聊的形式交友、聊天、商业变现。说得再直白一些，对外引流基本不太可能。为了避免被限流，尽量不要在小红书上过多引流或添加个人联系方式，如果在评论区添加自己的微信联系方式或者QQ联系方式，有一定概率被禁言甚至拉入黑名单。

注意事项四：小红书发布图文内容，必须在手机APP中发布，不能在电脑端发布。

注意事项五：小红书粉丝达到500及以上，一定要第一时间申请视频号成长计划。

注意事项六：小红书发展渠道更倾向于干货体，初期多发布一些干货资料、干货内容，无论是以图文还是视频形式都有可能涨粉。且在未来可预期的范围内，小红书的商业变现前景不输任何一家平台。

按要求逐一查看上述注意事项点，视情况考虑注册小红书号。

（1）我是否了解小红书号？

（2）如注册，我准备做内容分发还是当作主要平台运营？

## 第 9 章

# 今日头条篇：
# 四种主流写作变现模式

在我2019年第一次做自媒体写作导师时，我总结归纳了今日头条变现的42种方式。2020年进行更新迭代，把42种方式浓缩成20种，而现在我们要从20种变现方式中再迭代出4种，现在，甚至未来5年内不会过时的、真正能够让创作者获得较大收益的图文变现方式。

## 9.1 爆款图文变现

爆款图文需要分两部分来讲：文章与问答，这两部分目前都处在红利期。

### 9.1.1 打造头条爆款图文的五大技巧

文章和问答打开界面：

- 电脑端打开界面：打开电脑端今日头条网页版——创作平台——点击发文章或者写问答。
- 手机端打开界面：打开手机端今日头条APP——点击右上角发布——点击发文章或者写问答。

打造爆款图文的五大技巧中，前三种技巧是打造爆款文章的技巧，后两种技巧是打造爆款问答的技巧。

技巧一：发布文章时，一个主标题和五个子标题须同时编辑且必须满足第3章吸引阅读的最优方法的全部要求。在今日头条下方——标题设置——多标题选项中，我们点击示例，内容如下所示：

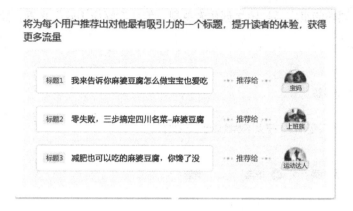

多标题的主要目的是什么？不言而喻，是为了推送给不同人群，也就是采用不同关键词推送给不同阅读群体，以此来获得多份阅读收益。

技巧二：发布文章前插入文章链接，并在插入文章前写上如下句子：

"往期优秀文章，希望能给您带来知识和快乐，请点击下方链接阅读。"

这样一句话承上启下，同时引导读者选读我们精心推荐的文章，只要有一篇文章爆款，且该篇文章插入其他文章链接，则其他文章有一定概率被读者点击阅读，于是推动其他文章的阅读量。要注意，选择文章时需搜索关键词（往期写的文章主标题的关键词），一般选择文章不要超过5篇。

技巧三：文章发布界面最下方或者最上方添加投票，投票内容必须和文章相关联。比如：

文章选题是"子女不孝顺父母，最终受到谴责"。投票标题就可以写：子女不孝顺父母，怎么办？在选项内容中可以添加多选项，最多添加8个选项。我们可以这样填写：选项一，找社区出面解决，进行协商；选项二，家丑不可外扬，自己和孩子沟通。

添加投票功能很容易被图文创作者忽视，但从实际应用效果来看，简直就是增加阅读量的利器。

添加投票　　　　　　　　　　　　　　　　　　　　　　　×

| | |
|---|---|
| *投票标题 | 子女不孝顺父母，怎么办？　　　　　　　　12/30 |

*投票种类　　●单选　　○多选

*投票时长 ⑦　　1　　∨　天　　0　　∨　小时

*选项内容　　最多可添加 8 个选项

找社区出面调解　　　　　　　　　7/15　　🗑

家丑不可外扬　　　　　　　　　　6/15　　🗑

＋添加选项

　　　　　　　　　　　　　　　取消　　　确定

技巧四：写问答前有选题环节，不太建议在电脑端选择问题，具体选题流程如下：

打开手机APP，在手机端今日头条首页推荐栏目中从上往下滑动，直至出现问答为止，然后点击该条问答，停留3~5秒后退出，刷新头条界面，再重复上述操作。这样可以增加系统对该手机的头条界面问答推荐数量，之后可挑选近一个月内有人回答且点赞量超过10个、评论量大于5个的问题进行回答。（初次打开今日头条，首页推荐一般以文章和微头条为主，找到第一条问答预估耗时5min左右，按上述操作刷新点击，可以让系统推荐更多的问答，供我们选择。）

技巧五：写问答与写文章不同，写文章首要关注封面配图、文章标题，我们在第3章、第5章、第6章详细讲过，不做过多赘述。而写问答的重点在文章开头的50~100字具备反转性、有吸引力、能勾起读者的阅读趣味。前50~100字节奏把握好，有一定爆款概率。

**本节作业**

完成任一篇文章或者问答，并运用上述技巧来提高爆款概率。

（1）我准备完成的文章选题/问答选题是什么？

（2）该篇图文我应用的技巧有哪些？

（3）做最终数据分析。

### 9.1.2　头条爆款图文推荐机制

在了解头条爆款图文的推荐机制前，我先带大家找一个界面。今日头条后台主页——点击管理——作品管理——作品管理处——文章——查看数据。

在查看数据中有如下关键指数，分别是：展现量、阅读量、粉丝展现量、粉丝阅读量、点击率、平均阅读完成率、平均阅读时长、粉丝变化率、阅读转粉率、多标题分析、消费分析、收益分析、用户画像。

同理，我们点击问答出现的界面和文章出现的界面相差不多，不再赘述。问答和文章咱们一起来讲：上面讲到的指标一共有13个，原则上来说这13个指标都会影响到图文的推荐机制，但是其中的逻辑关系以及孰轻孰重我们要搞清楚。

- 优先判断展现量和阅读量。展现量和阅读量如果是10∶1或者小于10∶1，有一定概率持续推荐，除非文章内容出现问题或者其他几个关键指数出现问题。

- 点击率指数是阅读量与展现量的比值。如果点击率超过10%，对影响爆款图文推荐起主要且主动作用。

- 点击率明显大于等于10%，但推荐突然中断，需判断第二指标：平均阅读完成率。平均阅读完成率低于50%，相对较低质，部分文章高于50%才勉强超过10%的同类作品，所以跳出率成为影响图文推荐的另一重要指标。关于怎样减少跳出率，参考第2章素材篇：让文章有内容可写。

- 当点击率和平均阅读完成率中规中矩，没有出现较大差池时，平均阅读时长又成了推荐与否的重要指标。一般来说，平均阅读时长在两分钟及以上。

- 较为优秀，部分优质图文创作者甚至能保证平均阅读时长在三分钟甚至五分钟以上。

- 粉丝变化率是第四个重要指标，一篇文章写完与读者的价值观念相冲突，导致部分粉丝阅读后直接取消关注，阅读转粉率为负数，涨粉数据远低于掉粉数据，将极大影响一篇文章的推荐。但反过来讲，涨粉率较高，粉丝互动也较可观，则更能激发平台对该篇文章的推荐。

除了以上几点专属头条推荐机制外，还有其他几点与各大自媒体平台通用，之前也讲过多次了，在此简单提一句：文章标题是否具备吸引力、封面配图是否具备吸引力且不违规、开头故事是否具备吸引力、能否引发读者共鸣、文章结尾是否有钩子、是否能引导读者评论等关键因素都会影响到文章推荐。

今日头条的推荐机制为多批次推荐，第一波推荐可以称为冷启动推荐，通过此次推荐来判断以上关键数据，比如涨粉率、阅读时长、阅读完成率等数据是否达标。如果达标将会启动第二波推荐、第三波推荐，如果不达标，可能第一波推荐结束后就终止推荐。这也是同样写文章，别人能够达到几十万、几百万阅读量，而自己却只有几十个、几百个阅读量的主要原因。

**本节作业**

熟悉头条推荐机制，在电脑端后台界面找到指标分析图，并任选一篇文章做分析。

（1）我是否找到了指标分析图？

（2）准备一篇用来分析的文章。

（3）这篇文章的展现量和阅读量各是多少？

（4）写出数据分析结果。

（可以将文章写在纸上，贴在本节的位置，以便复盘查看）

### 9.1.3 头条爆款图文收益关联因素

一篇优质的爆款图文收益关联因素只有两点：阅读单价和阅读量。计算方式也非常简单，单篇文章总收益等于阅读量乘以阅读单价。而阅读单价目前有两种计算方式，老作者倾向于万阅读量单价，年轻作者更倾向于千阅读量单价。为方便计算，我们统一按万阅读量单价来进行数据分析。

如果我们把计算方式列成一组方程式的话，就更一目了然了。图文收益=单篇文章阅读量÷1万×阅读单价，其中的变量因素只有两个，一个是文章阅读量，另一个是文章单价。

而文章阅读量在我们上一小节中给大家讲过了，当我们把点击率、平均阅读时长、粉丝转换率、跳出率和其他关键指标做到及格甚至优秀，阅读量是有保证的，那接下来就是文章单价问题。

如何有效提升文章单价，成为提高单篇文章收益甚至个人兼职写作副业收益的关键因子。但遗憾的是，各大平台对于文章单价的表述相当含糊，没有公式可借鉴。不过平台这样做也可以理解，毕竟作者的写作质量是浮动变化的，文章单价同样也是浮动变化的，但以我六年的写作经验来看，以下四个关键因子会影响到图文单价。

- 阅读时长。同一篇文章，平均阅读时长如果两分钟以上，阅读单价相对较高，一般能保证万阅读量30~50元不等。但是切记，千万不要追寻极端的阅读时长。阅读时长想要提升很简单，通过优秀图文写作方法同时提高文章字数就可以实现。可是一篇文章如果字数超过5000字，是得不偿失的，不但会浪费太多时间精力，而且一旦达不到预期效果，极有可能形成劝退局。
- 粉丝阅读量。粉丝阅读量在一定程度上会影响文章收益，之前我们讲过文章收益要拆分来看，其中一部分是粉丝收益，但是这一部分收益普通作者很难接触，尤其是粉丝基数低于1万的账号。但不要急，账号需要养，等后期账号能够达到1万基数，甚至比1万粉丝还要多的时候，粉丝收益的优势就更明显了。
- 更文质量。更文质量的好与坏由系统和人工共同判定，如果某一日文章单价提升了，极有可能是人工判定为账号优质。我们只需持续更新文章内容，且在保证文章质量的前提下追求数量，迟早有单价提升的时候。
- 更文的数量和时间。以问答为例，单价是需要养的，连续更新问答，每天更新一条，持续两周左右，单价会有显著幅度提升，前提是自己的更文质量没有问题。所以对于图文创作者，尤其是新入局的自媒体图文创作者而言，一定要努力更新文章，通过文章更新的数量和质量来提升文章单价。

**本节作业**

条件允许的前提下，持续更新一段时间图文，来判断账号的图文单价是否有所提升。

（1）我是否愿意持续更文一段时间？

（2）更文一段时间后再来判断单价是否有提升。

## 9.2　征文活动变现

今日头条的征文活动现阶段虽然竞争较激烈，但并不意味着很难获得活动奖项，掌握征文活动参与技巧，再配合前面几章的写作教学内容还是有很大概率获得征文活动奖励的。且参与头条的征文活动，远不止现金奖励那么简单，还会有其他福利。（比如加油包和签约机会）

### 9.2.1　头条征文活动入口及参与规则解析

头条征文活动的参与规则一共有两种：

• 今日头条网页版——点击个人头像——进入创作平台——点击成长指南——进入创作灵感——点击创作活动——选择需要参加的垂类以及活动即可。

• 今日头条手机版——打开手机端今日头条APP——点击右下角我的——点击创作首页——点击发布——点击创作活动——选择需要参加的活动。

参与规则解析：在我们找到征文活动入口后，如果想要参加该征文活动，直接点击进入，并且发布对应要求的内容体裁即可，比如微头条、文章、问答提问、视频等。

但是在参与任意一个征文活动之前，一定要关注以下几点事项：活动时间、内容要求、奖项设置、参与方式、评选规则和作品管理权限。

1.活动时间。大部分征文活动的活动时间为一个月，也有极少数半个月短期活动或者3~4个月的中长期征文活动。在参与征文活动时，如果只是为期一个月的某个领域单独举办的征文活动，要注意该活动只剩下2~3天马上结束时，不太建议花费大量时间参与，因为此时征文活动的池子已经满了，而我们再次参与进去所占据的优势不大。

2.内容要求。部分征文活动会对内容方向明确限制，必须按其要求的方向进行创作，否则为无效参与。我们以"我的搞笑生活"为例，其创作的内容可以是四个方向，分别为：萌宠搞笑瞬间、旅行趣闻趣事、美食制作囧事和情侣幽默日常。如果不满足其内容要求，则无权参与最终评奖。

3.奖项设置。奖项设置决定了我们是否参加该类活动。有些活动相对比较抠门，要么是主办方抠门，要么是受众较小的领域发起的非主要活动，奖金可能连500元都不到，参与人数却达到了上万人。对于这类活动我们不是特别建议参加，浪费时间精力不说，因其竞争机制较为激烈，未必能够取得好成绩，而绝大多数的图文、视频等活动奖项基本能保证排名第一有1000~5000元的现金奖励。

同时也要注意获奖人数，有些活动只给予三个奖励名额，分别为一、二、三等奖各一名，这种情况获奖概率比较小，在参加之前要慎重一些。而有些活动，比如"知识创作人第7季"，单纯图文和微头条的奖励人数就达到了20人，且给予的奖励包括但不限于现金和加油包。类似这样的活动，我们更建议大家参与。

4.参与方式。要注意，有些征文活动明确要求必须通过图文的形式参与，或者必须通过微头条的形式参与，再或者必须通过中视频的形式参与，按照其要求参与的方式进行参与，才有资格获奖。当然绝大多数活动都可以图文、微头条、中视频三方向同时参与，相对来讲，创作难度降低了不少。但是在具体参与征文活动时，一定要注意其参与方式。

5.评选规则。其决定我们能否获奖，或者应该怎样努力才能获奖。当下阶段的评选规则姑且可以分成三种情况：

情况一，按照综合质量考虑综合指标，进行全面评价。

情况二，考虑单篇文章的阅读数量，阅读数量较高且内容质量较优者，有大概率获得奖项。

情况三，更文数量最多且更文质量较优，有一定概率获奖。

在我们参与征文活动时，要仔细研究评选规则，且依据评选规则来确定自己应该朝着更文数量、更文阅读量还是综合指标方向努力。

6.作品管理权限。这项指标是新出现的指标，部分征文活动没有该条件约束，但有些征文活动则必须遵守这项指标。其作品管理权限有明确约定方式：

获奖者上传参与本次活动的作品未经主办方同意不得删除下架，否则有一定
概率被追责。

**本节作业**

参与头条任一征文活动，在此之前一定要熟悉六个注意事项且做好标记。

（1）我准备参加哪项征文活动？

（2）该征文活动要求事项有哪些？

（3）写一篇征文。

（可以将文章写在纸上，贴在本节的位置，以便复盘查看）

### 9.2.2　头条征文活动参与必要性分析

我们为什么把征文活动放在图文变现的第二板块，因为它除了能为我们带来流量收益之外，更重要的是可以带来其他附加价值。整体来看，参加征文活动带来的好处有如下几点：

- 有一定概率被平台签约。头条公布的某些具备签约条件的竞选赛道，比如新写作大赛等专项赛制，参与此类征文活动有一定概率被平台签约。
- 丰厚的现金奖励。以"知识创作人第7季"活动为例，图文和微头条的一等奖直接给予1000元现金。以"知识辞海计划"为例，前10位可以瓜分1万元奖金，也就是每人1000元。而50位潜力作者也可以瓜分1万元奖金，每人200元。
- 加油包奖励。在此之前，先详细讲解一下加油包的使用机制，加油包类似于外部推荐，可以帮助我们把文章加热，让这篇文章被更多的人看到，而部分征文活动可以直接给我们加油包奖励。比如"三农高质量创作大赛"任意选题作品播放或者阅读量大于等于10万，就可以奖励加油包1万。
- 对接官方。垂直创作于某一领域且经常参加该领域的征文活动，并且能够拿到一定的成绩，会有一定概率吸引到官方，从而被拉到专属官方社群中，可以享受官方社群组织的各种活动。
- 特殊活动的特殊福利。以"寻找家乡好心人"为例，该活动的一等奖奖金为5000元，二等奖、三等奖奖金分别为1000元和300元。当然这项活动主要作用是为了让我们去写家乡的好心人，经过头条项目组核实一旦确定该好心人的好人好事，会有一定概率由项目组找到当事人，并且为其送上荣誉证书和定制礼品。

通过上述分析我们可以发现，参加头条的征文活动可以获得奖金，可以获得称号，可以获得证书，也可以获得加油包，更重要的是有一定概率被官方对接以及被平台签约。

**本节作业**

本节作业为预留作业，希望大家都有做的那一天。

（1）我参加的哪个征文活动中奖了？

（2）奖金及福利是什么？

（3）我有没有进入官方社群（垂直领域)?

## 9.3 图文类专栏变现

我之前的合伙人某一份专栏卖出了2000+的高销量，专栏单价在199元上下波动，大家可以计算下，一份专栏究竟能带来多么高的收益。只不过专栏具有高利润不假，可同时也具有高风险，并不是随便写出来的东西都有市场前景，且需要一定的营销套路。

### 9.3.1 头条专栏参与机会及注意事项

头条专栏触及今日头条知识付费板块，一些真正的创作领域奇才或者有专属知识、能够给予他人答疑解惑的创作者，一个月赚10万~50万，问题不大，但是头条专栏有相应的硬性条件，我们必须遵守。

- 有足够的知识面，能够为对方答疑解惑。
- 有充分的利他性表现，能够明确告诉购买者购买后能够获得什么。
- 有一定的粉丝基数，最好能账号加V，让读者信服。
- 价格营销方面做好铺垫（梯度涨价），让读者能接受。

头条专栏的申请条件：打开今日头条——后台界面——点击成长指南——点击创作权益——在万分权益中找到付费专栏——点击申请。

但是付费专栏的申请需要满足以下五个条件：

- 有头条账号，且已经完成了身份校验。
- 财经、健康类账号需要满足资质调研。
- 账号无严重违规扣分行为。
- 至少有一个体裁的发文数大于等于5篇，且经过人工审核判定为优质内容。
- 粉丝数大于1万才可以申请。

想要开通专栏，有两点很容易被忽视的注意事项，需特别注意：

- 如果在粉丝数达到1万之前，账号因抄袭等重大失误原因导致平台直接扣分，那这个账号基本不能开通专栏功能。如果想要开通，建议注册一个新账号重新开始。
- 账号粉丝数必须达到1万才有申请资格，如果达不到1万没有申请专栏的权限和资格。除非有某些特殊活动，满足要求被后台邀请开通。

 **本节作业**

打开电脑端今日头条后台，找到专栏申请界面，详细查看专栏申请规则，为将来粉丝过万后做准备。

### 9.3.2　头条专栏变现模式

付费专栏最主要的变现模式：出售数量×专栏定价的个人净利润。在这一套公式中，无论是专栏出售数量还是专栏定价的个人净利润，都有可操控空间，我们需要有一定的营销技巧才能保证将专栏卖出去。

具体技巧如下所示：

第一步，创建限时优惠券，吸引第一批用户购买。一个专栏刚创建出来，读者很难被吸引，很难去购买，他们在购买之前最先看的是专栏购买评价，类似于我们买衣服时，更愿意看评论区的用户评价一样。评价的多与少、好与坏在一定程度上会引导读者。

因为专栏是刚上架的，还不具备知名度，所以购买专栏人数少、评论少导致再次引导读者购买的数量更少。因此最开始适当地降低价格，让读者觉得性价比高，购买实惠，做好初始数据比做好知识输出更重要（这句话要牢记）。

第二步，专栏以干货为主，不要在专栏中添加过多口语化的内容，也不要添加花哨的PPT或者特效，完全没有必要。我们只需要干脆利落地解决读者的痛点问题，在第一时间为读者答疑解惑即可。当然，字幕和清晰的画面布局也是极为必要的，除此之外的其他花哨内容通通不要。我们始终牢记这一点，专栏必须且绝对以干货为主导。

第三步，专栏价格可调且必须随出售数量而做变动。

- 专栏自然流量购买数量少于10单时，单价在10元以内，最好是9.9元。
- 专栏自然流量购买数量少于100单时，单价在29.9元以内，以29.9元最佳。
- 专栏自然流量购买数量大于100单时，需根据专栏的精品程度、个人的IP考量来调节专栏的价格。可以调节为99元、199元、399元、599元。但是不建议超过599元，除非我们本身自带IP或者自带流量，否则价格越高购买量越低，要考虑普通读者群体的接受程度。

当我们把专栏价格进行梯度变化同时对专栏内容深挖干货，一套完整且清晰的变现模式就涌现出来了。一套专栏如果能够保证净利润在5000元及以上，那么这套专栏就是成功的，它的成功模型是可复制的。如果单套专栏的价格远低于5000元，我们必须自查原因且需要再做考量，决定是否还要继续去写专栏。

耗费大量精力，最终却只有1000~2000元甚至远低于1000元的收益是极不合适的，与其如此，倒不如把写专栏的精力拿出来去写优质图文。

**本节作业**

本节作业为预留作业，希望大家都有做的那一天。

（1）我写的某个专栏变现金额是多少？

（2）在写专栏时，我认为有哪些方面可以做得更好？

（3）我有没有某单一专栏收益破2000元？

### 9.3.3　头条专栏IP打造及引流

专栏内容涉及IP打造，IP打造是非常庞杂的概念，单凭三言两语很难给大家解释清楚，我们不妨先简单了解下（在本书的最后一章我会重点讲IP打造）：

所谓的IP打造，重点打造的是主体人物，把"你"的身价抬上去，同时只要提到"你"就具备品牌效应。这个"你"可以是任何东西，不单指人。比如我们一买空调就想起了格力，一吃辣椒酱就想起了老干妈。格力和老干妈就是IP，而通过专栏的形式我们尽可能打造在某行业中的IP。

任何一个IP打造都必须和知识付费紧密关联在一起，如果没有知识付费，那么就无法实现IP打造。头条专栏给予了知识付费的权限，同时我们也可以凭借该知识付费来扩大群体。不妨想象一下，如果自己出售的某个专栏，比如如何装修、如何经营一家公司、如何提升自己的情商，该类别的内容购买量超过一万、两万甚至十万，那么以此为基础获得的个人收益就可以归类为IP变现。

同时头条专栏给予一定引流权限，大家知道任何一个自媒体平台对于引流都颇为忌讳，这其中以小红书较为严重，其他平台虽不太鼓励引流，但偶尔交流问题不大。

可头条专栏给我们专门列出一个表单，在这个表单中，我们可以适当引流。打开今日头条后台界面——点击进阶操作——点击付费专栏——打开创作的专栏——在专栏列表中点击成员管理，再之后我们会看到这个界面：

付费专栏 / 21种写作变现方式，打造第二副业 (1/21) ⑦

章节列表　　　精华列表 ⑦　　　**成员管理**

用户信息　　　　　　　　　　　　　　　　　购买时间

这个界面的下面是有用户的，为了保护用户隐私，我没有往下截取图片，而在用户的右侧有私信功能。要明白，但凡购买我们专栏的用户都具备一定的付费意识，这相当于平台帮我们做了遴选，同时我们在平台遴选的基础之上私信对应购买专栏的用户，很容易把它们转化到私域中。但是要注意：转化要克制，不要太明目张胆，也不要在评论区直接留言自己的联系方式，最好以私信的方式进行沟通。

**本节作业**

本节作业为预留作业，希望大家都有做的那一天。

（1）我写的某个专栏购买人数是多少？

（2）在该专栏中，转化到私域的人数有多少？

（3）转化到私域的群体给我带来的额外变现收益是多少？

## 9.4　图文类带货变现

头条图文带货和图文专栏均属于高回报的商业变现创作模式，但是带货又与专栏不同，专栏是把知识出售给别人，而带货是从淘宝、京东等平台将货物介绍给读者，并引导读者购买。

### 9.4.1　头条图文带货的三种不同体裁

图文类带货变现一共有三种不同体裁，我们重点讲解三种不同体裁对应的五种不同带货方式，分别在手机端和电脑端。

在此先重点讲一下头条的带货功能，首先必须要1万粉丝以上才可以带货，但是大家不要因为需要有1万粉丝就放弃了图文带货念想。通过图文带货，我之前的一位学生两天赚了3万块钱，这是个人商业变现的最大机会，即便我们现在的粉丝达不到1万，也要尽可能学习本小节的内容，在将来粉丝达到1万的时候，尝试图文带货。

图文带货的权限申请：在头条后台界面点击成长指南——点击创作权益——在万粉权益中点击商品卡——点击开通。图文带货流程如下。

- 电脑端文章带货：在文章发布界面点击上方标识符右侧第二个添加更多卡片——点击商品推广——点击精选联盟或淘宝商品——选中自己所需要带的货并插入即可，一般将带货内容放在文章结尾处。

- 电脑端微头条带货：点击今日头条后台页面——点击微头条——在下方功能符号中点击添加更多——点击商品推广。其余流程与文章带货流程相似，不再赘述。

- 电脑端问答带货功能权限没有开通，建议通过手机端带货。

- 手机端文章带货：点击右上角发布——点击文章下方标识符——点击购物车——点击商品——添加商品。

- 手机端微头条带货：点击右上角发布——点击发布微头条——点击下方标识符——点击商品——添加商品。

- 手机端问答带货：点击右上角发布——点击问答——选中自己所需要回答的问题——点击去回答——点击上方标识符——添加商品。

**本节作业**

本节作业为预留作业，希望大家都有做的那一天。

（1）粉丝数超过1万后，申请带货权限。

（2）点击头条后台发布内容，并找到带货按钮。

（3）尝试一次头条端图文带货，并做好数据总结。

### 9.4.2　头条图文带货的五大注意事项

今日头条带货收益虽然多，但是有一些忌讳千万不要犯，否则极有可能被平台收回商品卡权限，且不再发放，我的一些学生在早期图文带货的过程中抢占了第一波红利，但是不乏一些优质创作者为了贪图一时收益犯了错误，最终导致带货权限彻底封禁，得不偿失。

- 带货时不要自作聪明地在卡片简介处添加"正版"两字，尤其是图书带货。一旦出现问题，这两个字就有可能给我们带来麻烦。同时我们也要对得起读者，在带货前一定要仔细挑选正品优质货物。

- 当日带货上限最多为两篇，不论任何题材最多两篇，且更建议带货频率为一天一次或者隔天一次，不要每篇内容都带货。（一天发布十篇甚至更多带货内容从平台角度是允许的，但从读者角度极不建议！）

- 头条带货更建议微头条带货，相对于图文和问答更容易起量，且只要保证前54个字具备阅读趣味性和吸引力，就有一定概率成为爆款，带货效益最佳。

- 不要频繁带同一类目内容，比如我带一本书，连着一周每天都发一条微头条，尽管内容不同，但带的书籍是一样的，就会被平台监测出来，有一定风险。

- 不要抄袭、复制别人的微头条。带货的水很深，但正因为水深，盯着的人更多。如果你借鉴他人的观点、想法且借鉴过多极有可能被别人投诉举报，带来的恶劣影响极大，很有可能会被自媒体平台的图文创作者们群起而攻之，同时会给在社区内的优质创作者以及对应领域的老师留下坏影响，不利于长远发展。

**本节作业**

熟练掌握头条带货的五大注意事项，并为接下来的百家带货做好准备。

（注：头条带货规则对百家平台通用，且百家平台带货粉丝数只需达到100即可申请权限）

### 9.4.3　头条图文带货的收益分析

我原本想给大家展示一下头条带货的利润，但这样做的话就犯了行业忌讳了，因为这些带货利润图文创作者们可以知道，但告诉读者就略显不负责任。

所以如果大家想知道图文带货时每卖出某单一品类，利润占百分之多少的话，更建议大家粉丝数达到1万后自行尝试。但是我可以给大家说一个预估数据，这是之前我的团队研究出来的，不是专业数据，所以也不具备绝对准确性。（专业数据大家都没有，只能依托经验而谈，大家见谅）

一篇微头条带货如果能保证1万阅读量，同时有近100点赞，最少能卖出20单，按照总单价100元、单份净利润50元来计算，这篇微头条带来的收益是20×50=1000元。

而之前我的那位学生两天创造3万元的带货利润，是踩中了一个大爆款，近百万的阅读量带来的收益可遇而不可求，如果我们进行图文带货，单篇能够带来100~2000元的收益就极为可观了。

图文带货作为商业化的最佳表现方式，我建议大家都去尝试一下。不止有头条带货，包括但不限于企鹅号、大鱼号、百家号等各种平台都具备带货功能。所以这一部分能力我们一定要学习，极利于我们将来的商业变现和IP打造。

**本节作业**

本节作业为预留作业，希望大家都有做的那一天。

注册百家号、企鹅号、大鱼号和头条号，后台查看准许带货门槛，并比较各平台带货时的规则和要求。

## 第 10 章

# 百家号篇：
# 三种主流写作变现模式

近两年百家号风头正盛，让很多自媒体人得以分到一杯羹。但深挖市场，分不到这杯羹的大有人在。其主要原因在于：没有研究透百家平台的规则，尤其是基础运营规则。不夸张地讲，熟悉百家号变现规则，月入过万并非很难。

现阶段百家号流量充足且平台单价较高，尤其是优质账号的图文单价。以我的账号为例，基础单价能达到每万阅读量50元以上，搭配各种补贴能达到每万阅读量70~80元。当然，普通创作者想要达到如此高单价难度较大，但每万阅读量30元及以上还是有一定概率的，前提是持续输出优质图文。

## 10.1 百家号图文带货简要叙述

本章重点讲解百家账号的三种主流变现模式，分别是爆款图文变现、图文类专栏变现和图文类商单变现。但在具体讲解三种主流变现模式前，先简单讲一下百家号的图文带货变现。

因百家号图文带货与头条号图文带货相差不大，且存在很多重叠之处，我们对此不再赘述，只是单纯讲一下百家号带货的四大额外优势：

- 百家号图文带货门槛要求低，一百粉丝即可开通带货权限。申请途径：百家号后台主页——账号权益——我的权益——商品卡申请开通。
- 百家号商品卡一段时间不使用会自动关闭，等再次使用时点击申请即可。
- 百家号带货犯错后不会轻易扣分（等级S可保一次违规，类似于免死金牌），具备一定试错成本。我们完全可以把头条的带货课程搬到百家带货中来，通过百家带货先赚取第一桶金。

- 百家号带货可选平台较多，点击发布图文、动态添加商品，在添加商品的好物联盟界面中有淘宝、京东、拼多多、度好货四大平台供我们选择。（非征文活动指定带货平台外，带以上任一平台货物不会影响推荐数据。）

百家号带货三点注意事项：

- 百家号带货一旦因违规取消带货权益，大概率无法再次开通。我这边有几位学生粉丝数达到20万及以上且在百家平台签约，被取消后依然无法再次开通带货权益。所以千万不要恶意带货或模块化带货（第二点会讲），否则会被平台永久关闭。
- 百家号带货不准许洗稿或频繁带同一产品，一旦被平台检测出来会判定模块化带货，永久收回权限。
- 百家号带货图文必须和所带货物相关联，否则有一定概率扣分和不予推荐。

除以上注意事项外，百家带货与图文带货并无实质差距，所以我们只在本章做简要叙述，不作为重点变现方式来介绍，望大家见谅。

本节作业

为适应带货趋势，让学员具备一定商业化能力，本节课后作业比较多，希望大家能按顺序依次完成。

（1）注册百家号，通过发布图文、动态等方式达到百家带货基础门槛。

（2）申请百家带货权益，并熟练掌握带货流程。

（3）回顾上一章头条带货规则和要求，与百家带货做类比。

（4）尝试写一篇带货动态，要求字数超过800字且满足图文相关联、文与商品相关联。

（5）发布第一篇带货文，并做数据总结、内容复盘。

（可以将文章写在纸上，贴在本节的位置，以便复盘查看）

## 10.2　爆款图文变现

百家号流量收益有多么可观？先给大家看一张截图，这是我某个账号在过去六天里的单日收益数据图，每日100元保底。有些人会疑惑，100元保底也不算多呀？我可是要赚大钱的人。

那如果我告诉你，因为近一段时间工作忙，我更新很慢，这只是每天更新一篇文章所带来的收益截图呢？

| | |
|---|---|
| 2021/11/04 | 349.14 |
| 2021/11/03 | 237.49 |
| 2021/11/02 | 234.71 |
| 2021/11/01 | 166.86 |
| 2021/10/31 | 171.56 |
| 2021/10/30 | 1,156.89 |

曾有人问我：有没有这样一个平台，我只需每天写一篇文章，然后有读者群体去看，就能月入过万？有的，除公众号之外还有一个平台：百家号。头条号原则上来说也可以实现，但百家号占据的优势更大。如果只讲基础流量收益，百家号是最优选择。

### 10.2.1　百家号数据分析四大指标

在百家号后台有四个数据指标必须学会分析，关系重大，决定了一篇文章和整个账号的生死，我给大家详细介绍一下。

指标一：内容分析。点击百家号后台主页——数据——内容分析——整体数据——下拉数据列表——操作——查看详情。

按上述流程操作，在弹出界面中找到往期文章推荐总数据以及各个文章的推荐量、阅读（播放）量、评论量、点赞量。同时我们可以在新弹出的界面中，继续点击查看详情来查看单篇文章在当天的推荐数据以及推荐阅读比。

在该界面中，检索近期图文阅读推荐比大于或等于10%的文章内容并做归类，对该类内容分析、总结和归纳。不用管阅读量多少，哪怕这篇文章阅读量80，但推荐量小于800就可以做归纳。因百家平台的推荐机制和其他平台有所区分（新手起量比较慢），我们只需找到推荐阅读比为10：1或者小于10：1的文章，就可以当作优秀文章做案例分析，重点分析文章题目和封面配图。

| 20211104 | | | | | | ✕ |
|---|---|---|---|---|---|---|
| 内容标题 | 发布时间 | 推荐量 | 阅读（播放）量 | 评论量 | 点赞量 | 操作 |
| 亲戚去世后，让我… | 2021/11/04 | 13,208 | 1,353 | 5 | 2 | 查看详情 |
| 为什么有人说：主… | 2021/11/04 | 13,845 | 1,208 | 1 | 1 | 查看详情 |
| 听我的，如果你去… | 2021/11/04 | -- | 31,788 | 4 | 390 | 查看详情 |
| 办银行卡要不要开… | 2021/11/04 | 11,745 | 754 | 1 | 4 | 查看详情 |
| 向朋友借十万块钱… | 2021/11/03 | 62,073 | 6,034 | 116 | 21 | 查看详情 |

‹ **1** 2 3 4 5 … 80 ›

指标二：在上个界面中针对某单一文章继续点击查看详情，会弹出一个新界面，这个界面中可查看阅读完成率、基础分析、数据列表和阅读量来源四个关键因子。为便于大家分析，我找到一篇小爆款文章供大家做内容分析（大爆款往往具备更多不可控因子，不适用于该分析）。

1.阅读完成率。阅读完成率的评判规则：在百度APP平台界面或其他检索到的平台界面读者的阅读完成进度。如果阅读完成率在80%以上的占比在70%以上，则属于优质文章。如果达不到该占比，我们就需要反思，是文章篇幅过长还是其本身不具备吸引力？如果具体原因是后者，那么让文章具备吸引力的方法，咱们之前讲过了，此处不再赘述。

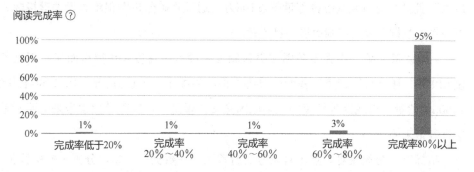

阅读完成率 ⓘ

我们之所以如此注重阅读完成率，有两方面原因。第一，阅读完成率关系到文章质量，阅读完成率越高，就越有可能被系统推荐；第二,百家账号有一个小功能"关注解锁"，阅读完成率越高，就越意味着其对应的关注解锁功能越成功（该功能目前每篇文章只有两次使用机会）。

2.基础分析。随机抽取一篇小爆款文章，对其进行基础分析（如下图所示），我们能明显发现：这篇文章发布后的10月31日~11月3日基础流量推荐较充足，其推荐量在5万~30万不等，从11月4日开始，推荐量出现大幅度明显下滑同时阅读量也出现不同程度的下跌。

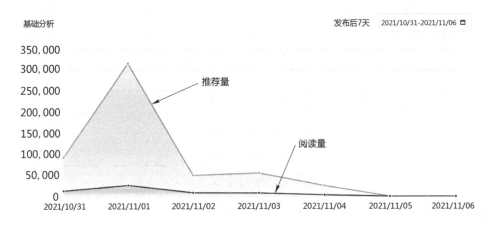

由此可得出结论：在平台发布一篇文章，这篇文章的有效推荐天数一般也就是3~5天，除非这篇文章触发其他推荐机制（包括但不限于百+/加油包，百+为百家号自媒体平台专属工具，可推荐7日内发布的符合平台要求文章，单次消耗百+币最低20，每1个百+币需花费1元钱购买。加油包可增加内容推荐量，优质账号或矩阵会获得加油包扶持，头条、百家均可用）。所以，一篇在3~5天前写完的文章，不需要耗费太多的时间精力频繁修改，也不需要持续关注，其功效不大。

3.数据列表。数据列表为2中所述基础分析图的表格版本，如果账号数据变化幅度大，且发文前两天基础推荐量超过100万，通过基础分析图很难查询关键指标和数据波动，数据列表查询则更加一目了然。

4.阅读量来源。绝大多数图文类目阅读来源是由百度APP推送而来，而除了百度APP外，还有百度搜索。我们简单讲下推荐阅读比小于1的情况，比如100推荐量、10000阅读量，出现这种情况的主要原因是阅读量是由百度引擎搜索带来的而不是百家推荐带来的。

指标三：粉丝在看。点击百家号后台首页——数据——粉丝分析——粉丝在看。如果你的粉丝基数在1万以上，"粉丝在看"内容往往是你创作的重点关照内容。

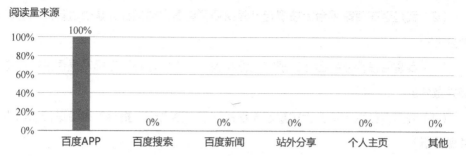

阅读量来源

但是有一点，我们点击"粉丝在看"内容时大概率情况下看到的为新闻时政类内容，可以理解，但如果在粉丝阅读排行榜前10名中，有非时政类内容，无论是娱乐内容还是当下热点，只要确定其在新闻时政内容范围以外，且根据之前所讲蹭热点的框架约束判定为可写内容时，我们就可以根据粉丝们正在看的内容来创作部分热点内容。

指标四：活力值。这个指标很多百家创作者感到陌生，主要原因是这个功能发布时间不久。活力值能给我们带来的主动权益有三，分别是：提升流量、增加收益和匹配权限。

活力值的具体打开方式：在百家后台首页——账号权益——活力值，我们可以看到自己的活力值分数以及活力值解读。点击活力值解读可看到官方对此的解读信息，我就不班门弄斧了（基本也就是上方提到的三大权益）。

而活力值界面有每日推荐和福利任务，我建议大家条件允许的前提下尽可能多地完成任务。其中包括账号管理、内容管理、粉丝互动、分享传播、多元变现在内的五个大项目，30多个小项目。我们无须保证每一个项目都完成，只需在发表文章前或者打开账号后，点击活力值，捎带脚完成一些即可。

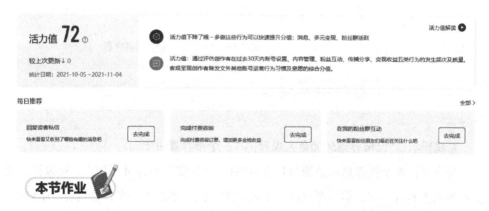

**本节作业**

打开百家号后台主页，找到四大指标，并按所讲内容点击查看，熟悉流程。

（1）我是否在百家平台上按规定流程找到了"内容分析"指标？是否进行点击查阅并做分析？

（2）我是否在百家平台上按规定流程找到了查看详情指标？是否进行点击查阅并做分析？

（3）我是否在百家平台上按规定流程找到了"粉丝在看"指标？是否进行点击查阅并做分析？

（4）我是否在百家平台上按规定流程找到了"活力值"指标？是否进行点击查阅并做分析？

### 10.2.2　打造百家爆款图文的两大技巧

技巧一：小火箭功能。在此之前大家需要准备两款软件，第一次操作难度较大。两款软件分别是百度APP和百家号APP，在百家号APP登录自己的创作者账号，百度APP也要登录自己的创作者账号。（在同一网络之下，不太建议有三个及以上的百度APP账号登录参与该活动，否则有一定概率被判为无效参与）

当我们准备好两款APP后，通过百家号APP来判断一篇文章是否发布出去，已经发布出去、阅读量大于等于5且推荐量大于等于200时，打开百度APP在搜索栏中搜索百家账号——点击进入百家号主页——找到刚才发布的那篇文章——下滑到最下方，你会看到一个小火箭功能，点击发送小火箭，你会看到如下界面变化：

系统提示："已推荐给5000余人观看，写一个推荐理由吧"。

要注意：这个推荐理由必须写！且写够150字！实在不知道写什么，可以把这篇文章的故事整合一下，但不要把故事全说出来，说一半，留一半，让读者产生好奇，对于这篇文章的推荐及阅读数据会起极大的帮扶作用。

如果我们想用多个手机给自己点击小火箭功能，不要用同一网络下的手机，同时小火箭功能仅仅是辅助作用，不要把这项功能凌驾于写文章之上，主次不要弄反。

技巧二：流量包和百+币。流量包获取途径可分为矩阵获取、优质账号奖励、平台活动参与等。今日头条流量包使用最低限额为每次5000，百家号流量包使用最低限额为每次1000，且长时间不用会失效。（注：头条参与部分活动加油包奖励不足5000时，不得使用，大概率会过期；百家号优质账号获取的加油包扶持只能单次使用，不得拆开使用，一个加油包只能使用一次，且2周内不使用会过期）

而刚才所讲的百+币投放则需要我们主动花钱购买，每购买一个百+币，就需要花费一块钱。百+币的初始投放量必须为20百+币也就是20块钱，所以如果我们非图文带货或者这篇文章没有大爆款，不能够给我们带来20元以外的额外收益的话，不要轻易投放百+币。

写一篇文章，并通过技巧一提升文章阅读量，做好数据分析。（技巧二也可以尝试，但最好用在带货文或者专栏文上，效益比会更高些）

（1）我是否在百家号上完成一篇文章?

（2）我是否使用小火箭功能，对文章进行额外推荐?

（3）点击小火箭功能后一小时内，阅读推荐等各项数据指标变现分析。

### 10.2.3　百家号爆款图文推荐机制和收益关联因素

百家账号的爆款推荐机制和之前头条账号的推荐机制大体类似，但是有以下三点需要额外补充：

1.外部推荐可能影响百家账号的推荐机制。以下面这篇文章为例，其推荐量达到了116万，理论上来说浏览量需要最少达到11万才可以继续推荐，但是浏览量在6.8万时仍在继续推荐，因为我对该篇文章投放了百+币。百+币的投放与否会影响爆款的推荐机制，但是不建议大家轻易投放。

　　🔖 116万　◎ 6.8万　💬 850　👍 132　☆ 311　↗ 6

2.部分征文活动会影响推荐机制。征文活动的参与方式：百家账号后台首页——热门任务——全部。在部分征文活动中，会有专属流量推荐和爆款推荐等福利。而爆款推荐在一定程度上也会改变百家平台的推荐机制。（百家征文活动与头条类似，不做赘述）

3.粉丝互动且积极参与投票也会影响百家账号的推荐机制，但粉丝投票机制又属于另一机制。原则上来说，当一篇文章出现爆款后，会有部分粉丝主动发起投票或由平台主动帮我们添加投票选项，并鼓励读者积极互动。这一部分不需要我们人为操控，保证一篇文章有爆款阅读数据（一般阅读量大于5万）即可。

**本节作业**

参加一次百家征文活动：

（1）按上述操作，找到百家征文活动入口。

（2）找到百家征文活动中有流量推荐、扶持的征文活动，写一篇文章。

（3）做好数据分析，查看推荐阅读比是大于10%还是小于10%。

### 10.2.4　百家账号收益关联因素

百家号与头条号收益关联因素大体相似，包括但不限于读者互动、内容质量、系统推荐、阅读完成率、点赞收藏指标等。除此之外，百家号和头条号有几处不同，我们需要做额外补充。

- 某些签约计划能改变收益单价。由于保密原则我不能直接告诉大家是什么签约计划，更不能告诉大家签约计划之后的收益提成是多少，这一点还请见谅。但只要我们能够保证质量且展现出优势面持续创作下去，就有一定概率被平台看中，甚至被平台主动签约。
- 部分征文活动的福利补贴。以"百家号双11好物节"为例，发布对应要求的图文大于两篇且获得推荐后，可以根据图文内容发布量的占比瓜分2万元奖金池。此外，还有积分奖励、京东卡奖励等。
- 粉丝收益。百家账号的粉丝阅读收益会单独计算，此外还有一些新手补贴，在此就不过多赘述了。

**本节作业**

找到百家号匠心计划签约入口，并点击进入，查看签约计划要求，条件允许积极参与。

（1）我是否找到百家号匠心计划入口?（百家号后台首页）

（2）我是否能满足匠心计划初始参与条件？

（3）我是否准备向百家号匠心计划发起冲刺？

## 10.3 图文类专栏变现

现阶段，百家号图文专栏占据的最大优势是同体裁的商业变现模式中，百家号处于不饱和阶段，且平台给予大量推荐。在某些平台上发布专栏，购买数量极少，且很少有读者会主动付费观看。但百家账号不是这样，发布的付费专栏阅读量相对较高且基本不会受到平台恶意限制，对于能够教授某些知识且具备一定口碑的创作者而言，百家号的专栏带货要比头条号的专栏带货更合适一些。

### 10.3.1 百家专栏参与机会及注意事项

百家号专栏一分为三，分别是：图文付费专栏、视频付费专栏和音频付费专栏。除非个人有独特技能、本领或有极大优势面可以展示，否则音频付费专栏建议大家放弃，并不适合大多数知识付费创作者。

而图文付费专栏和视频付费专栏是我们主攻的方向，当百家账号粉丝数达到1万以后，一定要尽可能尝试申请并创作专栏。以我个人经历来看，百家账号的专栏销售更省心省力，且更利于我们打造IP。这是一个非常宏观的概念，我们在头条专栏的时候就已经讲过了，不做过多赘述。

接下来讲一下百家号付费专栏如何申请，以及有哪些注意事项：

百家账号付费专栏的申请方式：百家账号首页——账号权益——我的权益——申请开通。前提是万粉且被邀请才有机会开通，如果大家达到万粉或者粉丝数没有达到1万，但自认为是优质账号，可以在百度APP搜索"丙润传媒"，直接私信我，如果条件允许，且百家平台给矩阵发放专栏申请绿色通道，我会尽可能帮助大家。

百家账号图文付费专栏、视频付费专栏的申请，原则上来说均需要满足五个条件。对于图文付费专栏来说，要求：

- 粉丝数大于等于1万。
- 获得图文原创标签。
- 通过红V、蓝V或黄V认证。

- 近30天发文数大于等于5。
- 平台将在符合条件的作者中邀请优质作者开通权益。

视频付费专栏申请条件有一点和图文不同，要求获得视频原创标签，而音频付费专栏则要求获得图文原创标签。

百家付费专栏开通后的注意事项：

- 无论内部邀请开通专栏还是达到资格后主动申请开通专栏，并不意味着就已经开通了百家专栏。在开通百家专栏前，我们需要填写申请表，并且由个人手写签字，通过扫描件上传，等进一步的人工审核通过后才有权限开通百家专栏。如果在一定时限内没有上传申请书，那么百家专栏的开通权限极有可能自动关闭。
- 按往期经验教训来看，一旦个人账号的原创权益被下架，那么对应的付费专栏内容极有可能无法上传。这是往期部分学员反馈过来的信息，未必真实，但为了保证专栏能顺利分发，大家创作专栏的时候，一定要保证其他输出内容的质量，千万不要盲目创作或盲目追寻热点，防止被关掉原创权限。
- 百家专栏有别于头条专栏，归类为图文专栏和视频专栏。图文专栏只能发布图文内容，视频专栏只能发布视频内容，图文专栏与视频专栏两者之间不兼容。在创作之前考虑清楚，自己究竟想创造什么体裁的专栏。

**本节作业**

1.找到百家专栏申请入口，并判断自己是否有专栏申请权限。

2.无论有无权限，对自己未来的知识付费专栏做好设想，并列出专栏大纲。

### 10.3.2 百家专栏变现模式

百家专栏的变现模式和头条专栏的变现模式整体类似，但头条可操作性难度稍大，在上一章我并没有详细讲解头条专栏变现方式。在此，我们讲一下专栏变现的几大主流模式（头条专栏变现可参考百家专栏变现，前四种专栏变现模式对自己是否有专栏无硬性要求）：

1.动态挂载专栏。百家账号后台首页——我的权益——动态挂载——申请开通。这项权益属于基础权益，连百粉权益都算不上，但动态挂载并不是随便就能开通的，需要满足其中的几个小条件，我们按照他的要求直接完成就可以，这中间没有可谈判空间，完成之后可以直接开通动态挂载功能。在开通动态挂载功能后，点击百家号发布内容界面——发布动态——下方标识栏中找到挂载专栏——我的专栏——专栏库/主编精选。如果我们有自己的专栏，强烈建议大家挂载个人专栏，通过卖个人专栏的方式获得第一笔收益。

2.图文挂载专栏。点击图文内容——添加专栏权限——添加专栏。

3.视频添加专栏。点击视频——发布视频——上传视频后添加专栏。

4.直播方式添加专栏卖货。该权限需要不间断直播一段时间，被平台认定为优质直播选手时，才有一定概率挂载专栏或者货物。

5.专栏销售。按照之前课程的讲解，我们把专栏中的题目和配图打造成优质且具备一定吸引力的文章题目与文章配图，并且适当投放百+或者加油包进行流量助推，以此达到专栏售卖的目的。

本节作业

尝试专栏变现：

（1）如果自己有创作专栏，按照上述五点进行专栏销售，赚取收益。

（2）如果自己没有创作专栏，按照上述五点中的前四点进行专栏销售，赚取收益。

### 10.3.3　专栏转单技巧

为了能够把专栏写出来且卖出去，重点讲一下专栏的规则和技巧，这一部分属于知识付费内容，如果对外咨询的话，每一小时就需要收费1799元，现在我免费把这些内容给大家拿出来，在写专栏时一定要注意以下规则和技巧：

可能大家现在用不到，等将来粉丝数达到1万或被内部邀请开通专栏时，一定要合理且妥善运用。

技巧一：发布专栏内容时，设置本章节付费，且本章节进推荐。

技巧二：摘要在200字以内且勾起读者的阅读兴趣，有一定概率会通过海报的方式展示。如果我们不填写摘要的话，则直接以文章开头的200字对外展示，我们之前也讲过专栏重点是干货，文章开头没有多大吸引力，主要是帮助读者解决问题的。所以在摘要这一块，我们要填写可读性强且能吸引读者的内容。

技巧三：设置本章节付费和本章节进推荐后，可以选取一部分内容给读者免费观看，剩下的内容为付费内容（单章节）。在免费内容与付费内容中间添加这句话。

"先关注再购买，干货满满绝对能够物超所值，购买本专栏可以解决您在某方面的疑惑，帮助您快速地成长。"

技巧四：在专栏结尾处选择插入文章链接，插入的文章链接是自己往期专栏的链接，并且在插入链接之前添加这样一句话：

"查看往期专栏优秀文章，长知识、提能力，让你获得一个崭新的自我。"

**本节作业**

本节作业为预留作业，希望大家有做的那一天。

创建专栏，并在专栏第二章节中运用专栏接单四大技巧，做好数据记录。

### 10.3.4　百家专栏IP打造及引流

百家专栏的IP打造模式和头条专栏的IP打造模式大体相同，我们重点来讲一下百家专栏的引流方式以及引流设置。

方法一：号主页配置。这是百家账号最重要的引流功能之一，也是我们IP打造必须要走的一步，其重要性一度超过了专栏本身。打开百家账号首页——实验室——号主页配置——主页配置。

在主页配置中一共有六个板块可自由配置，分别是：背景图、活动、品宣区、模块区、内容区、菜单，如果账号是企业号的话，还有联系方式。每一板块都具备配置手册，我们需要点击对应板块来查看。以背景图为例，可自主添加背景图，右侧是配置手册，其中有尺寸要求和格式要求。

主页配置准入门槛：

• 粉丝数大于等于1000。

• 满足红V、蓝V或者黄V认证。

在认证后的次日可自动开通，留意站内信通知。

我建议优先设置菜单，把专栏链接填写进去；设置背景图，以文字+图片形式做专栏介绍。但要注意，不要留任何联系方式，除非你是企业账号。

方法二：营销管理。百家号的营销管理模式和头条管理模式一样，依据购买量不同来调整梯度价格，但百家号设置优惠券或者设置付费专栏价格的方式和头条有所不同。

打开百家号后台首页——管理——内容管理——付费内容——优惠券，可以创建限时优惠券，且可用于指定关联专栏或全部专栏，可选择已关注粉丝或当前已购用户。有效时间、发放时间需个人设置，折扣力度和折扣类型也需要我们自行设置。

同时需注意，百家账号如果连续多次未按时发布专栏内容极有可能限流或不予推荐，专栏内容发布周期建议选择7日，以防止因特殊情况导致专栏发布延迟带来的流量限制。

| *优惠券类型 | ● 满减优惠券　○ 折扣券 |
| --- | --- |
| *优惠券力度 | 满　请输入　　　减　请输入 |
| *发放时间 | 请选择日期 |
| *有效期 | 开始时间　-　结束时间 |
| *发放对象 | ● 当前已关注粉丝　○ 当前已购用户<br>将发送优惠券至定向用户卡券包中，通知自动发送私信通知用户 |
| *可用专栏 | ● 全部专栏　○ 指定专栏 |

方法三：自动回复购买专栏用户并进行引流。在百家号后台主界面点击消息——消息设置——专栏购买回复。以我为例，我在专栏设置界面中添加的回复内容如下，大家可自行模仿，但要注意不要太过频繁地给购买专栏者发送联系方式或者其他数字信息，以防止被系统误判。

"感谢您的关注，更多精彩，敬请期待。如果你也对写作感兴趣，欢迎添加我的威信（注意，这不是错别字）：177******16邀请进入免费的写作交流群。"

**本节作业**

本节作业为预留作业，希望大家有做的那一天。

创建专栏，并通过上述三个方法打造IP并引流，做好数据记录。

## 10.4　图文类商单变现

接下来讲一下百家账号的图文类商单变现，头条也有对应的商单变现。头条是星图计划，百家号是度星选计划，一通百通，我们以百家为案例反推今日头条账号即可。从目前百家号的市场发展来看，其主推方向也一直没有放弃商业业务，无论是图文商单还是视频商单，都在逐步且缓慢推动过程中，所以有必要提前给大家讲一下，哪怕大家注册的百家号没有这个功能也要关注这一部分。因为在未来一段时间里，只要持续输出优质内容，就有一定概率被开通度星选。

度星选打开界面：点击百家号后台主页——实验室——度星选。在度星选界面中点击接单设置可以设置图文报价、视频报价以及短信通知业务，为方便大家理解，我们截图看一下。顺便告诉大家图文报价与视频报价的区别，以及接单的注意事项。

〈返回　　接单设置

图文报价　￥　10000

　　　　　　建议综合考虑您的历史文章阅读量，粉丝影响力设置报价

视频报价　￥　50000

　　　　　　建议综合考虑您的历史文章阅读量，粉丝影响力设置报价

自荐语　　专业矩阵接单

短信通知　☑ 默认开启　177******96

　　　　　　有新单或者订单状态变化时，将短信通知您，未开启则仅通过站内信通知您

度星选自荐语需做到以下四点：（该账号为我的矩阵接单账号，自荐语不具备借鉴价值，按照以下四点要求来）

- 简明干练。
- 突出优势。
- 以数据做依据，比如自己之前帮助某些品牌做商业推广，取得了怎样的成绩，如果没有商单数据直接忽略即可。
- 叙述与粉丝黏性相关的优势（部分甲方很在意）。

当我们做好这四点之后，有一定概率能够接商单，但是在这里做一个友情提示：因为我们初始接商单时，粉丝数量一般较少，且在业内没有打出口碑来，所以图文报价建议每篇100元，视频报价建议每篇200元，先做3~5个成功案例，再慢慢提高单价。

**本节作业**

本节作业为预留作业，希望大家都有做的那一天。

（1）开通度星选功能，并设置商单报价。

（2）按照四点要求填写合适的自荐语。

### 10.4.1　市场上常见的商单类型

在我们做商单前，有必要了解一下市场上常见的几种商单类型，整体来看有以下五种：

第一种：内容分发。这一部分商单风险最大，我们无法保证其内容的原创性，一般由商家给我们提供一篇商业软文，要求我们在规定时间内发布，同时发布单价最低，发一篇文章报价在50~300元。

商家认为我们不需任何操作，只是把这篇文章原封不动地发上去就可以获取佣金，所以单价较低。可是要注意一点，大部分商家不了解自媒体行情，也不明白自媒体写作的基本规则，无法保证内容绝对原创，因此会影响到我们的账号。

第二种：有规则且明确最多两次修改权限。这一部分商家懂市场懂行情，他们知道主要诉求是什么，也明白商单的规则，他们会给我们硬性条件，比如商业推广各种品牌展现怎样的优势，文章开头、中间、结尾有怎样的约束条件，对我们写完的文章，他们会返回两次修改意见，在两次修改意见基础上要求我们发布，并把款打到我们的账号上。

第三种：视频脚本录制。这一部分商家会给我们视频脚本，要求我们按照该视频脚本录制视频，录制完成后由商家确定是否发放。

第四种：样稿收集。无论是图文模式还是视频模式，商家给我们对应要求，我们完成之后把稿件投给商家，商家确认无误后，把稿费打到我们的账户上，且不要求我们账号发布。

第五种：个人独立创作视频投稿。相对于第三种模式而言，这种模式没有任何脚本要求，我们自己准备脚本、准备素材，录制完成后自行发放。

本节作业

尝试接一条商单，并判断商单类型。

### 10.4.2　商单风险评估

大家要注意，任何商单都有风险，且一部分风险还需由个人承担。我给大家列举两种主要商单风险，无论在头条、百家、知乎还是在其他自媒体平台上运作商单，都要注意其中的部分风险明显不可控，所以遇到该类商单要学会规避。

风险一：没有通过平台报备。大家把账号做大之后很容易接收到客户给我们发过来的私信，要求我们完成某个商单或者完成某项任务，到时候直接把款项打到我们的支付宝账户或者银行账户来。

一些人会被短暂的利益冲昏头脑，直接发布文章，可一旦被平台发现有风险或者涉及商业推广就极有可能扣分，甚至还会影响到账号的后期推荐，得不偿失。并不是所有的线下商单都要拒绝接，但是从平台的角度出发，不鼓励甚至不允许；从个人的角度出发，只能说要有一定的风控能力，大家自行理解即可。

风险二：虚假宣传。某些商家的确是通过正规平台联系到你的，无论是通过度星选还是通过星图，希望你帮忙做一款商品推广，不管是减肥药也好，还是某些兼职变现的软件也好，一部分读者信以为真，听了你的话去做了，结果上当受骗，这种情况不多但是并不能确定不会出现。类似的风险商单在不了解具体行情前千万不要做，可以少赚几千块钱，但不能把账号毁掉。

除以上两点风险外，其他情况大多数是无风险或者风险较小，在可控范围内接商单是平台准许且鼓励的行为，其目的也是为了帮助创作者变现，所以大家不用太过在意平台的观点看法，只要是通过正规渠道接商单，平台大多持鼓励态度。

尝试接商单，并判断该商单是否有风险，做出书面分析。

（可以将书面分析写在纸上，贴在本节的位置，以便复盘查看）

第 11 章

# 企鹅号篇：
# 正在崛起的写作商业变现模式

企鹅号也可以带货，大家知道吗？企鹅号带货月收益能破万，大家了解吗？

一提到带货，很多人自觉地想起头条、百家两大主流自媒体平台，但从竞争激烈与否的角度分析：企鹅号目前在带货领域拥有较大优势，且不太存在内卷。配合着企鹅号推流，带货没有我们想的那么困难。

企鹅号大家既熟悉又陌生，企鹅号通过流量变现，月收益基本能维持在2000~3000元，但这并不是最能吸引我们入驻企鹅号的原因。大多数图文创作者入驻企鹅号的主要目的是为了带货，以此来提高商业变现能力。

整体来看，企鹅号变现的主流方向有三，分别是：爆款图文变现、图文征文活动变现和图文带货变现。

## 11.1 爆款图文变现

企鹅号单价相比于百家号略逊一筹，但一篇文章写得好，也能够轻松斩获500元，通过爆款文进行流量变现在企鹅平台上是可行的。

### 11.1.1 图文流量变现前景分析

企鹅号是创作者的习惯称呼，而我们登陆企鹅号时需要检索"腾讯内容开放平台"，点击官网进行注册登录。在本章节中，我们以企鹅号代指腾讯内容开放平台。

最近一段时间工作忙再加上某些文章获得了企鹅号的征文奖励，所以收益不纯粹也不稳定，且容易给新手带来误导。先给大家看一张前几个月的图文流量收益表，这基本属于初始入驻企鹅号且通过爆款流量文获得的收益截图界面。

| 2021-07-12 | 48.08 |
| 2021-07-11 | 40.47 |
| 2021-07-10 | 72.42 |
| 2021-07-09 | 146.36 |
| 2021-07-08 | 17.35 |
| 2021-07-07 | 22.92 |
| 2021-07-06 | 44.38 |
| 2021-07-05 | 38.94 |
| 2021-07-04 | 40.18 |
| 2021-07-03 | 77.51 |

相对而言，企鹅号单日流量收益比头条、百家要低一些，每天能有50元保底收入。但这只是最基础的流量变现，也是企鹅号最不重要的变现方式，其主要变现流程、变现途径以及变现过程中的注意事项，和头条、百家有相似之处，我们不再过多赘述。单纯讲解一下企鹅号与头条、百家的区别，以及有别于以上两大平台的注意事项。

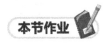
**本节作业**

注册企鹅号，并持续发文一段时间，对企鹅号流量收益做分析。

（1）我是否注册企鹅号？

（2）进行企鹅号流量收益单价分析及爆款数据分析。

### 11.1.2　企鹅号流量收益

企鹅号流量收益可以由三部分组成，分别是：基础流量收益、采买收益以及流量托管。其中企鹅号的采买收益也就是我们本章中讲的企鹅号变现第二种方式"图文征文变现"，我们按顺序看一下三种不同收益的区别。（企鹅号带货收益单独讲解）

- 基础流量收益。点击企鹅号后台——我的主页——收益分析——流量收益，在该界面可以查询累计流量收益的周计算量以及月计算量，还可以根据不同日期来查看过去一段时间企鹅账号的流量收益趋势。
- 采买收益。采买收益指的是内容采买、平台活动等在结算周期内根据具体项目不同而确定的最终每月可提现金额，以结算中心——提现余额为准。比如我们参加某征文活动并且该类活动获奖后平台规定在一个月的周期范围内给予结算（一般是一个自然月，30天），等到结算周期结束后，采买收益自动进入账户。

- 流量托管。点击流量托管可以查询过去几个月看点流量托管项目收益，该收益可以近似理解为：企鹅号将我们的内容与商品或服务进行智能匹配，并结合内容的消费以及转化数据给我们额外的收益分成与结算服务。

需要注意的是，我们必须先开通流量托管权限，才能够拥有流量托管收益，在此也强烈建议大家尽可能开通流量托管权限。开通该权限方式：企鹅号后台——我的主页——权益管理——功能权益，将该界面中能开通的权限全都开通，比如分成收益、内容带货、游戏分发、内容多平台分发等权限。

**本节作业**

1.登录企鹅号后台，找到上述三个收益界面，并做好记录。

2.开通流量托管权限，为账号带来更多额外收益。

### 11.1.3　企鹅号爆款流量文注意事项

和头条、百家账号类似的注意事项，就不多讲了，讲几点企鹅号不同于其他账号的注意事项。

1.在发布单篇文章后，企鹅号会给予提示：

"您发布的某某内容被腾讯看点推荐了，快来腾讯看点创作中心——数据分析查看内容消费情况吧。"

这种通知属于常规操作，我们不需为这条系统通知劳心劳神，如果想要查看数据分析，按照其提供的操作流程查看，如果不想查看直接忽略该条审核通知即可。

2.在企鹅号发布某篇文章后，我们要时刻关注这篇文章的审核状态，在最近半年时间里，我几乎没有遇到过因为错别字被平台驳回或者直接告知限制推荐的情况，但在之前遇到过不止一次。一种可能是最近半年时间内，我的确没有犯过错别字方面的错误，但这种可能性很小；再或者与腾讯账号的审核机制有关，为避免类似情况发生，进而影响推荐，强烈建议大家每天最少点击企鹅号后台数据中心或者内容管理界面一次，来查看文章是否异常。

3.在企鹅号发布文章前可以选填标签，标签能填写的尽量填写，且企鹅号给予标签的数量是9个，每个标签最多8个字。我们尽可能填写5个及以上标签，每个标签最少2个及以上字，以此来提高文章的推荐概率。

4.在企鹅号发布文章前有关联热点选项，如果我们本身追的就是热点，那么在关联热点事件界面点击搜索该热点，其时间分类为12小时、24小时、48小时，也就是说近两日内出现的热点，在企鹅号后台的热点事件中大概率能关联上。

5.在企鹅号发布文章之前可以对文章进行分类，虽然是选填，但我们还是尽可能填上该篇文章的分类，并且要符合该篇文章的分类原则。其中财经、彩票、法律、环球、健身等一系列相对比较敏感或者需要资质的标签，尽量不要贴。除非自己本就是法律专业的专业人才或者财经专业的专业人才等，一定要有专业资质才可以。

**本节作业**

1.尝试更新一篇流量图文，并关注发布文章后系统的通知信息及其他信息，做好记录。

2.尝试更新一篇热点图文，并关联热点，对内容推荐阅读比做数据分析。

3.上面两篇文章发布前，尽量把分类和标签选中，分类尽可能选择同一分类（垂直领域创作）。

## 11.2　图文征文活动变现

相比于其他平台，企鹅账号的征文活动比较特殊，既可以在发表文章页面找到征文活动并投稿，也可以在企鹅号的电脑端后台找到对应的征文活动，选中已发表的文章进行投稿。

### 11.2.1　企鹅号征文活动入口

企鹅号征文活动的参与和其他平台不同，既可以将正在撰写的文章进行投稿，也可以将已经写完且发布成功的文章进行投稿，两种不同模式我们分开来讲。

1.发布文章的过程中直接投稿。具体参加方式：点击企鹅号后台主页——内容发布——编辑好标题、内容、封面、分类、标签——活动投稿，选中需要参与的活动即可。

但我们会遇到一个小问题，很难通过征文活动界面了解该参加哪类活动，因为企鹅号的活动投稿界面只能查询到活动名称、前两行的活动介绍、最高激励奖金、参与人数、截止时间等。

单纯凭借活动封面无法知道活动的主要方向是什么，也不知道活动的奖励机制是什么，所以我们需要点中征文活动——任一征文活动——征文活动主题。这时会出现活动介绍、活动时间、活动参与资格、活动规则、知识产权、纳税义务等多个板块的详细介绍，这个界面我们稍后讲解。

2.文章发布后参与征文活动。一篇文章编辑好之后直接点击发布，忘记参加征文活动了或者当时没有合适的征文活动，在后期查看征文活动界面时，突然发现有一个活动特别适合之前的文章，应该怎样再次参与该征文活动呢？

具体参与方式为：点击我的主页——活动约稿——更多，选中需要参加的活动，点击投稿，点击已有作品，将之前发布过的文章、视频等内容参与到征文活动中来。

**本节作业**

1.将之前已经发布的文章进行内容投稿，按照模式2操作。

2.写一篇新文章，按照模式1进行投稿。

### 11.2.2　征文活动详情页分析

如何把一篇文章投放到合适的征文活动中？在此之前，我们需要找到征文活动的详情页，并且对该征文活动做分析以判断所写文章是否符合征文活动的收稿需求。为了便于大家理解，我拿出"金企鹅奖2021"为案例给大家讲一遍。

"金企鹅奖2021"是我在过去一段时间里参与次数最多的活动。该活动的有效日期为2021年7月1日~2021年12月31日，如果不出意外的话，金企鹅奖会一直持续下去（按年度或者季度举行，但不确定未来会不会改名字或者活动取消）。

企鹅号首页界面点击该活动并查看活动详情页面，会发现该活动总共包括活动介绍、活动时间、激励详情、投稿须知、方向要求、参选条件、参与入口、内容要求、获奖公布、培训支持、违规处罚、知识产权、纳税义务、特别提醒等14部分。参与征文活动，不需要把这些内容全部看完，只需了解其中几个核心关键点即可。（大部分平台要求在各大征文活动中相似甚至完全一样，无须过多关注。）

1.投稿时间。在投稿之前要判断该活动的投稿截止日期，如果距截止日期不足5

天的话，不建议继续投稿。

2.激励详情。以金企鹅奖为例，优质图文单篇奖励100元，优质视频单篇奖励200元，除此之外还会有专属服务以及专属海报和月度优质账号的奖励。

3.投稿须知。这一点非常重要，投稿须知中一般会有明确标准。以"金企鹅奖2021"为例，在选中活动投稿后，还必须同时选中热点事件。单篇文章所参与的活动，投稿必须满足既是参与金企鹅奖，同时也是依托于热点创作出来的文章，只有两者同时满足才有机会被评奖。

热点创作
选填　　＋ 关联热点事件

正确关联事件可获得更快曝光，优质内容更有机会获得"金企鹅"奖励 (需参与相关活动)

活动投稿　活动投稿·金企鹅奖2021　　　　　　　　　　　⊗
选填

活动推荐　　　　　　　　　　　　　　　　　　　　　⟳ 换一批

4.方向要求。以金企鹅奖为例，平台会提供创作方向，同时有对应案例，鼓励创作者投稿内容与近日或当日热点相关联，以免影响评审。

5.内容要求。不同征文活动内容要求不同，同样以"金企鹅奖"为例，对图文的要求必须满足以下八点：

- 内容体裁为文章或图集。
- 内容原创且声明成功。
- 文章字数600字以上，图片数量无限制。
- 内容契合当月热点。
- 排版清晰。
- 主题明确。
- 立场中立。
- 评选周期内为过审或可分发状态。

6.培训支持。部分活动会有培训支持，还有专属社群，并且可在专属社群中进行交流。这一点因人而异，如果想获得官方扶持，且愿意增加与其他自媒体人接触的机会，可以加入社群，但不做硬性要求，且只有少部分企鹅号征文活动会有专属社群以及培训支持。

**本节作业**

按上述操作方案，找到适合自己投稿的征文活动：

（1）我选择的征文活动是哪项？

（2）该征文活动的截止参与时间？

（3）该征文活动的方向和内容要求是什么？

### 11.2.3　征文活动参与的必要性

和头条、百家一样，参与征文活动也有一定概率能够获得平台青睐，甚至会给予签约机会。除此之外，企鹅号的征文活动更重要的是平台背书。以"金企鹅奖"为例，对于绝大多数的普通创作者而言，想要获得该项奖励难度不大。我们鼓励作者参与企鹅号征文活动，主要原因有五点：

- 超高现金激励。以"导师进阶课第4季"为例，参与该活动且经过官方审核符合活动要求，每条内容发放1600元作为导师创作激励。而以"爷爷奶奶的第一支vlog"为例，该活动"温暖观察员"奖项有5个名额，每人可发放奖金5000元。
- 海报表彰。以"金企鹅奖2021"活动为例，获奖作者可在后台信息接收界面收到由平台给我们发布的该项活动的奖励海报。
- 有机会参与节目录制甚至大型策划活动。企鹅号中某些活动奖项，除每人5000元现金奖励以及有机会获得内容20万保量推荐外，甚至还有机会获得曝光资源，包括但不限于参与大型策划活动或者官方IP节目录制。
- 官方签约，保底收入。以"惊蛰计划"为例，该活动无须投稿，只需内容声明原创，即自动参与惊蛰计划评选。该活动的激励详情中，甚至会给予部分官方签约、保底收入的名额，意味着优质账号有一定概率获得保底工资。
- 认证权益。以"我的理财故事/事故"为例，参与投稿且获得优质稿件认证，有一定概率获得腾讯新闻认证权益，包括但不限于官方认证、专属客服内容优先审核、专属身份标识、内容优先推荐、腾讯新闻平台流量扶持等多项权益。

目前企鹅号的征文活动竞争压力不大，且对于优质内容有较大保障，只要符合平台要求，有一定阅读基数，且文章质量不差，都有概率获得征文活动奖金。如果条件允许，鼓励大家积极主动参加。

**本节作业**

查看企鹅号最少三个征文活动，并在激励详情界面查看有哪些奖励扶持。

## 11.3　图文带货变现

大家可能对企鹅号图文带货比较陌生，作为近年来的后起之秀，企鹅号的带货商业变现能力不可小觑，但是又与头条号、百家号的带货模式有着质的不同。

### 11.3.1　企鹅号图文带货方式

和头条、百家号一样，企鹅号的带货权限也需要我们主动申请。申请界面在企鹅号——我的主页——权益管理——功能权益——内容挂货——申请开通即可。要注意企鹅号的图文带货，就是内容挂货功能。

我们需要先了解什么是内容挂货权益，内容挂货权益是腾讯内容开放平台推出的商业化变现能力，可以让作者发布具有挂货属性的内容，并且依托于这一部分内容添加相关的商品链接。当读者通过我们创作的内容下单购买后，平台会给予对应的佣金收益。

开通企鹅号的内容挂货，需要满足以下五点要求，分别是：

- 账号完成实名认证。
- 账号信用分大于等于85分。
- 腾讯看点平台粉丝数大于等于500。
- 近30天发文数大于等于5篇。
- 累计发文数大于等于10篇。

这个难度在三大平台中排在第二位，头条号难度排第一位，百家号难度排第三位。申请内容带货权限后，如何有效发布挂载商品的图文内容呢？

点击企鹅号后台——内容发布——编辑好标题、文章内容、封面配图、分类、标签、投稿等内容后，插入商品卡，且标记好商品介绍即可。

插入商品卡的方式：在企鹅号上方标识符中，排在第六位的为插入商品卡按钮。不同等级权限的账号，插入商品卡的位置也会有所变动，而插入商品卡的过程中有两步需要我们实时操作：

1.点击商品库——选中自己所需要带的货物加入橱窗（这一步仅仅是加入自己的个人橱窗里），此时需要再次点击我的橱窗，添加刚加入橱窗的商品。

2.添加商品介绍。商品介绍在活动投稿的最下方，并且在此处添加商品介绍，介绍会置顶呈现在看点的内容评论区，该项功能非常有效，在添加商品介绍时尽量满足三点要求：

• 利他性，明确告诉读者，这个货物能带来怎样的好处。

• 优惠性，告诉读者这款商品的价格相对优惠，但要注意为避免虚假广告或者其他麻烦，尽量不要出现"全网最低价格"字眼，我们可以说"全网低价"，但绝不能说"全网最低价格"。

• 引导读者购买，要尝试告诉读者只需点击文章结尾处的商品卡链接即可直接购买，要有效引导一下，因为部分读者不知道怎样购买，即便他真的想买，但是在没有有效引导的前提下，很有可能会失去部分潜在商单，降低带货转化率。

**本节作业**

本节为预留作业，希望大家都有做的那一天。

（1）申请图文带货权限，并把所需带的货物放在橱窗内。

（2）将橱窗内的货物添加到文章中（常规放在文章底部）。

（3）添加合适的商品卡介绍语，介绍商品利他性并引导购买。

（4）做好数据分析及复盘。

### 11.3.2 企鹅号带货的注意事项

1.收益提现问题。企鹅号带货收益的提现，并不是在企鹅号后台结算中心统一提现，而是需要个人自行提现。当内容发布后，如果有读者通过我们的文章链接被引导购买，可以通过腾讯电商管理平台——数据管理——数据概览页面查看带货的具体收益数据。

同时，带货的佣金需要作者在第三方电商平台进行提现，这一部分功能企鹅号正在进行开发，将来提现方式也会有所改变。等大家有能力进行企鹅号带货时，一定要点击后台咨询客服，询问带货后的提现界面以及如何提现。（一切以客服指导为准，我之前讲解的提现方法可能会过时）

2.存在违规情况时，企鹅号的内容挂货权益会被直接关闭，违规情况给大家依次列举一下（在头条百家等平台带货时，我们也要举一反三，该类别的错误尽量不要犯）：

- 销售假冒伪劣或违禁产品。
- 涉及侵权内容、夸大宣传。
- 连续多日未发布带货视频内容或连续多日发布带货内容未通过（包括申诉不通过）。
- 恶意刷单等作弊行为。

但是企鹅号对于带货权益的规定相对人性化，权益关闭15天后，如果满足相应条件且期间没有违规情况，可以进行二次带货权益申请。

3.带货商品与图文内容需具备关联性，如果无任何关联性或者强行关联，则违背关联性审核原则，极有可能取消该篇文章的带货权益。

4.作者可以开通自己的店铺，并且可以在企鹅账号上售卖自己的货物。操作方法很简单，点击开通企鹅小店并注册入驻即可，直接入驻需缴纳年费。如真有该方面诉求，点击客服咨询，找到入驻链接，即可入驻，这适合IP作者或者有自己产品的作者。

5.结算周期。企鹅账号平台结算周期与其他平台不同，不是当日结算而是按月结算。以京东店铺商品为例，本月完成订单会在下月20号进行统一结算；而以拼多多店铺商品为例，确认收货15天后未发生售后问题，订单将会审核成功，每月20号会结算当月15号之前审核成功的订单。同理，该策略也是时时调整的，后期策略可能会有所变动。（相对其他平台提现周期较长）

**本节作业**

1.尝试企鹅号带货，并顺利出单。

2.按上述流程查询出单数据及带货佣金收益，并提现。

### 11.3.3　企鹅号图文带货的前景分析

企鹅号带货功能被创作者所熟知、所认可的概率相对较低，其内卷和恶性竞争相对较少，这也给予了图文作者更大的便利性，更容易把货物卖出去。

而在企鹅号带货时，部分作者会有如下问题，我用官方话术来给大家答疑：

问题一：带货后是否会限流影响流量？

答：带货完全不影响流量，还有机会获得额外的商业化流量扶持。

问题二：通过图文或者视频介绍自己所需带的产品，会被打上硬广等行为、不予推荐甚至直接扣分吗？

答：在内容里介绍商品不会被归为硬广等行为，请放心带货，该行为能够更好地介绍商品，用户更能理解这是你推荐的商品。

通过对上面两个疑惑的解答，我们不难发现：企鹅号平台带货具备的最大优势是平台对于带货的管理相对于其他平台更加宽松且具备一定的忍耐度，图文审核方面也更加宽松，非但不会影响流量推荐，反而会加大流量推荐。

此外企鹅号有专业的创作者交流群，是专门为作者种草准备的，所谓的种草就是图文带货和视频带货，如果真的有意向，且已经在企鹅号上进行图文带货，成果还不错，可以咨询一下客服看看能否拉入对应社群。企鹅号的带货活动比较多，类似于618、双11、双12企鹅号都会开展对应的图文带货活动，对应补贴和扶持力度都不可小觑。

我们一共讲了三个平台的图文带货渠道，分别是今日头条、百家号和企鹅号，在本章的结尾我们来简单比较一下三大平台带货的优势和劣势。

三大平台当中带货限制条件最多，竞争压力最大的当属今日头条，主因是创作者过多且早期开通了大量图文带货账号。虽然现在图文带货权限较难申请，但竞争压力大在所难免。

百家号可操控条件较多，比如百+币或者加油包投放，但相对于头条账号而言，百+币的投放只能投放到文章中，无法投放到动态中，至少目前是这样。头条号的加油包，既可以投放微头条也可以投放图文，在这方面头条账号又略胜一筹。

在操作门槛方面，门槛最低的是百家账号，100粉丝难度不大，相对于企鹅号的500粉丝，头条号的1万粉丝简直是零门槛，而且百家号挂载专栏对粉丝量要求更低。

在机遇和"前景"方面，企鹅号压力最小，不需要和其他平台的老前辈搞竞争。但无论作何比较，在这三个平台上进行图文带货终究是质量为王，质量是最关键的，同时外部的辅助手段如果能够合理巧妙地使用上，图文带货则会事半功倍。

 **本节作业**

以下为预留作业，希望大家都有做的那一天。

（1）尝试头条、百家、企鹅三大平台图文带货，并做好数据分析。

（2）图文带货必学章节为第15章，看完第15章内容后可以再回到第11章，做内容复盘和分发带货文，并做好数据统计（未看第15章之前，不要盲目操作）。

第 12 章

# 五大平台篇：
# 五大平台的剩余价值

八大自媒体平台图文变现，我们已经讲了三个，分别是：今日头条、百家号、企鹅号。除了这三大平台外还有另外五个平台需要简单讲解。大家切记：本章尽量和第15章联系在一起，会有奇效。（第15章会重点讲。）

## 12.1　趣头条图文变现

趣头条账号的等级划分机制在一定程度上杜绝了平庸作者或者内容散乱作者的创作收益，根据之前学员反馈以及我的切身体验，在趣头条创作保持必要的垂直度更有利于图文变现，而垂直度的高与低以及变现的多与少，则需要我们权衡比较（关联最后一章内容分发做考量）。

### 12.1.1　趣头条等级与权益关系

趣头条近年来发展中规中矩，想要在趣头条上赚钱，而且还是赚大钱，必须明白趣头条的等级与权益关系，以及权益如何申请、等级如何划分。

趣头条等级查询方式：点击趣头条自媒体平台——后台首页——账号——我的等级。趣头条等级分为：一级、二级、三级、四级、五级。想要提升等级就必须提高分数，以二级为例，需要满足分数达到20分才可以，三级及以上等级需要更高分数。

之前我们讲过：趣头条单价收益与等级相关联，因此如何提升趣头条等级成为图文创作者的第一门槛。在趣头条等级界面往下滑，会查到指数分和成长报告。这两组数据可以辅助我们提升账号等级：

指数分是当前账号的活跃度、热度、质量、粉丝数、原创度、垂直度等能力的综合评估，只有以上维度综合分数比上一周表现好，分数才有可能提升。

成长报告是由四个维度来综合评定的：

1.活跃度。活跃度会直接追踪过去一段时间的更文数量、评论及回复数量、参与平台活动的文章数量。该维度由以上三个因子组成，所以在我们完成一篇文章后，如果有读者回复或者在评论区留言，适当地给予读者回应，是极为必要的。同时适当地参加平台活动也有一定概率提升活跃度，但是平台活动并不一定与每一位作者创作的内容方向相匹配。

2.热度。热度重点考察的关键因子为：阅读数量、篇均阅读量、粉丝阅读数量、新增粉丝数据、点赞数据、评论数据、打赏数据、总互动数据。在上述八个因子中，比较微妙的是篇均阅读量。不妨做个假设：如果只是追求文章的总阅读量或者粉丝阅读量，再或者点赞、评论、打赏数据，完全可以一天更新10篇、20篇文章，只需要每天更新足够多的文章篇数，就有一定概率追爆款，哪怕内容质量很差劲。可一旦有"篇均阅读量"的限制，就要求我们必须去写爆款且尽可能每一篇文章都冲刺爆款，追数量在趣头条上是行不通的。

3.质量。质量的主要参考因子有两个，分别是：近30天内原创发文数量、当前的信用分数。只要不违规、不犯错，信用分数原则上来说为100分。信用分数的查询方式：点击账号——账号信息——账号状态——查看账号分值。趣头条的扣分规则中，一共有5种情况会被判定违规并由平台扣分。

- 扣100分行为：违反法律法规；发布谣言且影响恶劣；批量买卖账号；伪造身份或机构资质等行为。
- 扣50分行为：发布敏感内容被举报抄袭；恶意攻击；扭曲事实；夹带劣质广告等行为。
- 扣20分行为：发布伪原创内容，包括但不限于拼凑、语句不通、机器替换等行为。
- 扣10分行为：与事实不符；低俗暴力；标题夸张；内容质量低等行为。
- 扣5分行为：老旧内容；第三方推广；违反伦理道德；未经他人允许使用他人照片且被投诉等行为。

值得注意的是：该趣头条扣分机制是在2018年8月30日由趣头条自媒体平台团队对外公布的。至于现在是否有变化，以及哪些行为会有额外扣分机制等扣分新规则暂且没有查询到或者规则一直未变，大家可以按照上面的扣分要求自行对照即可。原则上来说，未来一段时间里也不会出现大变动。

4.专业。这一维度最为微妙，它涉及领域垂直度问题，以我刚注册的账号给大家打的样本为例：我故意发了多篇不同领域的文章，但是文章的标签选的都是统一垂类（历史）标签，系统仍能够检测出来：

发文最多领域发文9篇，发文共涉及7个领域，而在专业维度中有对应提示"发布内容的分类统一才会获得更多平台推荐哦"，所以在趣头条上想要获得更多推荐量，就要尽可能追求垂直度。

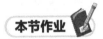 专业

发文最多领域共发文9篇，发文共涉及7个领域，发布内容的分类统一才会获得更多平台推荐哦！

**本节作业**

了解趣头条等级与权益的关系，并做好账号定位。

（1）趣头条等级与权益主要与哪两方面相关联？

（2）如何做，才可以提升趣头条指数分？

（3）熟读趣头条成长报告，我了解了哪些内容？

### 12.1.2  趣头条的账号权益

点击趣头条后台首页——账号——账号权益，账号权益一分为三，分为：初级权益、中级权益和高级权益。这三种不同权益对应刚才讲的五种不同等级，按照不同等级的对标权益来查看：

1.初级权益为打赏功能和创作分成收益。这是趣头条吸引绝大多数普通萌新小白的主要原因之一，无须通过图文原创、视频原创，也无账号加V或粉丝要求，只要有内容创作且有读者观看，就可以获得收益分成和读者打赏。对于新手期的图文作者而言，趣头条的确是为数不多的优质试水平台。

初级功能不具备任何门槛，所带来的缺点也一目了然：单价较低。但无论如何，总归有些收益，对于初入写作门槛的作者而言，多少也算个鼓励。如果大家不太敢入驻头条、百家、企鹅、大鱼的话，不妨先尝试入驻趣头条，在趣头条上发表3~5篇文章，练一下手感。

2.中级权益为图文原创、视频原创、加V认证、作品优先审核、展示微信公众号、自荐内容榜单等权益。图文原创与视频原创虽然可以申请，但是也有申请门槛。

以图文原创为例，需要满足：

• 等级达到二级。

• 申请图文原创之前的30天内审核通过的图文或图集数量不少于20篇。

• 申请过程中提交其他主流自媒体平台的资质认证，可提高审核通过率。

• 工作人员会在5个工作日内完成审核，并将审核结果通过站内信反馈给创作者。

• 如果本次审核未通过，需等待30天才可再次申请。

视频原创申请则需满足30天内审核通过的视频内容不少于20篇，其他要求与图文原创申请要求一致。

当趣头条等级达到三级时，可申请加V认证、作品优先审核、展示微信公众号、自荐内容榜单等功能。

加V认证是平台对我们的认可标识符，要注意，在任一平台，只要能够申请加V认证尽可能尝试加V。加V之后，可以独具标识，彰显不同身份，还能提升品牌影响力。在趣头条申请加V认证，一旦申请失败，需满足60天的间隔期，才可以再次申请。且因为违规等各种原因被平台关闭认证权限后，将失去加V资格，且无法再次申请。认证成功后可以展示为某某领域优秀视频创作者或者优秀作者。如果以个人身份认证，可以认证为某某公司创始人、某某公司董事长、演员、主持人等。

作品优先审核功能：一旦等级达到三级自动开通，可以享受免排队业务，发布文章后优先审核。

自荐内容榜单：可以自荐优秀创作内容，上榜后可以获得现金奖励和流量扶持。

展示微信公众号：这是微信公众号的重要引流渠道之一，在第13章我会重点给大家讲解。

3.高级权益为申请签约功能、官方客服群、作者关注卡片、流量扶持、自荐推送、粉丝必达等权益。

作者关注卡片：达到四级后，趣头条可以对感兴趣的用户展示作者账号，来提高粉丝转化效率。

**绑定微信公众号**　　　　　　　　　　　　　　　　　　　　　×

\* 公众号名称:

\* 公众号ID:

\* 公众号介绍:

\* 辅助材料:

请上传公众号"文章截图"、"后台截图"、"实名认证截图"，大小不超过5M (最多上传3张)

提交审核

官方客服群：等级达到五级后可享受官方客服社群的专属运营答疑，可以和同行业人员交流。

申请签约功能：等级达到五级后可申请签约，申请成功后，官方会给予我们对应的权益扶持，甚至有保底收入。

**本节作业**

1.打开趣头条后台界面，找到权益管理界面，熟悉各大权益的申请标准。

2.尝试趣头条等级提升至二级，申请趣头条原创功能。

### 12.1.3　趣头条如何提升等级

在趣头条官网——在线咨询界面进行内容检索，官方平台会告诉我们账号的收益高低取决于内容质量、所发布文章底部广告的展示量。内容质量降低、收益将会减少。提高内容质量，多发优质原创内容则可以提高收益。

这其中并没有明确提到等级与收益间的必然联系，也没有告诉我们等级达到五级后单价会升高、收益会提升。但是按照我和我的学生们趣头条的数据分析来看，等级提升后文章的单价的确会有所提升，但具体数据是多少，无从得知。平台并没有将对应算法公开，但我们可以这样理解：

账号的等级提升，就意味着账号被平台认可，账号的质量尤其是发布的图文质量自然也是较为优质的。所以提升账号的等级迫在眉睫，而账号等级的组成部分中，对账号等级影响较为严苛的，除了最典型的质量、数量、频率以及与读者的互动外，最重要的一点就是发文领域单一。

这又回到了第1章选题篇，知道写什么，且能够持续写下去，垂直于单一领域，对于趣头条来说意义重大。但并不鼓励大家为了趣头条而去写某些无法变现的垂类。

我们需要综合分析，如果某些热点或者某些内容在其他平台上的变现能力远超过趣头条，那可以适当放宽对趣头条的要求和标准，把趣头条当作分发平台即可。

**本节作业**

1.制订短期计划，尝试将趣头条等级提升至三级。

2.分析趣头条发文过程中随着等级提升带来的推荐量、阅读量、收益变化，并做前后对照。

### 12.1.4 趣头条五大不可发内容

通过对趣头条两年的运营，也了解了趣头条的部分审核机制，有一些内容不太建议大家发布，尽可能规避。

1.体制内、公务员、国企相关的话题尽量不要谈论。我的一些学生包括我在内某些文章写完发布出去，还没过两分钟就收到了系统通知，告诉我们内容不适合收录已被废弃。如果有该类别内容，尽量不要发在趣头条上，一旦多篇文章连续被废弃，极有可能影响趣头条的账号等级。

2.近代史、涉军、涉政、涉国际关系的相关话题不要发布。目前来看，对于这一部分内容比较开放的平台有今日头条和百家号。对于趣头条平台而言，限制幅度很大，部分稍敏感的内容都有可能被驳回，不建议写。

3.健康、财经类相关选题内容不要写，除非有专业资质。趣头条资质认证界面：点击趣头条后台首页——账号——账号信息——账号状态，在该界面中健康资质认证和财经资质认证两个按钮是可申请的，点击申请提供对应的资质认证和资质认证辅助材料即可。

| 帐号分值 | 100 | 违禁行为会触发扣分和惩罚。了解详情 |
| --- | --- | --- |
| 健康资质认证 | 申请 | 发布健康类内容，需要先完成对应资质认证。了解详情 |
| 财经资质认证 | 申请 | 发布财经类内容，需要先完成对应资质认证。了解详情 |
| 基础发文 | 10篇 | 账号为LV2，账号每日可发图文10篇，图集10篇，视频10篇，小视频10篇 |

以健康资质认证为例，需要提供执业医师证、护士资格证等证件中的任一证件。同时，如果没有对应证件强行发布该类型文章有大概率被驳回下线，甚至还会有降低曝光度和账号冻结等处罚。

4.与版权相关联的内容。比如在2020年东京奥运会期间发布与奥运相关的图文或视频内容，趣头条大概率会驳回，并明确告知无权限发布此类文章。

5.严重标题党内容。这一部分就不多讲了，耸人听闻的话术或者是封建迷信、血腥暴力等内容不要在趣头条上发布，也不应该在任何一个平台上发布。

**本节作业**

1.熟悉趣头条发文禁忌事项，并做复盘总结。

2.对之后的发文做遴选，与上述"不可发内容"相关联的图文全部做废弃处理。

### 12.1.5　趣头条运营技巧

1.在趣头条上点击在线咨询是由机器来答疑解惑的，并非人工。所以在在线咨询处如果无法找到答案的话，直接关闭对话窗口，点击意见反馈，填写反馈类型、反馈描述、相关链接、反馈截图以及联系方式。一般在两个工作日以内会有人来与我们对接，但如果是内容审核问题，比如内容直接被驳回、内容已经废弃，这一类反馈大概率是无果的。

2.趣头条也有免费图库，在使用趣头条发文时，如果是企业账号，强烈建议使用免费图库的图片，如果是个人账号，为了方便内容分发可以不使用免费图库图片，这一点因人而异，但使用免费图库图片可以帮我们规避很多版权风险。

3.趣头条有发文检测小助手功能，在编辑好文章题目、内容、封面配图、分类、标签、领域、原创等内容后，点击发文检测助手，可以帮助我们检测标题的完整性、符号的完整性，还可以检测正文图、封面配图等。

4.趣头条的文章编辑界面没有大标题按钮，只有无序列表和有序列表，和之前讲的主流平台头条号、百家号有所区分，大家要注意。（大标题可以用无需标题替代，小标题可用阿拉伯数字+点替代）

5.趣头条的封面可以选择三图、单图或者自动，建议选择三图，其他平台也是如此。但是避免使用gif图以及带大量文字和卡通元素的图片，使用清晰度较高的图片更有利于推荐。

6.发布文章前需要选择分类，在一个大类当中，至少选择一个小类，最多可选三个小类。

7.发布文章之前可以填写标签，每个标签最多6个字，最多可录入6个标签。

8.趣头条发文前有地域选择，该篇文章如果讲述的是某地域事件，添加该地域即可，如果不是，直接点击全国即可。

9.趣头条的数据分析和阅读画像很关键，其中阅读画像中的领域画像可以展示近30天之内发文最多的领域，同时展示该领域内的用户画像。该功能在趣头条后台首页——数据——阅读画像处即可查阅，数据分析在阅读画像的上方。

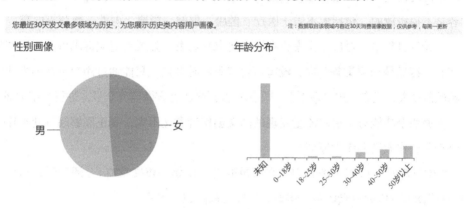

1.尝试找到趣头条意见反馈界面，并熟练掌握该界面的打开方式。

2.发布一篇趣头条图文，在发文前点击发文检测功能。

3.趣头条账号运营一段时间后，点击趣头条阅读画像——领域画像，判断自己过去一段时间的发文领域。

## 12.2　搜狐号图文变现

大家要注意，我们说的是搜狐号，不是搜狗号，在注册账号时千万不要注册错误。搜狐号目前的收益呈现两极分化，有收益的是真有收益，收益少的真的很少，而我们要做的就是尽可能复盘搜狐号的可变现模式。

### 12.2.1　搜狐账号的权益与认证

搜狐号的账号权益在搜狐号后台首页——个人中心——账号权益处申请。账号权益一共有四个，分别是内容置顶权益、PC推广权益、创作激励权益和图文原创权益。

1.内容置顶，该权益可以配置两篇文章直接进行置顶。其主要诉求为IP打造和商业化变现，让读者点击我们账号后，可以直接看到账号的置顶内容，但如果搜狐账号不起量，或者在行业中影响力不大，内容置顶反而略显鸡肋。

2.PC推广功能，为全体搜狐号入驻作者开放使用，通过该功能可以进行商业广告推广，同时该商业广告会在搜狐网的文章底部进行展示，而投放内容当中有以下几种内容是不得投放的，包括但不限于医疗、健康、保健、彩票、两性、微商等内容。

在投放过程中，对广告文案也有严格要求和约束，如果有对应诉求可以咨询搜狐号客服。搜狐号和趣头条一样，没有后台客服实时答疑，只能通过用户反馈的方式将问题反馈过去，或者点击"联系我们"添加搜狐号的官方微信公众号，进行深度沟通。

前面两个功能对于追求流量变现的图文创作者意义不大，真正能够起到变现作用的分别是创作激励和图文原创。

3.创作激励，可以给予我们图文流量变现，比如一篇文章有1万阅读量，即可获得1万阅读量对应的流量收益，申请开通需要满足以下五点：

- 账号为审核通过状态。
- 近30天内积分净增量大于等于50。
- 近30天内总扣分小于等于36。
- 30天内三星级及以上的文章数大于等于1。
- 账号入驻类型为个体、群媒体和媒体类型。

4.图文原创功能，申请通过后，发布文章时可点击原创按钮，标记原创。该功能需满足以下四点：

- 账号为审核通过状态。
- 近30天内积分净增长大于等于50。
- 近30天内积分扣分小于等于36。
- 账号类型为个人、群媒体、媒体或企业类型。

本节作业

1.打开搜狐账号后台界面，找到账号权益界面。

2.重点查看搜狐号创作激励和图文原创权益申请界面的要求，做好记录。

### 12.2.2　搜狐账号积分计算规则

无论是开通创作激励计划还是开通图文原创功能，都需要满足一定的积分增长量，那搜狐号的积分在哪查询呢？点击搜狐号后台——主页——个人中心——账号表现，可以在该界面查看搜狐账号的总积分、近30天内的积分增长数据。

搜狐账号的积分是由四方面构成的，分别是内容质量分、分享传播分、互动评论分和违规行为分，这四个分数的总和，即为当下阶段的总积分。这四个分数的总和与30天前的分数总和之间做减法，为近30天内的积分增长数据。

接下来我们来看一下四个分数是如何计算的：

1.内容质量分，发布图文的质量越高、数量越多，得分越高。同时如果发布低俗、色情、暴力等违规内容的话，不会获得内容质量分。

2.分享传播分，内容获得越多阅读量、越多的站外分享得分就越高。无论是创作者还是读者，主动将内容分享出去的行为都可以提高分享传播分。说得再直白一些：自己发完文章后可以把它分享出去，无论分享到朋友圈还是分享到家庭群组，都可以提升分享分数。

3.互动评论分，内容获得读者关注且有评论量，评论量越多，得分越高，但要注意与内容无关联的灌水评论或者恶意评论不会获得该项加分。

4.违规行为分，有以下三种行为会被判定为违规且会被扣分：

- 流量违规，当日流量异常且超过平台警戒线，扣12分。
- 抄袭违规，一旦恶意抄袭他人文章，每篇扣12分。
- 广告软文违规，恶意营销以及在文章中添加联系方式、合作推广等，每篇扣12分。

**本节作业**

1.找到搜狐号积分计算界面，并牢记打开该界面的方式。

2.熟悉搜狐号积分规则，尤其是涨粉技巧，并尝试加以运用。

### 12.2.3　搜狐号发文技巧及数据分析

搜狐号流量相对均匀，同时对部分领域比较友好，比如文史类别，但如果写近代史的话，一定要掌握尺度，同时保证内容叙述客观中立，否则有一定概率被判定为违规。

在搜狐号上发布文章时，有以下技巧可以运用：

1.因搜狐号很难找到客服，且发布文章被扣分后申诉也相对较困难，所以在发文时，一定要注意与软广相关联的或者商业相关联的内容不要发。哪怕是某些企业的介绍、某些企业的热点事件也要慎重，职场领域创作者更要注意，否则很容易被判定为软广或商业推广。（尤其在没有获得原创前，我的个人账号一次直接扣除12分，因此失去申请原创的机会，大家一定要牢记这一点！）

2.搜狐号并没有免费版权库，所以使用图片时绝不能让图片具备版权标识，比如视觉中国、摄图网等。在挑选图片时，大家要使用没有任何标识符的图片，即便此行为也有侵权风险，但侵权风险相对低一些。

3.搜狐号发布文章时可添加链接，尤其是添加自己之前发过的文章链接，但要注意不要添加与正文无关的链接，违规使用超链接，账号将会受到惩罚。所以之前我们在头条、百家专栏当中讲述的使用技巧和规则在搜狐账号中并不适用，千万不要混淆。

4.搜狐号有摘要功能，可自动生成。搜狐号的摘要对文章的阅读数量影响不大，所以摘要自动生成即可，无须耗费精力编辑。

5.搜狐号封面能且只能上传一张图片，但优势在于可以上传非正文中出现过的图片，可以单独为这篇文章制作封面图片。（这一点和公众号类似）

6.搜狐号没有单独垂类，所以我们需要在属性中选择文章对应的属性即可，一般选择观点评论、故事传记、信息咨询、经验教程、知识科普等属性。

7.搜狐号数据分析，该功能用来判断平台更喜欢什么类型的文章。在进行数据分析前，我更建议大家在搜狐账号上发布几篇文章后，注意搜狐账号单篇文章星级和阅读数据之间的关系。原则上来说，会有这样的比例关系：

- 搜狐号发布的单篇文章评星越高，阅读量也会越高。
- 只要不出意外，我们发布的任意一篇文章原则上来说星级都是三星以上。
- 如果是三星以下，自己查找原因。达到四星，阅读量基本能在3万及以上，很少有5星文章。

在搜狐号后台首页——数据分析——图文数据，可以查看单篇文章在最近30天内或者指定一段时间里的阅读数量和评论数量。同时补充一点，搜狐号的结算与大部分平台一样，都是每月的2~4号可申请提现，按照要求绑定银行卡即可。

**本节作业**

1. 按照第一点技巧，添加搜狐号的公众号为好友。
2. 按照第四点技巧，尝试自动生成搜狐号单篇文章摘要。
3. 发布文章前，按照第六点技巧，找到该篇文章对应的属性。
4. 发布文章后，记录文章星级和阅读数据，方便日后分析数据。

## 12.3 大鱼号图文变现

大鱼号不同于趣头条与搜狐号，也不同于一点号和网易号，在这五大平台当中真正能够赚大钱的原则上来说大鱼号排在第一位。但大鱼号操作难度较大，对账号要求也较为苛刻，借助一句流行语来形容大鱼号：能赚钱的是真能赚，不能赚的是真不行。

早些年，大鱼号被部分图文创作者认定为四大平台之一，其余三大平台分别是头条号、百家号和企鹅号。这也足以见得大鱼号在图文变现领域拥有的超高地位，即便现阶段大鱼号的流量相对之前少了一些，但瘦死的骆驼比马大。

### 12.3.1 大鱼号的权益与认证

在大鱼号后台点击首页——成长——权益中心——通用权益，可以查看大鱼号的权益申请：通用权益、UC权益和优酷权益。我们把其中普通图文作者能够用得上的权益给大家单独讲一下。（大鱼号不单是图文平台，也是视频平台，对于部分我们暂时用不到的权益，在本章中不再叙述。）

1.初阶权益的图文内链和图文撰文导入文档两个权益，这两大权益部分图文创作者会用到，图文撰文导入文档在后续课程中会以另一种方式来完美替代，所以暂且不多叙述，有需要的可自行查看。这两种初阶权益也很容易申请，只需要账号转正即可。

2.图文原创声明，想要获得该项权益需满足以下几点要求：

- 信用分等于100分的转正账号。
- 近30天内发布的图文作品大于等于10篇。
- 所发布图文作品必须为原创优质且符合平台鼓励的内容。
- 近30天内无侵权处罚记录。

满足这四点后需经过人工审核，具备一定可读性、传播性和阅读价值，且保证内容原创后有一定概率申请通过原创。与此同时该权限有回收机制，平台会对原创账号进行每月评估，评估分成三个等级，分别为：优秀、警告和丢失。

如果当月评估为优秀，可保留原创等级权限；如果当月评估为警告，保留原创权限，记一次警告，第二次警告时直接关闭原创权限，30天后可再次申请；如果为丢失，关闭原创权限，且90天后符合条件才可以再次申请。

3.正版素材库图片，大鱼号为创作者提供了正版的图片素材，可以供我们使用，但是该项权限必须在图文已经通过原创的权限之上才可以自动获取。除此之外还有一种可能：受邀请开通的大鱼优质内容创作者可以直接获得免费图库的使用权限。

4.原创图文站外维权，这一部分权限在之前的头条、百家、企鹅号中，我们没有详细讲解。在这里统一给大家讲讲：账号如何维权。

头条有维权骑士，百家号和企鹅号也有对应的原创保护功能。如果其他平台作者抄袭我们的文章可以直接通过平台的维权功能给予维权，让其他平台的创作者不敢或者不能抄袭我们的文章。

但是要注意，有一部分"流氓"平台或者某些特殊的平台，即便它们抄袭了，但维权骑士以及其他维权软件无法检测到，或者检测到要求对方平台下架，对方拒不下架，我们很难对该类文章进行二次维权。要么直接找到对方平台，向对方平台的官方客服申诉，表明这是自己的原创文章，要么就直接放弃维权。

对于部分小平台而言，我更建议大家放弃维权，耗费太多时间精力得不偿失。之前我曾维权7篇文章，花费了近6个小时，第二天账号上又多了十几篇侵权文章，这种维权浪费大量时间且没有太多功效。自媒体人这一点一定要看开，系统能帮我们维权的主动维权，不能帮的就算了，如果个人时间较充裕也可以试着维权。

5.UC初阶权益，包括但不限于读者评论回复、读者评论置顶、作者主页底部菜单、基础发文权益等，这些权益是我们的基础创作权益，只要转正就可以直接获得。

6.UC中阶权益中，有账号优先推荐、作品优先推荐、UC分润、UC读者评论删除、UC作者主页自定义背景图、优先接入客服服务、作品优先审核服务。其中最重要的一项权益是UC分润。只要能够开通UC分润，文章就可以通过流量来获取收益。而UC分润需要满足以下三点要求：

- 金V、银V、铜V创作者可优先激活本权益，其他创作者按符合条件分批次开放。
- 入驻为政府和其他组织账号暂不开放。
- 本项权益有回收机制。

UC分润审核权益时重点看过去一段时间里面的更文质量如何，质量的高与低，将影响UC分润能否被开通。

除以上权益外还有UC的高阶权益和最高阶权益，具体内容就不再赘述了，大家可以直接点击大鱼号后台成长权益中心进行查看，这一部分权益是远超过普通流量文章权益的其他权益。尤其是最高阶权益，在一定程度上和IP权益相类似。感兴趣的可以看一下，普通图文流量创作者很难达到这一步。

**本节作业**

1.重点查看UC图文原创和UC分润权限开通条件，并做好记录。

2.查看UC最高阶权益开通条件及权益的具体内容。

### 12.3.2　大鱼号发文注意事项

大鱼号发文：大鱼号后台点击创作——图文或图集即可，同时如果开通带货功能可以进行单品导购创作。在发表图文时有以下几点注意事项：

- 大鱼号的正版图库是完全免费的，但前提是自己的账号必须已经获得原创权限，使用正版图库素材，可以有效规避侵权风险。
- 大鱼号申请原创时，建议选择禁止他人转载，同时接受赞赏。
- 如果开通分润功能，在发布前一定要点击加入UC分润。
- 部分大鱼账号可以插入商品，与头条、百家、企鹅号类似，可以通过插入商品的方式来获得佣金变现。大鱼号插入的商品主要是淘宝联盟专区商品，如果大鱼账号开通该功能，则直接点击插入商品卡，然后在该界面选取对应的商品即可。

在首页插入的爆款商品是没有检索权限的，我们只能通过不同垂类，比如时尚、科技、汽车、家居、健康、美食、体育、生活来挑选适合的选品，但如果在这些栏目中找不到可选的商品，可直接点击淘宝联盟专区，选择自行检索所需要的商品，并且可以通过默认排序、人气、价格、销量、收入比率、月推广量等关键词来检索所需要带的商品。

一般选择收入比例高、月推广量多且销量足的商品进行推广，而在大鱼号推广和其他平台推广的最大区别在于大鱼号的推广可以最多同时推广10件商品，也就是一篇文章等同于其他平台的10篇文章。当然至于推广效率如何，具体收益又如何，最终以大鱼账号单篇文章的阅读量以及文章质量作为首要判断依据。

**本节作业**

1.尝试运营一段时间大鱼号，并开通原创权限和UC分润。

2.尝试开通大鱼带货功能，并进行图文带货，做好数据记录，方便后期数据复盘。

### 12.3.3　大鱼号的多种运营方式

作为四大平台之一，其变现方式必然是多样化的，除了单纯的图文流量收益外，还有其他多种可变现的收益方式，我们简单来讲一下：

1.图文带货。带货需要专属权益，经后台批准开通后才有一定概率可以进行带货，该权益开通有两种方式：第一种方式为后台特邀开通，我属于该类方式；第二种方式是直接申请，点击大鱼号后台——首页——成长——权益中心——UC权益——U+任务——图文商品推广，经过平台认证后有一定概率开通图文带货，该权益属于高阶权益，所以对账号有如下要求：

- 质量指数大于等于90分。

- 信用分等于100分。

- 近30日图文发文活跃天数大于等于10天。

- 图文月发文篇数大于等于10篇。

- 非社会、新闻类领域账号符合基础标准，获得申请入口，经人工审核后
  开通。

要注意，发文活跃天数和发文篇数均大于等于10，所以不要在某一天发布10篇文章然后直接申请，需要每月发布10篇且至少10天每天最少发一篇文章。

2.提升等级来获取更高倍收益。我们之前讲过，大鱼号的等级与其他平台不同，它分为试运营、铜V、银V、金V等不同等级，每一等级对粉丝数都有极高要求。同时对发文数量、发文天数、质量分数、信用分也有较高要求，尽可能把等级提高到银V及以上，只有这样单价才能有大幅度提升，同时推荐量会更高，也更能被平台认可。

3.商品推广或者商家营销。想要参与该类项目，必须开通U+任务，U+任务开通方式：点击大鱼号后台——创收——U+任务即可。我们以商品推广为例，点击商品推广界面可以查看到各种待推广物品，在进行图文推广前，一定要点击图文商品推广使用说明，查看U+任务图文商品推广权限的标准，并且申请通过该权限，然后点击发布图文，按照其推广要求，对商品进行内容推广。

4.参与征文活动。在大鱼号后台点击活动约稿。活动约稿一分为二，分为活动和约稿。约稿大部分创作者很难有机会，除非粉丝数量极多，在平台影响力较大，才会有对应的商家来找你约稿。而活动是每个人都可以参与的，只不过大鱼号活动相对较少，且大多以视频为主导，如果有对应的图文活动，尽可能参加，奖励也不算少。

补充一点：在大鱼账号上发布文章，且通过文章来获取流量收益的比较有前景的垂类分别是娱乐类、影视类、情感类、三农类。不是说其他垂类没有变现前景，但相对而言这几个领域的流量更多一些。

1.申请开通图文带货和U+任务功能。（短期内无法开通，需做好规划、定好目

标，争取一个月内开通该功能。）

2.点击大鱼号征文活动界面，并查看是否有适合自己领域的图文类征文活动，如果有，尝试参加。

3.查看大鱼号等级提升要求，尝试提升大鱼号等级，首先提升至铜V。

## 12.4　一点号图文变现

在之前的8+4平台中，我们粗略介绍了一点号的点金计划，一点号开通点金计划后单价还是比较高的，在各大自媒体平台中也算是中等偏上。而唯一的遗憾是一点账号的点金计划申请较困难，需要达到15级及以上。

### 12.4.1　一点号等级提升方法

点击一点号后台——账号——账号等级，在该界面查看一点号等级、本月发展详情、在过去30天的成长记录、积分成长增量等。这一节重点给大家讲一下，如何快速提升一点等级，尽可能让一点等级在最短时间内达到15级。

大家按上述顺序找到一点等级界面，点击等级说明，详细了解一点号的等级划分及增长方式。但因该界面相对较复杂，接下来我给大家讲解下：

一点等级需要跨过六个不同门槛，分别是新手期、等级5、等级15、等级25、等级40和等级45，每一个等级均有对应权限可申请（后续几个等级存在等级权限叠加和不可申请权限情况）。

- 1~4级为新手期，在新手期内可以使用免费图库图片，可以使用一点号给予的数据统计功能，可以一键导入文章，还可以申请第三方平台同步。
- 5~14级可以申请外图封面。
- 15~24级可以申请个人主页配置、原创声明和点金计划。
- 25级及以上可以申请圈子功能，但现阶段的圈子功能暂停申请，如果有圈子功能意向可找客服咨询一下（大概率无法申请）。

我们进行等级划分后，不难发现一点号的首要任务是先达到5级及以上度过新手期，再达到15级及以上开通点金计划，让文章具备流量收益，那怎样做才能快速升级，增加一点号的积分呢？

一点号的积分升到15级需要7400分，而我们每手动发表一篇文章且标记原创得到的积分是10分，如果单纯算发表文章的话，最多需要发表740篇文章。按照一天一篇文章来算，需要整整两年的时间，这个时间太长了，所以我们必须采用其他辅助方式，尽可能快地提升到15级。

（1）完善资料，只要完善资料会一次性奖励30分，而这30分只需要再添加20分，就可以直接升级为一级。

（2）手动发文且标记原创，在一点号平台上标记原创，只需要提供对应平台的原创主页面，且自己在一点号上发布图文一段时间后，有优质图文即可尝试申请。申请成功后每发表一篇文章都要标记原创，且一定要手动发文，每篇文章可以拿10积分奖励。

如果同步发文，每篇文章只有一积分，按照刚才的7400分算，自己最少要发布7400篇才能达到7400分，所以一定要手动发文。要注意这篇文章发布之后的24小时里，点击阅读数据低于10为无效文章，不计入积分范围内。

（3）当月累计发文天数大于等于7天，可以获得额外的3积分；当月手动发文累积天数大于等于15天，可以获得额外的8积分；每天都手动发文且完成一个月的全勤，当月将会增加20积分。

（4）文章整体效果加分，文章每500个阅读量能加1积分；文章每两条评论能加1积分；文章每转发一条能获得2积分；文章每新增订阅两人能获得1积分。但要注意，同一篇文章被同一用户转发，一天不能超过10积分，用户不可以在分享转发功能上钻空子。

（5）不违规且不故意删除文章不扣分，如果这篇文章被别人成功投诉举报，那么双倍扣除这篇文章的所有积分。比如这篇文章获得了100积分，但是里面有恶意灌水、广告、虚假信息、抄袭等内容，则双倍扣除积分。如果自己已经发布文章，在没有任何问题的情况下删除文章会扣分，但不会双倍扣除，只会扣除该文章的原始积分。如果文章是由平台误删的，则不会扣分。

这样，我们就能理解为什么一点号申请点金计划如此困难了，如果不知道怎样去写爆款图文，想要获得15级的7000多积分，难度的确很大。所以大家有必要把前7章的课程拿过来，重新复习一下，看看爆款文章应该怎样去写。

 本节作业

1.找到一点号等级计算规则界面，并详细查询等级15级所需要的分数。

2.尝试更新3~5篇文章，查看积分变化，并做好预估，定好规划，争取在半年内等级达到15级。

### 12.4.2　一点号发文注意技巧

1.一点号发文要注意双标题且尽量采取三段式，之前我们讲的起标题技巧中，就直接引用了一点号给普通创作者的建议：采取三段式的方式，更能吸引读者注意，与此同时，也能够获得更高点击率。如果条件允许，在其他自媒体平台上创作图文时，也尽量通过三段式标题来获得更高点击率。

2.一点号发布图文时，如果能标记原创，尽可能标记，且标记为一点账号首发。这样可以获得1.5倍收益加权，同时在标记原创声明时顺便打开赞赏功能。注意，必须手动发文才可以。

3.一点账号发布文章后，如果不给推荐或阅读量较少、账号出现异常以及无故被封号，一定要点击一点号界面右下方的联系客服，找客服咨询。相对于其他几个平台而言，一点号的客服服务态度不错。在之前进行意见反馈和客服咨询时，一点号官方客服还曾给我打电话询问问题是否得到解答。

4.一点号也有征文活动，征文活动点击一点号首页——活动——更多。但因为某些客观原因导致一点账号的征文活动较少，且部分征文活动不适合普通图文创作者参与。

5.一点号有一点号指数雷达图，该指数雷达图可以评判我们在过去一段时间的表现，同时通过一点号指数我们也可以了解自身账号的受欢迎程度，明确账号的努力方向，了解该账号在所属领域内的水平。

而一点号指数的提升，需要从质量、名望、产量、专注和成长五个维度来综合提升，但是一点号指数雷达对于图文创作者的作用相对有限，大家如果想提升的话，点击一点号后台首页——数据——一点指数进行查看即可。

**本节作业**

1.发布一段时间图文后，申请一点号图文原创功能。

2.尝试发布一篇带有原创标识符的一点文章，并做好数据统计。

3.在一点号后台找到一点号指数，分析该界面并做好记录。

## 12.5 网易号图文变现

网易号图文变现就不多讲了，毕竟单价的确有限，且爆款图文概率相对较低，单价也没有想象的那么可观，大家把网易号当作一个分发平台即可。

在发表文章前，我们尽可能看一下能否参加征文活动，征文活动一定要积极主动参加。参加方式：点击网易号——首页——活动——查看更多。

网易账号发布的故事体裁的征文活动相对较多，如果能够参与且获得奖励的话，奖金一般为每篇500元，但是网易号对内容要求相对较高，以最近一期的"定格我的悲喜瞬间"为例，要求图文发布字数在2000~5000字之间，且尽量以第一人称来讲述自己或身边亲人经历的故事，内容完整有跌宕起伏的故事情感。同时在参与该征文活动时，还要求在发文界面点击该项活动和原创标签。

如果参加征文活动且能够获奖的话，有一定概率获得签约机会和收益保底，以及运营指导和流量倾斜，这一点因人而异，如果大家有意向的话，积极主动参与。

网易号运营方向以及运营过程中的注意事项和刚才讲的其他四大平台有近似或雷同之处，大家把上面四大平台了解清楚了，网易号基本能一通百通。

**本节作业**

1.注册网易号，发布图文并申请图文原创。

2.参加一次网易号征文活动，按征文活动要求投稿。

第 13 章

# 公众号篇：
# 写作收益天花板剖析

在8+4平台中有一个平台非常特殊，单价极高、流量极稳定、粉丝黏性十足，但真正能做起来的却少之又少，主因是在当今阶段不再具备写作红利，普通人不掌握方法很难起量，这个超级平台就是公众号。

即便是头条号、百家号，相比于公众号而言，其变现能力都要略逊一筹，前提是公众号抓住第一波红利或者有变现资本。而我们本章重点就是给大家讲如何深度运营公众号、如何把公众号变成身份标签、如何进行公众号引流以及商业化变现。

学完本章，大家原则上可以理解：普通人在公众号进行内容创作且没有外部的流量激励扶持之下，如何通过流量变现来获得自己的第一桶金；如何以普通人的身份入局公众号且抓住其中的隐藏福利。

在正文开始前，我给大家讲两个故事，公众号没做起来之前，大家姑且把这些故事单纯地当作故事即可。公众号做大做强且粉丝数不低于10万之后，你会发现公众号的"故事"远比我讲得更精彩。

- 我的某位同事是百万公众号粉丝的操盘者，他不对外承接任何广告，只是服务于自身，对自己的IP品牌做宣传，收益年入百万。
- 数月前，我找某一公众号洽谈合作业务，以一条广告15000元的标准对接，而他也只是把我给他的那篇文章发表在公众号上，这一个发布的动作就值15000元。

## 13.1 公众号变现收益剖析

作为普通的图文创作者，在公众号粉丝数量不多且无法对接外部资源的前提下，能否通过流量的方式变现？答案是可以的，但公众号想要开通流量变现有门槛——500粉丝。

大家在任意网站检索"微信公众平台"，点击登录公众号，在公众号的左侧界面会出现首页、内容与互动、数据、广告与服务、设置与开发、新的功能一共六个板块。

如何开通公众号流量收益，在8+4平台章节有详细叙述，在此简单讲一下即可：点击公众号后台广告与服务——流量主，在广告管理界面申请开通即可，开通流量主功能后，在流量主界面的待办事项中会收到公众号后台给我们的站内信息。收到信息后，完善个人信息方便月结算流量收入，该流量收入与百家号一样，无须主动提现。

开通流量主业务后，理论上来说，我们发表的任意一篇文章都有一定概率获得微信公众号给予的流量收益，前提是有人点击我们所发布图文内容的下方广告。微信公众号的创作体裁分为：图文消息、选择图文、文字消息、视频消息、视频号动态、音频消息、图片消息和转载。个人创作内容支持转载但需要我们手动设置：点击公众号首页——内容与互动——原创，在原创图文界面点击转载设置即可。

公众号的流量收益相对于其他平台而言，不太看重阅读数量，看中底部广告有效点击数量。所以其单价是浮动的，无法给出确定单价。但从以往经验来看，基本达到了每万阅读量30~100元不等。也就是说：如果每天创作出一篇十万爆款的文章，就有一定概率日入千元。

**本节作业**

1.注册公众号，并实名认证。

2.增长粉丝数到500，申请并开通流量主功能。

3.开通流量主功能后发表一篇文章，分析阅读量与收益的关系，并做好复盘。

### 13.1.1 公众号收益来源一：被赞赏

接下来给大家讲公众号其他收益来源，先定个基调：大概率普通图文创作者尤其是粉丝数低于1000的图文创作者很难把握，大家如果想获得其他渠道的收益来源，就一定要先涨粉丝，要注意增长的是活跃且有黏性的粉丝，而不是在某个网站上恶意购买的粉丝。"死粉"对账号不起任何作用，这一种类的粉丝数量越多，对未来的发展就越掣肘。

相对于其他平台而言，公众号被赞赏的概率极大，同行业中有人曾写出过一篇十万爆款文章，底下赞赏的读者就超过千人。一篇文章一旦能和读者产生共鸣，且形成深度链接，赞赏将会成为创作者的主流变现渠道之一。

公众号的赞赏功能几乎是0门槛开通，只需满足以下两个条件当中的任意一个：

- 同一作者名发表三篇及以上原创文章。
- 发表三个及以上的原创视频。

在满足以上任一点要求后，在公众号的赞赏功能申请页面填写微信号，且发送创建邀请，一旦通过邀请并填写对应信息即可完成创建。

同时在微信公众号后台首页——内容与互动——赞赏，可以查看数据概况、累计赞赏金额、累计到账金额、累计赞赏人数以及单篇文章的赞赏数据，同时还可以设置可用的赞赏账户以及赞赏回复设置。

但是想要通过赞赏来获取流量变现需要有一定的节奏感，当评论区出现至少三个用户赞赏并明确表示了因何赞赏以及对创作者的鼓励，将会有更多的人愿意赞赏，前提是这篇文章本身具备可读性，且有爆款潜质。（大家可以适当利用这条规则。）

**本节作业**

1.同一作者名发布三篇及以上文章。
2.申请开通赞赏功能。
3.尝试使用赞赏功能，并做好数据记录和复盘。

### 13.1.2 公众号收益来源二：付费阅读

某些公众号文章读到一半的时候卡壳，不再展示下方内容，明确标记需要花钱才可以阅读下方文章，这就属于付费阅读。这篇文章近似一个小专栏，通过把这篇文章以固定价格的方式售卖出去来获取收益。

但大家要明确一点，并不是每一篇文章都值得读者付费阅读，也不是每一个作者都有资格要求读者付费阅读。付费阅读设置得越频繁、设置的次数越多，就越有可能引起读者反感，尤其是自己本身还没有成为IP的时候。

但是适当且巧妙地运用付费阅读，对于作者人设更有帮助（付费会反推一部分读者关注，读都读了，不点个关注就感觉自己吃亏了。这句话是我的一位学生在付费阅读完一篇文章后告诉我的切身感触，颇有道理）。

而根据官方标识，有以下四种情况，更适合设置付费阅读：

- 连载类付费内容，比如小说、历史事件分析、纪实文学等。
- 知识传授、答疑解惑、咨询类相关内容，比如买房、卖房、情感咨询、心理咨询、育儿咨询等内容。
- 多媒体稀缺混合内容，比如稀缺类视频、专栏类音频或者有创作剧情的漫画等内容。
- 个人强IP属性内容，这一块重点不在平台，也不在所写文章，而在于作者本身，也就是我们的作者IP。在此不做过多赘述，在本书的最后一章我会简单讲一下什么是IP，但是IP难度很大，且不是每一个人都可复制。

本节作业

1.发表一篇原创文章，并做好付费阅读设置。
2.设置付费阅读前一段的内容且保留悬念或按照之前专栏发文要求设置引导购买语。
3.分析数据，判断阅读数据与付费数据比例。

### 13.1.3　公众号收益来源三：付费课程推广

该类收益是目前公众号知识类博主的主流广告收益，相比于其他商务合作或者品牌推广而言，付费课程的推广更能够维持粉丝黏性，客户也更有付费意愿，且对此类商务合作容忍度更高。

但这中间涉及了行业机密，我只能简单给大家讲一下：如果你的粉丝数在1万以上且能够接到这类商务合作，一定要把握住。比如某品牌合作方准备推广知识付费内容，并告诉你诉求以及对应的联系方式和付费链接，我们把这些内容糅合到一篇文章中，引导读者点击链接购买，购买的费用基本在0.99~9.99元之间。只要有客户购买，合作方就能获取到客户购买信息，进行二次引流并主推高阶课程，再之后就不多讲了，这属于一套完整的商业化培训流程。

这一套商业化培训中的其他流程不需要你做什么，你只需要负责引导大家购买推销的初阶课程即可，而通过这种方式每增加一位顾客，你就能带来额外的50~150元收益，当然大概率是50元。

我们不妨做个假设，你有1万个黏性粉丝，而自己写的这篇商业推广软文具备一定的共鸣，最终让1000位粉丝点击购买，你获得的收益就是50×1000元的商业合作收益。

**本节作业**

本节作业为预留作业，希望大家都有回来填写的那一天。

1.努力将粉丝数提升至1万，且发布一条有明显商务合作意识的图文。

2.争取接到知识付费类商务合作，并做好记录总结。

### 13.1.4  公众号收益来源四：图文带货

如果大家还有印象的话，这是我们讲的第五个具备图文带货能力的平台，前面四个分别是头条、百家、企鹅、大鱼。公众号的图文带货，我用一句话来形容：

> "如果你有能力，一定要去做，在收益率上它比上面讲的四大平台还要优质，但公众号带货也面临极大挑战，没有黏性粉丝互动引导，很难实现商业变现。"

具体带货方式：在公众号发文界面点击右上角的三个点——返佣商品——选择所需要带的商品即可。公众号的带货模式和大鱼号的带货模式极为相似，一篇文章可以带10个货物，这就相当于自己写了一篇流量文章，同时这一篇流量文章又可以近似归类为十篇带货文章。

如果真有意向图文带货，更建议大家选择清单带货或者好物推荐类带货模式，感兴趣的尽量尝试，同时更建议大家在选择商品时选择精选商品，而不是在全部商品中选择。从精选商品页面反馈的信息来看，主流货物以书籍为主，对于读书类、文史类、心理类、教育类甚至囊括整个知识类的图文创作者而言，机遇较大。（注：头条、百家带货也建议以图书为主，数码类博主、美食类博主除外。）

1.尝试写一篇带货文，建议走清单带货或者好物推荐类型。

2.记录阅读数据及出单量，做好复盘总结。

### 13.1.5 公众号收益来源五：给自己带货

大家没有看错，现阶段的公众号允许作者给自己带货，如果你有付费方面的诉求或者你有对等产品，完全可以通过公众号给自己带货来赚取收益。

在此之前你需要在微信小店上开通属于自己的店铺，具体流程很简单，在任意平台上搜索微信小店，同时在手机端微信号上搜索微信小店并点击进入，按照对应流程开通微信小店即可。

在开通微信小店之后一定要注意：点击店铺——微信小店后台首页——店铺管理，在店铺管理处有账号信息，点击原始ID或者小程序ID并复制ID，在公众号界面发布文章之前选择添加小程序，输入ID进行检索，把自己的小店插入进去。

对于某些有售卖产品诉求或者有知识付费产品需要去推广宣传的创作者而言，这是个不错的商机。但从商业化的角度出发，公众号要有足够多的优质黏性粉丝，否则微信小店对我们的助力不大，当然视频号直播是另一种市场，在此不做赘述。

本节作业为选做作业，大家依据需求自行选做即可。

1.开通微信小店，并尝试上架商品。

2.为自己带货，复制小店ID插入到要写的文章中，并做好数据分析。

### 13.1.6 公众号收益来源六：其他变现模式类推

我们可以添加自己的小程序，也可以添加别人的小程序；我们可以添加自己的超链接，也可以添加别人的超链接。同理，我们也可以在文章中推广别人店铺的某款产品或者某个付费栏目，这些东西都属于商业变现。

而这一部分商业变现是以服务别人为基础的，对于这一类变现行为，我们不太支持但也不反对，只要注意把握节奏即可。千万不要把辛辛苦苦运营起来的公众号打造成单纯的带货平台，也不要把公众号的口碑给毁了。

这一点很重要，公众号的粉丝具备黏性，既有好处也有坏处，从极端角度出发，如果你每篇文章都给大家推销，不是推销货物就是推销虚拟产品，掉粉率会很夸张，即便有一部分粉丝仍然关注你，但这一部分粉丝大概率是死粉。

**本节作业**

1.对自己的微信公众号做构想，明确将来主打的变现类型。

2.制订计划书，为后期变现做准备。

## 13.2　公众号的三大特色

公众号运营具备三大特色，而这三大特色叠加在一起就是四个字：商业变现。不太夸张地讲，一个成熟的公众号运营模式，其本质就是为商业做服务的，无论是某些品牌的宣传，还是某家企业的公众号引流，再或者是某些知识付费的推广，最终的变现模式都是商业变现。

只依托于公众号的流量变现可行，但是非常不鼓励。之前也给大家讲过，公众号的粉丝获取是有成本的，且这个成本极大，如果单纯地通过流量变现获取微薄收入来补贴之前获取粉丝的成本，得不偿失。

即便在此之前，我们也讲过头条的商业化变现、百家的商业化变现，甚至企鹅号和大鱼号都有对应的商业化变现，但是这些商业化变现对于公众号而言，多少有点小巫见大巫的味道。

公众号有三大典型特色，分别是闭环、黏性和商业。对于绝大多数的普通图文创作者而言，失败就失败在了第一特色"闭环"上。我现在提问一个问题：读这本书的小伙伴有没有之前运营过公众号的？如果运营过的话，那么你现在的粉丝数是多少？

只要是在最近三年时间里运营公众号的，可以想象，即便更新内容再勤、发布的质量再高，粉丝增长速度终究是缓慢的，在没有外力推动扶持下，公众号的涨粉犹如一座大山，让很多作者都迈不过去。但不用担心，接下来我会给大家讲普通创作者如何快速涨粉以及引流的技巧。

### 闭环

公众号的最大门槛源于其推荐机制，我们点击公众号时，很少能够阅读到自己没有关注过的公众号作者的文章。并不是公众号不给我们推荐，事实上现阶段的公众号越来越开放，会给我们推荐一些我们可能感兴趣、但是没有关注的公众号作者的文章，但有一点大家要注意：

公众号最直观的推荐机制是只要关注了该公众号，那么公众号发布的每一篇文章大概率都会给你推送过来，并且给你提示该公众号作者今天又更新了几篇文章，在手机微信界面点击公众号栏目，就能直接阅读一大堆已更新的公众号作者的文章。

而在这种推荐机制维持下，公众号的自有推荐机制相对会无限度弱化，因为我已关注的公众号文章还没有阅读，哪来的时间精力去读平台给我推送过来的公众号文章？

### 黏性

我们反推一下：公众号既然涨粉很难，那就意味着很难从粉丝那边获得基础阅读流量，连基础阅读流量都没有，就意味着我写的文章可能压根没有人看，因此也就赚不了钱。

可是，为什么很多作者还是一头扎进公众号这篇汪洋大海里？是因为"爱"吗？不，是因为公众号的第二特色黏性，黏性在一定程度上保证了只要有人关注我，那么这个客户就不会轻易流失，在未来一段时间里他会是我忠实的粉丝。

这一特色是其他大多数平台都无法保证的，再配合着之前讲过的公众号推荐机制，只要我发布文章，这位忠实粉丝就有一定概率看到我的文章。对于公众号来说，1+1就是2。不像某些平台，觉得内容不错点关注了，可是在未来一段时间里，他可能连看都不看我的文章。

### 商业

上面两个特色给了作者充分的保障，保障了什么？只要有粉丝通过自然流量关注你的账号，那么这些粉丝就是你的忠实粉丝（买粉或者互粉不算），我们发表的文章大部分粉丝会看，当这两者结合在一起的时候，你的粉丝就叫作优秀粉丝或者有价值粉丝。

他们可以给你带来超乎想象的商业变现，比如知识付费推广、商业化品牌代言，而这些通通归类为公众号的第三特色"商业"，一个拥有着纯正商业系统且具备极强商业变现能力的公众号，出现在我们面前。所以我们只需要解决公众号最难解决的一个问题，就可以实现公众号的持续变现。

这个问题就是：如何实现公众号粉丝的高质量，以及粉丝量高速度地增加。

本节作业

熟读公众号三大特色，并做好笔记记录，为接下来公众号的引流和变现做准备。

## 13.3 爆款图文的公众号写作方法

普通人的公众号打法必须包括爆款图文的写作方法，必须让足够多的人看到我们写的文章才有一定概率增加账号粉丝数量。当然，某些纯商业IP或者"大带小"的公众号变现模式除外，这些不在我们所讲课程范围内。

### 13.3.1 追热点，让文章爆起来

想提高公众号的粉丝数量，我们首先要想到的是"写爆款"，注意这里的爆款是真正意义上的爆款，阅读量最起码能保证1万+。如果每篇文章只有1~2个人阅读，很难提高粉丝数量。

但大家大可放心，提升公众号粉丝数量远不止写爆款文章一条出路，但这是最简单的一条路。

怎样找热点素材之前我们已经讲过多次，以公众号的审核状态来看，对于爆款的容忍度较高，但是有以下几个热点内容不建议大家追，甚至完全不能追。为避免大家踩坑，我给大家详细列出来了：

1.近代史，无论是近代西方史，还是近代中国史的热点，都不要追。某些文史领域的图文创作者可以拍着胸脯保证这些资料大概率是没问题的，并且在头条、百家上都获得了高爆款，但是问题毁就毁在了"大概率是没问题"。

我曾亲眼见过一些百万粉丝的公众号博主，因为写了某些极端内容，直接被平台冷处理了。专业人才去写近代史，原则上来说不会出现问题，但作为普通萌新小白，我们收集资料的空间非常有限，很难保证所收集到的资料不会出错，你甚至连收集资料的那个网址提供的信息是不是正版书籍的内容都不晓得，在此情况下不追该类热点就是对账号的最大保护。

2.与明星、娱乐类相关的负面热点不要追。在其他平台上我们给予作者的建议是

负面热点要写出正能量来，可以追。但是在公众号上千万不要追，因为公众号几乎是被投诉和被发律师函的重灾区。

写了某个明星的某些事，这些东西一旦偏负面或者无法保证资料的真实性就极有可能收到律师函，公众号收明星律师函的频率还是比较可观的。别自己写了篇文章，赚了几毛钱的流量费，最后一个律师函反而搭进去几十万。

除了以上两个热点需要特别叮嘱外，其他热点规则按照咱们之前课程讲的认真落实即可。

**本节作业**

1.复盘之前其他平台热点写作的禁忌事项，并做好笔记。

2.再次牢记，上述两大类热点尽可能不在公众号上写。

### 13.3.2　写干货，打造工具书人设

要注意，在其他自媒体平台上我们鼓励大家去写具备可读性、趣味性的文章，但是在公众号平台上我们要试着做出转变。更建议大家从工具书的角度出发，写一些偏知识类的科普，同时走垂直路线。

我给大家举个例子：

大学时期，我们用到了各种各样的专业软件，因为学科的原因，像电气工程及自动化专业、计算机专业、土木工程专业、桥梁建筑专业、环境与化学专业等这些专业都需要在笔记本电脑上下载不同类别的软件。软件下载完成后，安装的步骤极为烦琐。后来，有一位学生创建了一个公众号，把每一个软件的具体安装流程、安装过程中的注意事项以文章的形式展示出来，同时还附带视频教程。

然后，在短短两个月的时间里，粉丝增长量超过了5000，大家知道粉丝超过5000意味着什么吗？通过纯流量获取的粉丝，哪怕超过1000都可以去承接商业广告了。

通过干货的方式吸引到对应匹配的人群，把他们聚集在一起，以干货知识来吸引大家关注，之后再进行商业变现，是最轻松的流量变现方式。当然，每个人的知识面不同，掌握的专业知识也有所不同，为了避免大家走弯路，我给大家标注几种可用于实操的干货类目：

• 纯职业类干货。不管你是公司老板还是员工，也不管你是销售员还是生产

线工人，总归要有自己的一技之长。如果没有一技之长，你不太可能在这家企业长久工作下去。既然有一技之长，那么你就可以把一技之长整理归纳，以文章的形式展示出来。当然，如果涉及企业机密或者不愿意透露的内容，就此打住即可，因为纯粹的知识尤其是能够给人带来巨大改变的知识，需要放在知识付费界面。

- 纯专业类干货。你是哪个专业的学生？土木工程专业、桥梁建筑专业还是环境化工专业？任何一个专业都有专业知识，把专业知识通过整理的方式发表在公众号上，以此来吸引对应专业学科的从业者或者学习者。

- 兴趣技能类干货。这一类干货相对而言更有市场前景，无论你擅长拉小提琴还是喜欢语言辩论，再或者读书写作，只要对该方面有兴趣，且经过一段时间的付费学习或者自我摸索走出一条路来，而且有可传授的经验，那么你不妨把这些当作宣传点，通过把自己的技能推销给别人来获得粉丝关注。

但是我们写工具书类别的公众号时，一定要注意以下三点：

- 更新速度不要太快。一天更新7~8篇大可不必，毕竟相关专业方面的知识就这么多，今天写完了明天可就没得写了，一般一周更新2~3篇最合适。

- 同一类别的知识经验无须担心重复发布，只要不是复制粘贴即可。今天发的知识点，一个月后是不是就不能发了？并不是，系统的推荐是有机制的，推荐几天后就不再推荐了，我们仍然可以老话重谈，但要注意再谈的时候要谈出新意来，不能和之前的内容一模一样，否则会被平台判定为抄袭复制。

- 不可不说也不可全说。我们把知识分享给别人，所有的知识全面铺开讲没有问题，但如果自己有商业付费意识或者这方面准备的话，给自己留下一点点的核心知识和理念，这一部分可以当作很好的付费知识教程，让自己更早地走向IP之路。

**本节作业**

从干货角度出发，为自己的公众号发展确定方向。

（1）我准备输出的干货方向是什么？

（2）该干货方向我准备输出的节奏是什么？

（3）是否有商业付费意识？

（4）我准备后期怎样运营公众号？

## 13.4　公众号的冷启动及基础粉丝整合方式

对于其他平台而言，一篇文章写完并发布出去基本就可以了。但公众号是个例外，在此之前我们需要对这篇文章以及整个账号做冷启动和基础粉丝整合。相比于其他平台，公众号发展难度较大，可一旦账号发展起来，所带来的收益也远超其他普通平台。

### 13.4.1　公众号冷启动方式

大家有没有发现一个很有意思的事情：当一些人决定做公众号的时候，在未来一周两周甚至更长时间里，他们都不间断地把公众号发布的内容分享到朋友圈来，为什么？因为他们想要获得第一波初始流量。

说起来挺有意思，但也挺残酷，绝大多数的公众号第一波初始流量就是自己的亲戚朋友，很多自媒体创作者总觉得不好意思，对此大可不必。作为自媒体人，我们本就应该有这样的觉悟，且图文领域扩大宣传的方式要比视频账号扩大宣传的方式更委婉些，如果连这一步都做不到的话，那公众号的起量或者冷推荐的确很难达到预期值。

如果你的微信好友人数满500及以上，且他们大多数都愿意积极配合，直接把你的公众号粉丝数量推到500以上的话，尝试申请流量主，大概率可申请通过。

以上所讲的没有任何操作难度且不需要耗费任何脑力的推流方式，就是公众号最为重要的推流方式。把自己的公众号文章分享到朋友圈，就这么简单，我们也可以把上面这一流程称为账号的冷启动。

**本节作业**

1.发表一篇高质量水准的公众号文章。

2.分享到自己的朋友圈，邀请亲友帮忙点赞关注+转发。

3.记录数据，将此次公众号涨粉数据做好标记，为后续冷启动做准备。

### 13.4.2　基础粉丝导流及引流方式

把公众号分享到自己的朋友圈，虽然容易操作，但是效果较差，从以往经验来看，仅仅能达到自己好友数量1%~10%的关注率。如果自己有1500个微信好友，这番操作下来，充其量能增长150个粉丝关注，这已经是非常不错的成绩了。那除了这个方法之外，还有没有其他方法来迅速提高公众号上的粉丝数量呢？有的，还有很多方法。在这里，我选出几种比较优质的方式给大家讲一下：

1.公众号商务合作。这种方式涨粉几乎是立竿见影的，但是需要真金白银的花钱，但不用担心买过来的粉丝是死粉，具体操作方式为：联系一个十万粉丝甚至百万粉丝的微信公众大号，并且自己写好一篇文章，让对方帮忙把这篇文章发布出去，在发布文章的过程当中，插入自己某一篇文章的链接和自己的公众号卡片，方便从微信公众大号那边直接引流。

但这中间的种种花销也要做好预估，一般是1万块钱起步，对于那些迫切想要提升粉丝数量，且有一定把握能够通过新增粉丝来实现商业变现的人来说可以尝试一下。

但如果只是普通的流量变现作者，通过最基础的流量变现方式来赚取收益的话，大可不必做这般尝试。因为在未来很长时间里，你都不太可能赚回这笔商业服务费。

通过这种方式增加粉丝，有两点注意事项：首先你给某个大号的那篇软文必须保持原创度，且内容足够优质；其次，你的文章需具备一定的可读性和吸引力，要把自己展示出来，明确表达出自己的这个公众号优势、主打方向以及能够给读者带来哪些帮助。

2.视频号引流。不要忽略视频号的巨大威力，不太夸张地讲，如果你视频号上的某一条视频突然间获得爆款，那视频号的这一部分粉丝或者读者有1%~3%的概率可以引流到公众账号上来。当然这一部分数据也只是我之前的测试数据，并不是官方数据。

做个假设：如果有十万人观看你的某条视频号内容，很容易给公众号引流一千人以上。而且视频号的推荐机制和公众号的推荐机制完全不同，视频号的推荐机制大体分成三种：第一种是随机推荐；第二种是自己关注的视频号博主内容优先推荐；第三种是自己家人、朋友、微信好友点赞的视频优先推荐。

但无论如何，视频号内容随机推荐也占据部分比例，只要内容足够优质，就会形成滚雪球效应，视频越爆款粉丝就越多，同时带动公众号粉丝也越来越多。建议在发布视频号内容时，插入与视频号内容关联的图文公众号文章链接，具体操作如下图所示：

3.趣头条等部分自媒体平台引流。在之前我们讲趣头条的时候说过：趣头条可以帮助公众号引流，前提是趣头条的等级达到三级，且提供正确的公众号名称、公众号ID、公众号介绍以及辅助材料等相关内容进行提交审核，一经通过，就可以推广微信公众号。

4.除此之外，小红书也可以在个人介绍界面添加微信公众号，知乎也可以添加自己的卫星号（卫星号为谐音，在职业经历界面添加），需要采用谐音且有一定的风险。但大部分自媒体平台都不允许进行公众号引流，比如头条号、百家号、大鱼号等平台，大家切记。

5.软广。软广是需要花钱的，如果我们没有钱给自己做软广，可以借鉴某些视频博主在其他平台上发表的类似言论："给大家推荐几款宝藏公众号的视频，关注后能给我们带来怎样的帮助。"那我们也可以拍摄类似的视频，然后在头条、百家、小红书、抖音、快手等平台发布，在发布的时候可以顺便说一下：

"第五个平台（注意，一般不直接说公众号，防止限流）就是我的个人号，希望大家多多捧场。这种引流效果也不错，但要谨防被封号。"

**本节作业**

1.为自己的公众号选择一种引流方式。（初期建议选择零成本引流方式。）
2.做好规划，尝试引流一个月并进行数据分析。

## 13.5 涨粉的禁忌

最后补充一点：公众号涨粉不同于其他平台涨粉，死粉对我们的账号没有任何帮助，所以大家不要买粉。

有一些创作者操之过急或者心态不稳，希望把数据做得好看一些，花了几百、几千甚至几万买了一大堆死粉。数据挺好看，但是压根没人找自己做商业广告，粉丝只是一堆无用的数字，给账号带不来任何帮助。一天写好几篇文章，也没几个人看，好几个月就赚了三毛钱，亏得可不是一点点。

在公众号平台上购买粉丝，没有任何功效；同时其他平台也不要购买粉丝，以小红书为例，如果购买粉丝会被判定为数据异常，之后甚至会取消你投放薯条的功能。

买粉，大可不必！

自己运营账号涨的真实粉丝，才是有效粉丝！

**本节作业**

如果你有一些购买过粉丝的朋友，也可以问问他们具体的效果如何。

第 14 章

# 知乎篇：
# 商业变现与IP打造

接下来我们讲含金量仅次于公众号且适合作者流量变现与商业变现的平台——知乎。知乎的知名度和在行业内的影响力超乎想象，它不同于公众号的闭环模式，相对而言，知乎已真正意义上实现了让作者凭本事吃饭（这句话前缀有点多，但缺一不可，大家多读几遍）。

*有本事的人能吃饭，没本事的人连饭都吃不起——知乎。*

这也是为什么我会在8+4平台中把知乎平台放在最后，知乎并不适合每一位图文创作者，但如果我们真的有可实现商业化或者可进行IP打造的风格，一定要尝试知乎平台，在这个平台上做大做强后所形成的背书和能量超乎想象，其他平台如果有什么活动也会优先考虑知乎上的高粉创作者。

但我们不得不面对一个残酷现实：对于绝大多数图文创作者而言，想要在知乎平台上增长粉丝、提升知名度难度极大，除了必要的技巧外，还必须有过硬的实力。实力如何提升，大家看本书前7章的内容即可，前几章重点讲与写作相关联的知识，把这些内容拿过来重新过一遍，尽可能提升写作能力，将优势面放到最大即可，而技巧方面是我们本章重点要讲的。

## 14.1  知乎变现的主要商业模式分类

知乎图文创作者的主流变现模式分成三类，分别是付费咨询、知乎好物和商业推广。此外，如果在知乎上做视频的话，也可以获得对应的流量扶持和现金激励。（现阶段知乎的发展更倾向于图文、视频两手抓，但图文占据的优势面更大些。）

我们把图文的三大变现模式依次来讲解下。

### 14.1.1　付费咨询

打开电脑端知乎后台网页的主界面，在中间靠右部分找到付费咨询，点击付费咨询按钮查看答主和问题，点击热门答主，从上往下随便找一位咨询答主查看数据。

我查到的是某位医生，涉及隐私，就不给大家截图了。其在过去一段时间里总咨询次数达到了4880次，而每次的咨询单价为199元，通过简单乘法计算，不难发现其单纯付费咨询功能获得的个人收入就已经超过了97万。

当然这笔钱中的一部分要拿出来参与分润，同时这位答主也极有可能有合伙人或者员工帮忙答题，具体净收入就不多讲了，但无论如何，这都是一笔不可小觑的利润。

如果我们也想通过付费咨询的方式获取收益的话，需要用手机APP打开知乎——右下角我的——付费咨询——右下角我的咨询——右上角设置，将图文付费咨询开关、个人页咨询入口两个按钮打开，设置图文咨询单价、图文咨询可咨询条数、咨询简介以及是否允许咨询者公开内容，设置好这些后，我们就可以在知乎上帮助别人答疑解惑，以此来获得额外收益。但有一个前提：我们的粉丝数量最少过万且在某行业中有一定的知名度，否则被付费咨询的可能性相对较低。

**本节作业**

1.按上述要求，设置付费咨询，并添加一份优质自我介绍。

2.给知乎账号制订一份发展规划，打造个人付费咨询品牌形象。

### 14.1.2　知乎好物

在此之前，我们讲过哪五大平台可以通过带货的方式来变现？分别是头条、百家、企鹅、大鱼和公众号。算上知乎，我们整本书总共讲了六个可以带货的平台，知乎好物门槛相对较低，与百家、企鹅平台相类似，只需要达到三级即可开通好物推荐功能。

之前我们讲过，知乎等级提升至三级并不困难。以我的账号为例，只随便更新了几篇文章，就直接达到了四级以上。当我们等级达到三级之后，打开电脑端后台界面——创作权益——好物推荐。在该界面，我们可以看到这样一句话：

"你可以在回答文章、视频、直播橱窗中插入样品商品卡，若读者通过卡片购买，可以获得对应收益。"

这和我们讲过的其他平台图文带货有异曲同工之妙。在申请开通该功能后，进入知乎首页——写文章功能，在编写文章时找到上方的标识栏选中并点击用户收益按钮，就可以直接插入商品，来源包括但不限于京东、淘宝、拼多多、知乎商品、教育课程、知乎会员、美团酒旅和苏宁等多渠道的商品。（补充一点：知乎好物推荐，可推荐内容更多，且包括虚拟服务。）

我们可以选择适合自己平台的商品，甚至还可以查看其渠道品类、销量排序等。要注意，如果我们是初次带货，尤其是京东、淘宝、拼多多等平台货物，需提前绑定推广位（pid），我们以绑定淘宝平台pid为例，需要做如下准备：

填写媒体备案——生成pid——将对应pid粘贴到对应平台的阿里妈妈pid管理栏中，即可进行推广！如需备案，请统一到淘宝联盟后台进行操作！在这里要注意，所谓的pid更类似于我们的身份标签，用来统计在淘宝、天猫、拼多多或者京东带货时的实时数据。

获取pid并没有很复杂，各大平台都有对应流程，甚至会提供链接，点击链接直达对应网页，注册登录即可获取对应pid信息。值得注意的是：一部分人之前开过淘宝店铺或者之前就有过淘宝pid，但在后续过程中由于并没有及时跟进或手机号已注销以及其他原因导致无法找寻或很难找回pid，此时可以使用家人的pid，但每个人只允许拥有一个pid。

同理，在写问答时也可以插入对应商品、教育课程、知乎会员等，要注意我们不但可以在知乎上进行图文带货，还可以推广付费咨询或者插件服务，这些都是知乎平台鼓励且支持的。

## 本节作业

1.发布图文，把知乎等级提升至三级以上。

2.开通好物推荐功能，尝试知乎带货功能。

3.记录带货数据，复盘整理。

4.结合下一章多平台分发，尝试一篇文章六平台带货。

### 14.1.3　商业推广

知乎的商业推广和公众号的商业推广基本类似，都是通过接商单来实现变现，在此不再赘述。商单的多与少、佣金的高与低只取决于知乎账号的粉丝及粉丝黏性。如果粉丝数量多，比如十万以上且粉丝黏性足，一条商单总收益可能就在五位数以上。

但是如果没有粉丝或者粉丝虽然有但没有黏性，极有可能出现没有商家找自己进行商务合作的情况。同时要注意，在知乎上进行软广、硬广等商业推广时，一定要委婉，不要太过直白，否则极有可能出现问题。

**本节作业**

1.尝试使知乎账号涨粉，且制订详细涨粉目标。

2.尝试进行商业推广，且与公众号做比较，进行商业推广复盘。

## 14.2　如何通过写作打造知乎商业变现模式

目前来看，知乎是两条路在跑：既有图文又有视频，我们在不考虑视频的前提下，如何通过图文写作的方式来打造知乎商业化变现呢？在这里给大家提供了一条道路的三种步骤，大家可以按顺序去做：

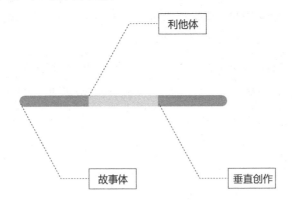

### 14.2.1　故事体吸粉利器——优先把粉丝涨起来

大家逛抖音、快手的时候有没有遇到过这种短视频：某位创作者截取了一张图片，图片上是知乎的某位图文作者写出来的文章，然后图片在抖音、快手等平台上以视频的形式播放出去，文章里的故事看起来非常有趣，让人产生共鸣，于是这一条视频能够轻松斩获几千赞甚至几千条评论。

很荣幸我写的一些故事也被快手或抖音等平台剽窃过，对于这种行为我不横加干预，我们可以通过此类行为来反推：知乎最大的涨粉利器——故事。知乎的故事，最重要的一点是引起共鸣，你要让读者感同身受，能讲出打动读者的那个点。

而在知乎上写故事可不是随便写的，包括选题、故事框架、发布后的冷启动三个环节。我们按顺序来讲：

1.选题。在知乎上写作更建议先写问答，再写文章，问答比文章更容易吸引流量。写问答的具体操作步骤：在知乎主页点击回答问题，在回答问题界面找到近期热点、潜力问题、问题搜索、问题推荐等与问题相关联的板块。每一个板块中，又有不同的细分，如果按顺序挨个回答的话，费时间不说，也无效益可言。

在这四个板块当中找寻问题时，要满足以下三个条件：

条件一，该问题近期有人回答过。

条件二，近期回答过该问题的文章自然点赞数据大于等于50、自然评论数据大于等于20。

条件三，问题本身具备一定的可读性且无商业推广（商业推广存在推流或者引流模式，不稳定，新手不要参与）。

2.故事框架。我们在知乎上随便点击几个高爆款的问题回答就不难发现，除了某些非常特殊或者追热点、赶时髦的高赞知乎问题外，绝大多数点赞数据比较好的问题回答大多是以第一人称叙述的。

这和我们之前讲头条、百家等其他自媒体平台的写作方式不同，甚至与我们之前讲过的写作基础规则和流程也相违背。我们尽可能具备个人特色，且以第一人称为主导写节奏相对紧凑且有反转的故事，这样做有更大概率吸引读者。

比如丑小鸭变成白天鹅之类的故事，再比如穷小子的逆袭，一个人从最普通的阶层跃迁到别人无法想象的阶层，再或者自己曾经面对怎样的逆境，经历了种种磨难，最终又到达了怎样的人生巅峰。

这种故事受众很多，这也是为什么一直有人吐槽：打开知乎都是人均百万的流量，与其说是吐槽倒不如说是机遇。当然我们写故事的时候，也不能太过离奇，否则就不合规矩了。

3.发布后的冷启动。知乎的冷启动很有意思，我们同行业中的很多导师包括我都对此做过研究，一个优秀的知乎问题回答即便不做冷启动也能够成为爆款，但是很多导师都在说知乎必须要有冷启动，那我们也简单讲一下。（其实冷启动与否并不会影响内容推荐，内容推荐与否的主因只有质量和可读性，但之前一直有学生纠结这一块，这个环节我简单讲讲，大家自行权衡即可。）

回答完一篇问答且已经审核通过的20分钟内，可以尝试进行冷启动：陆续把内容发给周边的亲戚、朋友或者粉丝，只要有20个及以上的点赞，那么这个问答就会源源不断地被推荐。

关于冷启动，如果非让我总结的话，就是一句话：打铁还需自身硬，你得写得优秀，否则冷启动启动得再多也毫无作用。

**本节作业**

1.挑选一个适合创作的问题。

2.写出优质答案来，并进行后续数据跟踪。

3.尝试进行冷启动，让亲友帮忙点赞20个左右。

### 14.2.2  利他体——让读者受惠

当我们通过故事体吸引读者后，持续输出下去便会积累一定的粉丝，在任何一个平台都是如此，只要有人愿意看你写的文章，且愿意看的人有很多，就会有粉丝积累，无非是快慢的问题。而在知乎上通过写故事的方式积累第一波粉丝后，就要有意识地向读者灌输这个概念：关注我，能够给你带来怎样的知识。以我为例，我的知乎账号最后一句话永远是：

"关注我，不定时分享与写作变现相关的知识，帮助大家通过写作打造第二副业。"

在这一阶段，我并没有每一篇文章都讲如何写作、如何通过写作变现。我既有与写作相关的内容，同时也追一些热点问答，写一些故事体，这样做最大的好处是：既能让读者意识到你的账号主体对外传输的内容方向，同时也能通过写的热点问答、故事体问答吸引读者关注，这两者缺一不可。

毕竟过早地打造账号 IP，最开始对标账号就是知识型博主 IP，成长难度很大。在粉丝没有达到一定基数时，纯干货输出的粉丝黏性远不如另一平台公众号的干货输出黏性。此外，我们讲故事时也要区分不同的故事类型，是情感答疑还是亲子教育？故事类型最好与自己未来账号的方向相契合。

在输出故事体问答时，也可以捎带告诉读者"我不但教大家某些知识技能，同时还会分享有趣的故事"，以此来让读者关注我们。

1. 确定自己未来的商业变现方向，并对原有故事体问答做方向调整。

2. 保持故事与干货输出比例为 2：1，记录一个月时间内粉丝增长数据并与上一个月做数据比较。

### 14.2.3　垂直创作——成为行业品牌

当我们完成上面两个步骤后，就要开始第三步：实现个人商业变现。要注意，知乎变现更多的是从个人角度实现变现。我们会发现一些知名的知乎博主很少做商业推广，也很少做图文带货，更多的是把自己的知识内容推出去，同时做知识付费内容。

无论你是职场精英还是医院的资深医生、某律所的资深律师，只要你有一技之长，且能够顺利地把一技之长展示出来，知乎的变现模式就能够与你完美贴合。

我们可以开通付费咨询栏目或者在知乎上写一个专栏，通过专栏引导读者付费咨询（图文或者问答也可引导）。这些都是可行的，且不存在限流情况，除非发布的内容中有违规推广或者违规言论。

在这里给大家一个善意的提醒：知乎是准许商业推广的，但是不能太露骨，否则极有可能被冷处理，之前我们同行业中一位近 10 万粉丝的知乎大号，就是因此被禁言，账号显示异常，已经接近一年的时间没有进行内容创作了。

值得注意的是，目前与成人教育、成人技能教育、成人再就业教育相关的话题在知乎上属于热门话题，且不少大企业也积极主动寻找这方面的创作者，通过包装创作者来实现知识付费和 IP 打造，如果真能够被某些行业巨头看中且签订合同的话，带来的收益远不止变现这么简单。

**本节作业**

本节作业为预留作业，希望大家都有做的那一天。

1.我准备的垂直创作内容是什么？

2.我的商业化运营方向是什么？

3.我的商业化运营成绩有哪些？

## 14.3　知乎运营注意事项

知乎的整体运营模式和前面所讲的各个自媒体平台的运营模式有不少重叠，所以我们无须长篇大论讲知乎的文章怎样去写、文章的框架怎么搭建。但是知乎不同于其他平台的注意事项也不少，一不留神就可能踩坑了，在这里给大家单独列举几项知乎特别需要图文创作者注意的内容，一定要牢记，对知乎运营有很大帮助：

1.规避关键词。任何一个平台都要规避关键词，比如某些特殊的词平台一旦对标上，要么找人工审核重新排队，要么直接驳回内容强制下线。以今日头条为例，同样发表一篇文章别人都是秒过，可自己这篇文章要在审核一段时间后才有一定概率通过，为什么？说明这篇文章中有某些违规关键词。以趣头条为例，不能频繁提及体制或者公务员字样，否则有一定概率被驳回并强制下线。

知乎也是这样，但知乎有一点需要注意：某些文章有问题悄无声息地就被删掉了，我们可能还没有意识到有问题的时候，文章就没有了。为了避免该类意外情况发生，在文章发布前有必要检查一下有没有违规关键词。

检测的工具市面上五花八门，有的工具需要购买会员，但对于绝大多数新手而言完全没必要，大部分工具都有免费检测文章的机会。

2.问答内卷。如果是几年前，在知乎上回答问题，三五百字基本也就差不多了，而且三五百字回答的问题，有一定概率获得几百甚至上千人的点赞。但现在很多问题回答已经不止300字、500字，甚至不止2000字、3000字。

我们点击后台界面首页刷新，会发现很多达到4000~5000字的问答，他们引经据典，洋洋洒洒，每篇文章就跟小论文一样，让人看后自愧不如，对于这一部分内容我不做过多评价，事实上他们中的一部分是纯粹的商业化模型，接商单之后为了提高阅读量，把数据做好才这样做的。而另一部分人是跟风，当然还有其他情况我就不多讲了，我们普通人在知乎上写问答时，对字数也有要求：建议字数在2000字以上，如果实在达不到2000字标准也要达到1500字以上。市场大环境就在这儿，如果做不到比别人更优秀，我们很难短期内起量。

3.标签问题。在知乎上选中一个问题准备回答时，会发现这个问题的上方会有标签，比如：互联网、职场、人生、情感、教育、育儿等各式各样的标签，如果当天我们精心挑选了可供回答的问题，但只有这一个问题符合选题标准，且具备趣味性，有一定概率能成为爆款，那么直接回答这个问题即可。

但如果当天已经选了3~5个优质问题，且都有一定概率获得爆款，我们就要看一下每个问题的标签数量，原则上来说选择标签多的要比选择标签少的更有可能成为爆款。因为标签多意味着会触及更多不同的人群，市场前景也更广阔一些。

4.切记不要引流。不排除一部分读者看到本节的时候，把刚才讲的大部分内容都忘记了，只记住一句：知乎是商业变现比较优质的平台，那既然商业变现比较优质，我直接把我的粉丝引到私域池子里，可以吗？我可以给每一位关注过我甚至在我回答的问题下面发表评论的人都发送我的微信联系方式，让他们加我为好友吗？

千万不要这样！任何一个平台对于引流都是相对忌讳的，知乎也不例外，不仅不能在评论区发联系方式，甚至都不鼓励私信粉丝联系方式的行为。

那如何让读者加自己好友并且把这一部分群体引到私域中来呢？有一个方法，在知乎的简介栏目里填写自己的职业经历，我填写的是卫星号+我的个人微信。

这属于小窍门，但是谁也无法保证这样的添加方式平台后续是否会采取某些措施来整改，但是从目前来看其引流效果还是非常不错的，一个几百粉丝的知乎账号就可以轻松引流数十人甚至上百人到私域，引流效率甚至能达到10%~20%。

但有一个前提，自己的内容要彰显出IP特色来，如果没有特色很难引流成功。更重要的是这一部分特色，要让读者感觉有利可图才可以。

5.发文时间和发文数量。对于知乎创作，总有一些人有这样的疑问：

"我一天写几篇问答合适？问答什么时候发布更合适？"

我先来回答第二个问题，什么时间发布都合适，我之前统计过发布问答时间与流量的关系，我凌晨两点发布过问答，早上8点也发布过问答，黄金时间段也发布过，流量并没有太大影响。

但这样的回答似乎很难满足图文创作者包括我之前学生的诉求，所以我换了种说法：读者有空闲看手机的时间是知乎内容发布的最佳时间。早上8：00~9：00；中午12：00~2：00；下午6点以后这三个时间段是正常上班族空闲的时间段，他们有充足的时间去阅读，所以你需要在这三个时间段之前把文章发布出去，且通过审核。

那单个知乎账号一天可以回答几个问题呢？如果你想多回答几个，也没问题，但是一个知乎账号每天多次回答问题会有两个弊端：

- 系统会监测异常，你是怎么做到一个小时回答十个问题的？你是否存在洗稿行为？系统一旦监测到异常，你的账号离流量下滑就不远了。
- 回答的数量越多，回答的质量就越差，毕竟人的时间精力有限。所以一天回答1~2条问答即可，不需要刻意追求数量。

6.对标优质账号。如果真的希望通过知乎实现商业变现，给大家一个建议，在正式入驻知乎的前两周时间内每天最少浏览知乎1~2个小时，把知乎中优质回答者的名单收集起来，然后仔细研究他们问答的前两段有怎样的特殊之处。

在此之前，需要先对标领域，在垂直领域中找寻高爆款和高粉丝量的知乎创作者，把他们的内容多读几遍，尤其是问答开头（大部分的问答开头都是模式化、套路话，虽然老旧，但很受欢迎，能吸引读者注意力的好开头才是我们需要的）。

如果自己认识抖音、快手的创作者，也可以合作一下，但这中间的流程太过复杂了，我简单讲下：

能否把自己写过的某篇优质故事体问答中的一部分截取出来，让抖音或者快手的朋友帮助自己把这张图片发布出去并配上音乐，然后在评论区把自己的知乎昵称置顶？如果真的能这样的话，视频一旦爆款，知乎账号涨粉三四位数还是很容易的。

（再补充最后一点，知乎没有养号一说，购买会员与否主要看自己诉求，不购买会员也不会限流，别瞎想！）

**本节作业**

1.牢记知乎运营的六点注意事项，并做好笔记。

2.对标至少5个知乎高爆款问答创作者，并熟读其至少25篇问答，尤其是问答开头部分。

第 15 章

# 分发篇：
# 让一篇文章拥有多份收益的最佳方案

我们之前在讲8+4平台的时候，就一直告诉大家有些平台可以直接当作分发平台备用，那什么是分发？为什么说分发是让一篇文章拥有多份收益的最佳方案？在本章中会给大家详细讲解。

## 15.1　什么是内容分发

在正式看本章之前，我先提问大家几个小问题，大家不需要查找答案，只需要把自己下意识的想法说出来即可：

问题一：我讲的8+4平台，每一个平台我们都需要去注册且运营账号吗？

问题二：某些平台可能辛辛苦苦运营一个月，连新手期都过不了。例如一点号，要达到15级才能开通点金计划，我最开始要更新几百篇文章且没有任何收益吗？

问题三：我注册了8个账号，是不是一天最少写8篇文章，分别发在8个平台上才能完成日更？

我们本章的主要目的就是为了解决上述三个问题顺便帮助大家提升写作变现收益，实事求是地讲，我个人账号有40个，在不同的平台上。有一些平台没有给大家讲，大家也没必要去注册，那些是大概率赚不到钱或者赚钱的门槛极高，普通人无法企及的。

但是持续输出基础流量文且能变现的平台都给大家介绍完毕了，以我为例，想保持多平台每个账号都完成日更明显不太可能，于是就会触发新型写作方式——内容分发。

在具体讲解内容分发的优势、内容分发如何操作、内容分发的注意事项之前，我们要先了解什么是内容分发。

假设在某一天，你辛辛苦苦写完一篇文章，并且已经给这篇文章起了标题，配好了图片，布局和排版也都弄好了甚至还检查了错别字，能够保证这篇文章是个人原创文章。这个时候你就可以肯定地对任何一个平台说：这篇文章是你的个人原创文章。这篇文章既可以发在头条上，也可以发在百家上，还可以发在企鹅号、大鱼号、公众号等各大平台上。

以8+4平台为例，我们讲了12个主流平台，那么你写的某一篇文章理论上来说可以同时发布在这12个主流平台上，并且这12个平台你都可以问心无愧地标记上：这是我的原创首发文章。我们完成上述步骤的动作就叫内容分发，也就是一篇文章分发到多个平台。

而这个动作的总耗费时间可能连5分钟都没有，也就是说在5分钟内，你几乎等同于多写了额外的11篇文章，其所带来的收益也非常可观。在行业内有这样一句老话：东边不亮西边亮。这篇文章发在今日头条上，没有成为爆款，但是在百家号、企鹅号、大鱼号上突然得了个小爆款，一篇文章综合下来能够保证收益在500元及以上，这就非常可观了。

**本节作业**

1.对内容分发有个大概认知，了解内容分发的字面意思。

2.明确内容分发对象，暂定几个平台作为分发同步运营平台。（建议优先考虑头条、百家、企鹅、大鱼、知乎和公众号）

## 15.2　内容分发的优势是什么

接下来给大家讲一下内容分发的优势是什么。我们从理论出发，聊一聊内容分发最大的三个优势。

### 15.2.1　防剽窃，维护自身版权

就在前两天，我打开了百家号某个账号的后台原创保护界面，点击进去后发现有一篇文章被公众号名为妈咪**学堂的账号侵权了，我在微信公众号上检索到这个人，并且给他发消息，要求他在第2天上午12点前把这篇文章下架删除且给予书面道歉，很遗憾已经3天过去了，我仍然没有收到对方的书面道歉且这篇文章还挂载在

对方账号上。

　　当然，如果我想维权的话，方式有很多，比如我签约的某家维权机构，维权机构可以帮我全权处理被侵权的事情，同时我也可以通过平台的原创保护功能一键维权我的文章。但是这些行为并不能完全解决问题，换个角度想：在对方抄袭我这篇文章前，我主动把这篇文章分发到公众号平台上，那么对方还有可能抄袭我的文章吗？大概率没有可能。（各个平台几乎都有关于平台内部的反抄袭机制。）

　　此外大家不要过分依赖平台的维权系统，某些平台是无法维权或者很难维权成功的，所以把文章发布到该平台可以有效遏制该平台其他图文创作者抄袭我们文章的行为。当然这个有效遏制也不是百分百遏制，所以在此，我希望读到本书的读者要坚守自媒体人的底线——原创。

　　在写作行业，很容易碰到各种各样被抄袭的案例，从朋友的角度出发，我当然鼓励在座的各位遇到别人抄袭我们的文章时积极主动维权，明确告诉对方：文章版权在我这边。但是从效益的角度出发，我要否定刚才的观点。

　　我现在给大家看一张图片，图片上是我的某平台账号在过去一段时间创作的过程中文章被侵权的数量。待维权数量达到了1105篇，这还仅仅是某一个账号，如果我每天的主要任务就是处理被侵权文章，可以想象在未来最少两个月的时间里，我是没有任何收益的。

　　因为维权不是点击一键维权这么简单，部分平台会拒绝被维权，他们会拒绝删除抄袭者的文章，这个时候你还需要跑到对方平台，通过对方平台的维权系统来证明这篇文章是你写的，你需要提交的资料包括但不限于你的后台截图、这篇文章的首发链接、你的联系方式以及这篇文章资料收集等各种各样的信息，耗费的精力是巨大的。即便如此，平台也不会立即删除该文章，还会有对等时间的考察期或者反馈期。

　　所以从效益的角度出发，建议大家签约原创保护，让系统帮助我们积极主动维权；同时通过多平台分发，杜绝某些平台被侵权，将侵权损失降到最低即可。

**本节作业**

1.以头条、百家为主体，签约维权机构，对侵权行为进行维权处理。

2.记录维权数据，查看是否有维权失败案例，并做进一步打算。（个人建议：系统维权失败后，不用再耗费时间维权，除非其行为侵犯我们的核心权益）

### 15.2.2 多收益渠道，让收益翻番

这一点不必多讲，多平台分发就意味着每个平台上的每篇文章都是自己的首发原创文章，各大自媒体平台都会对这篇文章予以推荐。这也是多平台分发的魅力所在，但是一些创作者总会有这样或者那样的疑惑：

"我把这篇文章分发在多个平台上，是否意味着我对投稿平台不忠？这个主流平台是否会对我的内容限流？"

而针对于此，有着各种各样的解说，甚至还有人说：如果你在某个平台上优先发布，且过两个小时后发其他平台的话，在该平台上就不会被限流了，针对这一点，我以我的个人案例来讲：

在我的自媒体写作过程中，几乎每一篇文章我都在多媒体、多平台分发，收益没有受到影响，以今日头条和百家号两大平台为例，该有的流量都有，单价也不错，多平台分发并不会影响到推荐量，这一点大家大可放心。

接下来给大家看一篇文章的收益情况，这是我之前老生常谈的一篇文章："为什么街上发传单的会把传单发完，而不是丢到一边，假装发完呢？"这篇文章在头条、百家、企鹅等多个平台都获得了爆款效果。

在今日头条上获得了153万阅读量，创作收益达到了5761元。

在百家号上获得了49万阅读量，按照每万阅读量50元来计算，获得了2500元收益。

在其他的各大自媒体平台上获得的总收益，累计也能有2000元，在企鹅号上还获得了企鹅号的征文奖励，额外增加100元收入。把这些收益合在一起，单篇文章收益就达到了1万元。

当然这篇文章给我带来的收益远不止于此，因为在后期我又把这篇文章转成了视频获得了爆款，把这篇文章的选题加以灵活借鉴又复盘了几篇同质爆款。但这些与多

平台分发没有直接关联性，我们就不再过多赘述了。

多平台分发和盲盒一个原理，我们无法保证哪一篇文章突然成为爆款，也无法保证哪一个平台突然有一篇爆款文章。既然无法保证，倒不如在各个平台上都试一试，毕竟这是自己的原创文章，自己有权利将这些文章发表在自己愿意发表的平台上，前提是不违反规则，不触碰红线。（独家签约者例外，被平台独家签约后默认发布唯一平台。）

**本节作业**

1.归拢账号，分析自己各大平台账号的运营情况。

2.为接下来内容分发做好准备，并确定需要分发的平台。

### 15.2.3 多机遇，征文、签约占据主动

一般情况下各大平台都有征文活动，至于是否有签约活动，则依托于不同平台之间的战略衡量。我们先来说下征文活动，之前给大家讲过今日头条、百家号、企鹅号、大鱼号、一点号、搜狐号等各个平台对应的征文活动，活动界面在哪不多讲了。

大家要注意，如果在各个平台上看到合适的征文活动，我们是可以把文章投放过去的，但在投放前一定要注意部分征文活动要求独家发放，即这篇文章只能发布在这一个平台上，才能有效参与征文活动，遇到这种情况要遵守平台规则。（不过现在这种要求很少了，除非公众号投稿或者其他特殊情况。）

如果一篇文章同时参与3~5个平台的征文活动，即便只在一个平台中了奖，那这一部分奖励也属于额外收益。

此外，各个平台对签约名额以及是否给签约机会的态度也大不相同。以趣头条为例，等级达到五级后有一定机会申请签约；而今日头条现在的征文活动好像很难找到与签约相关联的活动；百家号的某些与知识类相关的图文、视频类活动明确表明有一定机会可以推荐匠心计划签约。

各个平台对于签约的衡量标准也不同，但是我们持续输出优质文章，在不同平台间提高影响力，参与各个平台的征文活动，被签约的概率要比在某单一平台签约概率大一些。

多平台分发最难搞定的还是图文创作者的小心思，一些创作者肯定会这样想：

"我既在这个平台上发表文章，又在另一个平台上发表文章，人家官方签

约的时候怎么可能会签约我？他肯定认为我耍心眼。"

你想错了，恰恰因为你在这个平台上发表文章，又在另一个平台上发表文章，官方意识到你是个不可多得的人才，一旦官方在与你签约之前被对方挖了墙角，那么你就有可能引一部分流量前往对方平台。

一旦官方认定你会影响部分流量或者个人有IP可能的话，会立刻和你签约。所以在没有签约前，不用太过于顾虑是否在某单一平台上进行图文创作，可选的平台很多，我们既可以把文章发表在这个平台上，也可以同步发表在剩下的十一个甚至更多平台上。

**本节作业**

1.查看各大平台与自己发文垂类相同的征文活动。

2.做好记录，为内容分发和参与征文活动做准备。

## 15.3　内容分发的具体操作步骤

内容分发的步骤讲解是本章的重中之重，很多人知道内容要分发，但真正分发时却放弃了，为什么？因为每发一篇文章都浪费接近两个小时，这样做是得不偿失的。原则上来说，分发一篇文章到各平台，最多不要超过10分钟，尤其对全职自媒体创作者而言，更要如此，以便于腾出更多的时间供我们进行图文创作。

### 15.3.1　5个必要满足条件

在讲解多平台分发的具体操作流程前，我们需要了解，如果想实现多平台分发，必须满足以下5个条件，缺一不可，否则多平台分发将会成为鸡肋。

1.省时省力。多平台分发的时间一定要控制在10分钟以内，从全职写作的角度出发，我们一天可能会写5~6篇文章，按照6篇文章来算，多平台分发就需要占据一个小时，这个时间量还是很大的。所以我们必须找到一种特殊模式，可以帮助我们最快速、最便捷、最高效地进行多平台分发操作。

2.图片没有logo且准许复制。在多平台分发的过程中，如果我们提前编辑好一篇文章，把这篇文章放在某个文档里或者放在某个自媒体平台上，再复制到其他平台时，会发现图片无法复制过去（石墨文档）或者图片的右下角有该平台的logo（头条、百家等），这是绝对不允许的。

图片要么没有logo，要么只能有自家平台的logo，比如发表在今日头条上只允许有头条或者悟空问答的logo；发表在百家号上只许有百家号的logo；但是绝对不能出现一篇文章发表在百家号，图片上还有今日头条logo的情况。

3.不会乱版。一篇文章提前编辑好后，通过复制粘贴的方式分发到各个平台上，可复制粘贴过去后发现排版全乱套了，要么段落与段落之间出现空行问题，要么字的大小出现变动，甚至图片下方还会莫名其妙多出几个字来。一旦出现这种情况，我们必然花费10~20分钟进行再次修改。每个平台耗费一些时间，算下来一篇文章多平台分发就要耗费最少3个小时，如果真的这样完全没有分发的必要。

4.初始编辑界面有自动纠错功能。这一点要求基本就把word文档、石墨文档、腾讯文档、飞书文档等各种线下文档全盘否决，我们必须在某一个自媒体平台上先编辑好文章内容，因为只有极少数的自媒体平台（头条、百家、企鹅等）有纠错功能。

大部分平台是没有自动纠错功能的，一些错别字、语句或者段落重复、图片重复等问题能在第一平台上及时纠错，对于内容分发更省时省力，意味着只需要改一篇文章即可，而不是十二篇文章。

5.排版标识符必须完整。一些平台没有H大标题标识符（趣头条），一些平台没有引用标识符（企鹅），还有一些平台没有重点字样加粗加黑的突出标识符，这些平台并不适合我们做内容分发的第一编辑平台，因此企鹅号、趣头条号等平台也会被剔除。

当我们满足以上5点后，就会发现最适合多平台分发的第一编辑平台是今日头条，但在此之前我们一定要先完成一个动作：保证今日头条的图片不能存在头条自带的logo，否则复制到其他平台时，还需要替换图片，浪费20~30分钟。

那么今日头条怎样取消图片自带logo功能？点击今日头条首页——设置——功能设置——关闭图片优化和图片水印功能。

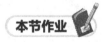
**本节作业**

1.之前没有注册今日头条的图文创作者，尽可能注册头条号。

2.取消头条号的图片优化和水印功能，为接下来的内容分发做好准备。

### 15.3.2　最优内容分发完整流程

当我们做好上述准备之后，将会开启最优内容分发完整流程：

- 按上文操作去掉头条图片水印和图片优化功能。

- 将文章标题复制在头条发文章界面的标题处，将文章内容复制在头条发文章界面内容处。

- 插入与内容相关联的图片最少6张，最多不多于18张，且必须保证图文相关联，配图的前3张图片具备吸引力（某些平台建议选择自动生成封面以节省时间，排在最前面的3张图片大概率被系统默认为封面配图）。

- 打开其他平台的发文界面，包括但不限于百家号、企鹅号、大鱼号、搜狐号、一点号等，在发文界面同步复制文章标题以及文章的所有内容。

- 分别设置各个不同平台下方的标识符，该标记原创的标记原创，参与征文活动的点击征文活动，封面配图适当地调整下，原则上来说前3张图片会自动生成封面配图，再之后根据各平台间的不同要求自行调整，在半小时内同步发文即可。

按照我的经验来看，完成上述操作后统一点击发送文章，总耗时不会超过5分钟。这对于全职自媒体创作者而言节省了大量时间，图文发送时间减少，就意味着有更多的时间进行图文创作。

**本节作业**

尝试多平台分发图文，并做好数据记录。

（1）我把一篇图文分发到了哪些平台？

（2）在分发的过程中，遇到了哪些困难？

（3）分发后的数据统计，为接下来大规模的内容分发做准备。

## 15.4  内容分发在8+2平台时的注意事项

接下来我来讲一下8+2也就是10个平台内容分发时不同平台的注意事项。之所以是8+2平台，指的是除微博、小红书之外的其他累计10个平台分发时的注意事项。

鉴于各个平台单独发布图文内容的注意事项已经讲过，所以在此我们只讲分发时需注意的事项：

- 文章的标题必须控制在30字以内，且以头条标题总字数作为计数标准。其主要原因有两点：第一，标题30个字符合大部分读者的阅读习惯；第二，除搜狐号最高字数36字，知乎最高字数100字，大鱼号最高字数50字，企鹅号、公众号最高字数64字外，其他平台的最高字数都只有30字。所以文章题目30字可以满足所有平台的要求，方便后期内容分发时的复制粘贴。

• 在百家号发布文章时一定要查看段落是否重复，按照我往常的经验，几乎每个月都会有1~2篇文章出现段落重复情况，且我的一些学生也都遇到过这类问题。但近一段时间这种情况越来越少，为避免出现意外，我们强烈建议在百家号发布文章后的3~5分钟点击百家号后台查看一下文章是否已经成功推送，如果没有推送且被系统标记有重复段落的话，第一时间修改。

• 百家号、企鹅号、头条号在发布文章时都有是否首发按钮，在这里建议各个平台的文章全都排版完成之后，头条、百家和企鹅三个平台最先点击发布按钮，三大平台统一点击首发且原创。

• 百家号图文修改后，极有可能判定为非首发或伪原创，出现这种情况第一时间找客服，并且告诉客服自己是首发在百家号平台上然后分发到其他平台上，但是因为发布后发现了问题，在之后的某个时间段内按平台要求进行了修改，被剥夺了原创，希望能人工二次审核。平台的二次审核有一定概率给我们首发标签；也有一定概率去掉首发标签同时给我们补上原创标签，这样做可以将损失降到最小。

• 文章标题复制到趣头条、网易号时有一定概率被标记为"该标题涉及标题党，如果不修改会影响推荐"，出现这样的标识不用管，继续发布即可。但如果在头条、百家两大平台上系统告诉我们标题为标题党或者通过灵犬助手检测分值达不到60分及以上的话，则必须修改标题。

• 编写好的文章不建议直接在知乎上以文章形式发送。我们之前也讲过知乎上的文章流量相对不太靠谱或者不太稳定，与其如此，倒不如在知乎上检索与该选题相类似的问答，然后在问答的下方以回答问题的方式把这篇文章发出去。

• 多平台分发时无须过多修改，之前一些导师告诉过我们，如果多平台分发每一个平台上标题稍微改几个字，文章内容稍微改几个字。没必要！大可不必！这种言论不知怎么流传出来的，但从我多年运营和学生反馈来看，不受任何影响。

• 在多平台分发前，一定要注意各个平台的头像、昵称、个人介绍尽可能一致，以此来扩大自己的影响力，走上IP之路。

• 公众号发文比较特殊，每天只能发表一次，一次可以最多发8篇文章，建议公众号分发有别于其他几个平台分发，可以放在晚些时候，把今天一天发布到其他平台上的文章统一归纳整理，然后由公众号平台一键发送。

• 大家还记得我在第12章讲五大平台的时候给大家说的那句话吗？第12章要和第15章结合起来看。读完这一章原则上来说大家已经掌握了分发的技巧和注意事项，现在就可以直接操作了，但在操作前强烈建议回顾下第12章内容。

**本节作业**

1.查漏补缺，将分发注意事项、具体规则等内容做好笔记。

2.尝试更多平台分发，打造完整收益版图。

3.为IP之路做好准备。

## 后记

# 让写作把IP扶起来，
# 实现财务自由

写作IP这条路很难走，不是每一个人都能走得通的，很多在写作方面有着得天独厚优势的写作导师也很难把IP走出来。万幸的是我现在摸到了门槛，所以我可以把从最开始写作到慢慢完成IP的这一段心理路程给大家简单讲讲。

这个后记原本没计划写，但思来想去还是添了进来。原因很简单，我希望每一位读者都有能成为IP的机会，尽管这个概率可能连万分之一都达不到。不过大家也不必太过灰心，我们先了解什么是IP，然后判断一下自己能不能成为IP，即便我们成不了，按照之前讲的方法通过写作变现，赚钱是没问题的。

如果把写作当成全职工作且掌握技巧的话，一个月2万~5万元的收益问题不大。可如果再加上IP这两个字的话，你一个人就是一个公司，收益也会相当可观。

什么是IP？

大家讨论的IP通常与品牌有关，为什么IP必须与品牌挂钩？因为品牌代表着利润，所以我们经常能够听到品牌IP化、IP品牌化、品牌IP内容化。

IP服务于用户，且推动于市场，形成一条完整的闭环链路，在供和需之间掌握平衡，把自己的知识储备下来等有需求的人主动过来索要，且支付一定的酬金，而有需求的人一旦有所成之后，会在一定程度上带动需求扩大，直至自己在该行业中具备足够的影响力，这条IP之路就算彻底成型了。

但这样讲过于复杂，我以我的IP之路来举个例子：

在我6年的自媒体写作生涯中，我有接近3年的时间是埋头写作的。那一段时间，收益忽高忽低，最少的时候一个月只有2000元收入，而最多的时候甚至能够达到5万~8万元。但是后期我突然没有太多的精力去写文章了，或者说不愿意耗费精力去写太多文章了。

因为即便我精力再充沛，也无法像之前一样每天完成近20篇文章，巨大的精力耗费让我疲惫不堪。

所以在之后的半年，我进入了懈怠期。直到有一次机缘巧合，我以写作营导师的身份出现在大众面前，把我过去很长一段时间积累的写作知识教授给大家。

在过去3年的时间里，我教出来的学生已经有1万多名了，而我所参与的与写作相关的讲座、会谈也有100多次。在这个过程中我慢慢积累了一定的名气，在行业中也获得了一部分人的认可，直到这个时候我姑且可以对外说我有那么一点点的IP了。

然而，这条IP之路我并没有完全走通，而以我对写作行业的认知，真正能把IP走出来且没有大型教育平台扶持的应该超不过50位。

这条路虽然很难，但是在自媒体的加持下，打造IP反倒变得轻松些，我们有更多可曝光的机会，我们有更多可进行知识输出的平台。而写作正好可以赋能于我们，让我们切切实实地输出内容以打造IP。

前路漫漫，我们会越来越了解写作远没有那么简单，在写作的背后有很多无法量化的东西，会在未来的若干年时间里持续地影响着我们，而写作对我们的赋能也绝不只是商业变现，它还包括但不限于人际圈子的扩大、商业活动的增加等，这些都将是写作给我们带来的隐形福利。

而我们也可以借助写作来实现人生增值，给自己赋能。

**本节作业**

本节无作业，祝君有所成！

前路漫漫，负重前行，将来的你终将会感谢现在努力的自己！